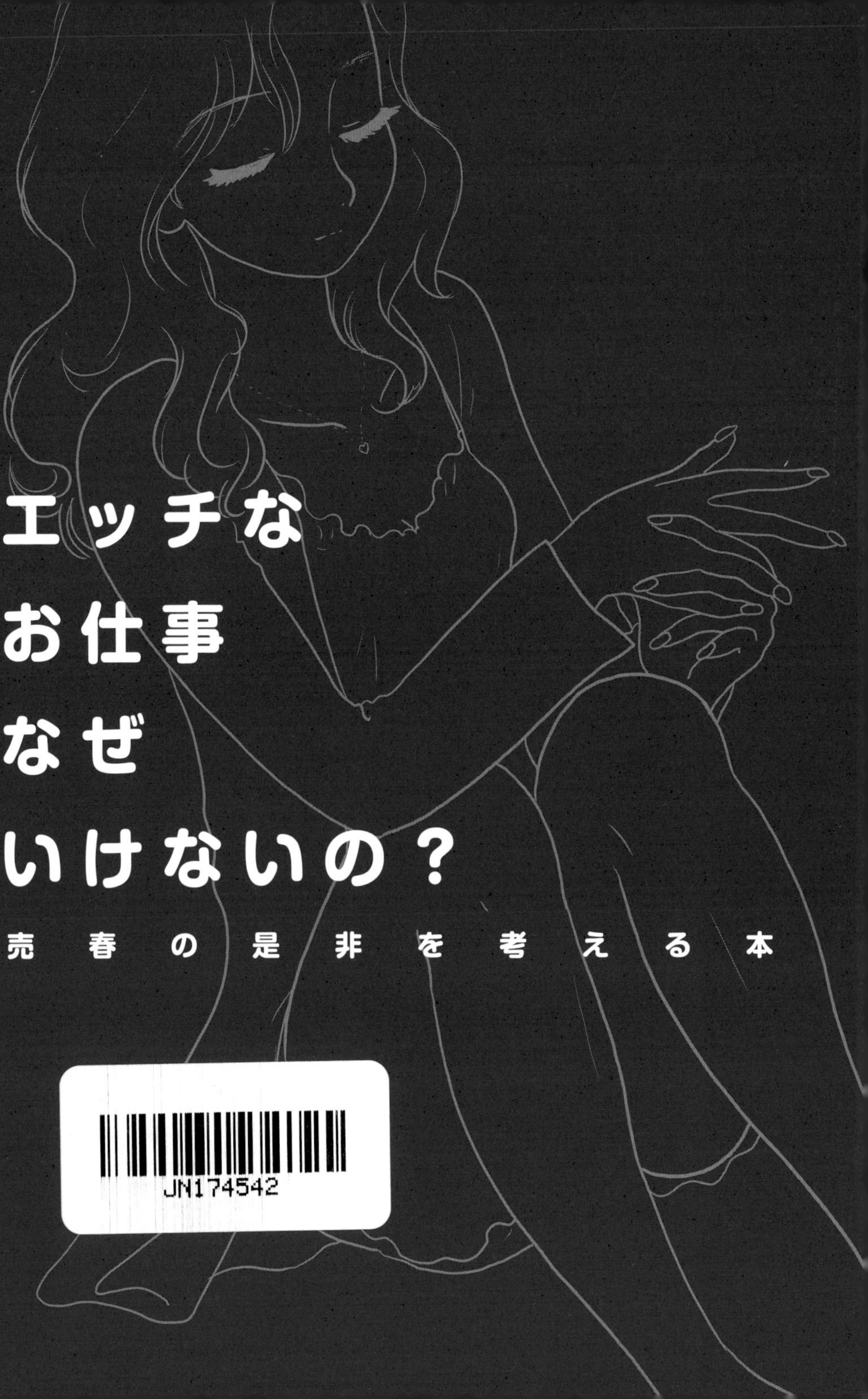

エッチなお仕事なぜいけないの？

売　春　の　是　非　を　考　え　る　本

PART 1 なぜ彼女たちは風俗嬢として生きるのか？……049

PART 2

セックスワークをなくせば女たちは救われるのか？……189

カバー、表2、表3イラスト／内田春菊
本文ページイラスト／市村ゆり

はじめに●なんとなく「風俗はダメでしょ」と思っているすべての人へ

セックスワーカーは、男の「排泄の道具」なのか。

10年ほど前に私がデリヘルをやろうと決めた時、一部の友人知人から「なんでまた、そんなことを！　やめなさいよ！」と反対された。

その中で特に覚えているのは、初老の男性の台詞である。


「うさぎさん、わかってるのかな。風俗嬢ってのは、男の排泄の道具になるってことだよ。そんなものに自らなるなんて女、普通はいないよ。よっぽど貧乏とか、そういう理由があるならともかく、あなたはそんなんじゃないでしょ。男の便器になりたいっていう願望でもあるの？」


ねーよ（笑）。どんな意味合いであれ、私は「便器」になりたいと思ったことはないし、そもそもセックスワーカーが「男の排泄の道具」だとは考えてない。

それは、「あなたが風俗嬢をそう見ている」だけのことで、必ずしも真理というわけではないでしょう。風俗嬢を「精子の排泄の道具」と考えているのはあくまで男の側（すべての男とは言わない）の主観であって、当の本人がそう思っていなければ、ただの偏見なのである。

たとえば熱心なクリスチャンが同性愛を「悪魔の所業」だと見做していても、当の本人に「悪魔」の自覚がなく、かつ、同性愛が悪魔の所業である確たる証拠（悪魔と交わした証文とか）を示せないのであれば、「それは単なるあなた個人の見解。他人に、ましてや当事者に押し付けるべきものではないし、そこに差別や偏見が含まれていることを、あなたこそ自覚した方がいいのでは？」という話になるわけだが、「風俗嬢＝排泄道具」という意見もこれとまったく同じである。

繰り返して言うが、本人に「私は排泄道具である」という自己認識がなければ、あなたにはいくらそう見えていても、それを「正しい認識」と考えるには値しない。セックスワーカーの中には自らの意思でこの職業に就く者もいて、その人たちはべつに「道具」という客体になりたいのではなく、むしろ、主体性を持つ人間としての選択なのである。

ここに、セックスワーカーをめぐる「主体と客体の問題」すなわち「私の性は誰のものか」という問題が浮上するわけだが、これについては後で詳しく考察したい。

誰とでもヤる女を「便所」と見做す男たち

とりあえず、セックスワーカーを「排泄の道具」と言って憚らない人々の話に戻すが、困ったことに、どこから見ても偏見以外の何物でもないこの「単なる主観」を、世間の人々の多くが共有している、という現実がある。

今で言うヤリマンのことを、昔は「公衆便所」などと呼んでいた。これは間違いなく、「誰にでもヤラセる女＝不特定多数の男たちの排泄場所」という発想から生まれた言葉だ。そこには、彼女が自らの意思で複数の男とセックスしている、という可能性が全く含まれていない。便所に意思はないからだ。便所は、意思も主体性も自己決定権もなく、そこに存在し、それを使う男たちにのみ意思があるかのような言いようだ。

セックスという相互コミュニケーションの相手を「排泄道具」とか「便所」という非人間的な言葉で呼ぶこと自体が、どれほどの侮辱であり差別であるか、こういう言葉を使う者たちはまるで無自覚である。相手は人間なんだぞ。君たち、それを忘れてない？

まぁ、男たちがこのような一方的な主観を持つのは、間違ってるとはいえ、わからなくもない。私も女同士の会話の中で男を「チンコ」呼ばわりしたことがあるので、それは「排泄道具」と同じくらい相手を人間扱いしてない表現だと自分でも思う。面白おかしく言ったに過ぎないのだが、ひとりの人間を「意思も主体性も自己決定権もない、ただの肉体器官」扱いしたのはよろしくない。すみません、反省します。

しかし私は心の底からセックスの相手を「ただのチンコ」だと思っているわけではないし、チンコ呼ばわりすること自体が相手にとって不当な差別であることも意識しているので、世の男性たちに「女とセックスするってことは、ただのチンコになることなんだよ。わかってる？　だからセックスなんかやめなさいよ」なんてぇことは言わない。

ところが、その男性は、自分の発言がどれだけ差別的かという自覚すらなく、まるで「これが世間の常識」だとでも言わんばかりに、私に「デリヘルやるってことは、男の排泄の道具になることなんだよ」などと、したり顔で説教したのであった。驚くべき愚鈍さ、無神経さである。

セックスワーカーへの偏見を共有する人間たちは、セックスワーカーに対する暴力犯罪の加担者である

セックスワーカー差別をヤリマン嫌悪の延長線上にあるなどと言うと、「いや、セックスと売買春は違うから。俺は風俗嬢を排泄道具と見做してるけど、金銭の介在しない普通のセックスの相手はちゃんと人間として見てますよ」などと反論してくる人がいるのだろうが、それでは「セックスを金銭で売る女は、何故、人間扱いされなくて当然なのか」をきちんとご説明いただきたい。

それは「金を払っている立場の者は、金を貰っている立場の者を人間扱いしなくていい」と言っているも同然で、会社経営者が雇用者を社畜あるいは道具扱いすることを正当化するかのごとき論理だし、セックスに限らずあらゆるサービス業者に対して「俺は金払ってんだぞ。お客様は神様だろ」とばかりに無理難題や暴言をぶつける「マナーを心得ない非常識人間」と同じ自分本位で幼稚な理屈である。金銭を伴えばそれはビジネスであり、あらゆるビジネスには「お互いにマナーを守り、相手の人権を尊重する」という不文律が存在するのだ。当たり前ではないか。セックスビジネスにだけ、この不文律が通用しないわけがあるか。通用しないと思っているのなら、それはすなわち、あなたの偏見と差別意識がそうさせるのだ。

そして、そのような偏見が、セックスワーカーに暴力を振るうような客の自己正当化に繋がり、セックスワーカーの被害訴えをまともに扱わない警察関係者やマスコミの態度にも繋がっているのである。つまり、こういう偏見を共有しているすべての人間が、セックスワーカーの受ける差別と暴力犯罪の加担者なのだ。

「イージーライダー」や「ブロークバック・マウンテン」といった映画を例に出すまでもなく、その昔は「同性愛者は人に非ず」という理屈でゲイをリンチ殺害する者たちがいた。それはもちろん許されざるヘイトクライムであるが、彼らをのさばらせた背景には、そういう行為を「ゲイがそんな目に遭っても自業自得だ」と考えて黙認していた多くの人々の存在がある。

21世紀の今ではゲイリンチ殺害の話など聞くと誰もが「なんて野蛮な！　やっぱりゲイ差別はいかんねぇ」などと思うのだろうが、そんな現代でも相変わらず、セックスワーカーを差別する者たちの中には平気で暴力を振るったりレイプしたり（本番行為を拒否するデリヘル嬢に無理やり挿入するのはレイプである）殺したりする人間がいる。それを「デリヘルなんて危険な仕事やってるんだから、そんな目に遭うのも覚悟の上だろ」などと思って自業自得と決め付けるのは、ゲイへのリンチを黙認した「差別の加担者たち」と同じではないか。

危険な職業を選んだセックスワーカーが悪いのではない。セックスビジネスを「危険な職業」にしている者たち……すなわち彼ら彼女らに危害を加える者が悪いのだ。殺人でも傷害でもレイプでも、被害者ではなく加害者が責められるべきなのは自明の理である。どんな職業であれ、殺されたり暴行を受けたり強姦されて「当然」な人間などいない。なのに何故、セックスワーカーが犯罪被害を受けると、「自業自得」と言われるのか。それはかつてゲイが暴行されても「自業自得」とされていた時代と同様の差別ではないのか。

「売る女」を差別し「買う男」を糾弾する女たち

まったく、自分の中の差別意識に無自覚な人々の鈍感さには驚くばかりだ。

が、しかし！

ここでもっと驚くべきは、「セックス売ってる女は男の排泄の道具」などと言っているのが男たちだけならともかくも、一部の女たちもまたこの「男の主観」を共有してしまっている点だ。「買春は男が女を性の道具にしている行為だ。ゆえに女性差別であり、セックスワーカーの女性たちは犠牲者だ」などと真顔で主張する女性たちである。

いやいや、女が他の女を「道具」呼ばわりしてどうすんの。それこそ女性差別じゃないか。女を蔑視する男の主観を共有して、まるで売る側に意思も主体性も自己決定権もないかのような言い草。それって男性の女性差別に加担して「自分とは違うタイプの女性を差別」しているように見えるのは私だけか。

そしてまた、この人たちは、先に述べた「セックスワーカーの暴力被害」に関しても、「買う男がいるから悪い」という「買春処罰化」を唱える。これまた驚くべき論理の飛躍というか短絡的な発想ではないか。買う男が悪いのでも、売る女が悪いのでもなく、暴力振るうやつが悪いんでしょ。その論でいえば「ＤＶ被害が発生するのは、女と結婚する男が悪いのだ。結婚する男たちを全員処罰しよう」と言うのと同じではないか。

言うまでもなく、すべての夫がＤＶ夫なのではない。妻に暴力を振るわない夫も、この世には大勢いる。同様に、すべての客がセックスワーカーに暴力を振るうわけではないのだ。ルールを守って遊んでいる客は大勢いる。処罰すべきは、ルールを守らずセックスワーカーを人間扱いしない男たちではないか。「買春客を処罰せよ」などと言う人たちは、どれだけ的外れな事を言ってるのか、自分でわかっているのか。

それと言うのも、彼女たち（「買春処罰」派は女性だけではないが）が「セックスワーカーの主体性」を認めないせいである。冒頭で紹介した、私に説教したオヤジと同様、「そんなものに自らなるなんて女、普通はいないよ」と思っているからだ。セックスワーカーは皆、嫌々やらされているに違いなく、ゆえに彼女たちは全員犠牲者だ、という前提で物を考えているから、「買う男が悪い」という理屈になる。

だが、それはあなたたちの思い込みに過ぎない。確かに、売春の陰に人身売買のあった時代は存在したし、今でもそういう国々はある。そのような「受動的立場」のセックスワーカーたちは保護されて然るべきだが、中には自らの意思でセックスワーカーになった人たちもいる。その人たちの「意思や主体性や自己決定権」を無視して「売買春は悪」という論を展開し、あまつさえ「売春撲滅」を掲げてセックスワーカーたちの職場を潰していこうとするのは、あまりにも乱暴な人権無視ではないか。

セックスワーカーには「主体性」がないのか？

そう、すべての偏見や差別は、この「セックスワーカーの主体性」を認めるか否か問題に集約されるのである。

「風俗嬢は男の排泄道具」と見做す男たちも、「風俗嬢は性の搾取の犠牲者」と唱える一部のフェミニストたちも、ともに「売る女」たちの「主体性」を無視している。

もちろん経済的理由で嫌々ながら売春している人たちもいるだろうし、脅されたり騙されたりしてこの仕事をやらされている人たちもいるだろう。彼女たちは何らかの方法で救済されるべきだと思うし、そこに彼女たちの自由意思が存在しない以上、「売春を主体的に選択している」とは言えない。そんなの当たり前である。

が、その一方で、自らの意思でこの仕事を選び、他の職業の人たちと同様に己の仕事にやりがいや誇りを持っている人たちもいるのだ。この場合、彼女たちは「売春を主体的に選択している」人々だと言えよう。

なのに何故、上記の人々は、彼女たちの「主体性」など一切存在しないかのような発言をするのだろうか？

まぁ、元々、女性差別的な価値観を持つ男たちはともかくとしても、だ。私が不思議に思うのは、女性たちの主体性や権利を守る立場であるはずのフェミニストの一派が「性を売る女の主体性」に限ってはこれを認めず、すべてのセックスワーカーを「犠牲者」呼ばわりして売春そのものを糾弾し、彼女たちの職場を奪おうとする、その理由である。

「性を売る女」たちはすべて「主体性」を持たない操り人形なのか？　だとしたら、彼女たちは何に操られているのか？　何者かに脅されて働かされているのではなく、自らの意思で売っている女は、誰に搾取され、誰の犠牲になっているのか？

フェミニストたちはかつて、女が「性の主体」であることを大いに称揚した。男たちから押し付けられた「貞淑」などといった勝手な属性を捨てて主体的にセックスを楽しむ存在であれ、と説いた。ならば、「性の主体」である女たちが己のセックスをビジネスにして何が悪いのか？

ああ、もしかして、「男が女の性を買う」という行為が「買う男（主体）、買われる女（客体）」という男尊女卑的構造を作る、という発想なのだろうか？　しかし「買う側」が常に主体である、というのは思い込みではないか。「売る」という主体もあるはずである。そうなるとこれは「買う男、買われる女」ではなく「買う男、売る女」という主体同士のビジネスであり、売買春に限らずこの世のありとあらゆるビジネスが「買う側、売る側」という主体同士の対等な取引であることを考えれば（むろん商品によっては売る側の立場が強かったり買う側が強かったり、という力関係の違いはあるだろうが、基本的には売り手も買い手もそれぞれの権利や自由意思を持つ対等な立場である）、売買春というビジネスだけが特別に搾取だったり差別的だったりするはずがない。

それでもなお、「男が女の性を買う」という行為自体が「搾取」であり「女性差別的」であると言うのなら、彼女たちはウリセンや出張ホストなどの「男娼」をどう考えているのか？彼らもまた性的搾取の犠牲者だと言うのであれば、つまりは「性の売買」そのものが「搾取」であり「差別的」だということか。

物品の売買はもとより、医者や職人は専門知識や技術を売り物にし、サービス業は快適さや喜びや娯楽を売る。形のあるものからないものまで、ありとあらゆるものが売買の対象となり、ビジネスとして成立している中、何故「性の売買」は許されないのか。

セックスワークとは、「性的サービス」を売ることである。よく「身体を売る」などと表現されるが、べつに手足をもいで売っているわけでもなければ、性器を取り外して売っているわけでもない。誰かの所有物になるわけでもないから、もちろん「人身売買」でもない。やっていることといえば、客の身体と性器を手や口で愛撫し、場合によっては己の性器で相手を満足させる。どう考えてもこれは「サービス業」であり、ただ提供するのが「性的サービス」である、というだけのことだ。「性的であること」以外に、他のサービス業とどう違うのか。セックスワークだって、金銭と引き換えに快適さや喜びや娯楽を売っているだけではないか。

なのに、同じサービスでもマッサージやエステは普通のビジネスと見做されて、性的サービスだけが違法となり白眼視される。しかも「性の搾取」だなどと、無理やり犠牲者扱いされる。マッサージやエステが「搾取」ではなく正当なサービスの売買なら、それが性的なサービスを含んだ途端に「搾取」になるのはどういう理屈なのか。

私は、本当にこれがわからない。「搾取」というのは「不当に何かを奪われている」ということだが、セックスワーカーは誰に何を奪われているのか。

セックスを売ると「何かが毀損される」のか？

以前、とある有名な精神科医と対談した際、私は彼に「どうしてセックスを売ってはいけないのか？」と尋ねた。すると彼は答えて曰く、

「だってお金を貰ってセックスするなんて、自分を貶める行為じゃないですか」

「え、セックスって自分を貶める行為なんですかねぇ？」

「愛のあるセックスならいいけど、愛してもない相手と金銭でセックスするなんて、一種の自傷行為ですよ」

「何故、お金を貰ってセックスすることが『自傷行為』なんですか？」

「だって、そんなことをすると心が壊れるでしょう？」

「べつに心が壊れない人もいるでしょう」

「本人はそう思っていても、知らない間に壊れてるんですよ。何年も経てば、それに気づいてきっと後悔するんです」

これが「心の専門家」の言うことか、と、私は心の中で冷笑した。何故売春すると心が壊れるのか、という問いに彼はまったく答えていない。本人が気づかなくても心は壊れてるんだ、などという言い草には何の説得力もない。そんなことを言ったら我々は恋愛でも心が壊れるし、セックスワーク以外の仕事でも知らないうちに心が壊れて鬱になったりするし、極論すれば「生きてること」自体が心の壊れる行為である。だって、他者の中で生きているってことは、それだけで傷つき続けることじゃないか。セックスを売ることだけが、殊更に傷つく行為だとは思えない。それでも売春は自傷行為だと断言するのなら、売春の何がどのように本人を毀損するのか、論理的に答えて欲しい。

この精神科医のように「売春なんかする人は自己評価が低くて自らを傷つける行為をしてしまうんだな。かわいそうな女たちだなぁ」などと頭から思い込んで勝手に同情している人は、自分がセックスワーカーを理解しているる気持ちになっているから始末に負えない。自分の中の「差別」にまったく無自覚なのだ。

そう、彼はセックスワーカーを差別している。「自分を貶めてる」という言葉に、彼の差別意識が如実に表れている。セックスを売る職業は賤しいと思っているからこそ、「貶める」などという言葉が出てくるんじゃないか。人に訊かれたらきっと彼は「職業に貴賤はない」なんてぇことを言いそうだが、本当は貴賤があると思っている。売春は、その「賤」の筆頭なのだ。それでいて安っぽい同情なんかで理解した気になってるんだから、お気楽なもんである。上から目線もたいがいにしなはれ。

しかし彼のように「お金でセックスを売ると何かが毀損される」と思い込んでいる人は多い。そういう人たちは、彼と同様、「愛のないセックス」を根拠に持ち出す。

では、問おう。我々は「愛のあるセックス」なら傷つかないのか？　カップル間のセックス、夫婦間のセックスで、我々は無傷でいられるか？　いられないだろ。愛があろうがなかろうが、金銭が介在しようがしまいが、どのみちセックスはお互いを傷つける。セックスだけではない、我々は他者と関係することで傷つく生き物なのだ。我々は常に他者に毀損されながら、他者を毀損しながら生きてるんだよ。むしろ「愛」などという幻想が介在する方が、傷の深さは大きかったりするものじゃないのか？

いや、それは違う、セックスを金で売る行為はもっと人間として大事なものが毀損されるのだ、と、ここで反論する人がいるだろう。じゃあ訊くけど「人間として大事なもの」って何？　セックスをビジネスにすると、どんな「大事なもの」が失われるの？　人間としての「尊厳」か？　しかし自らの意思でセックスをビジネスにしている人間が、その行為で「尊厳」を失うはずがあろうか？

だって、と、反論者は、あのお馴染みの論を持ち出すかもしれない。売春するってことは「男の排泄の道具」になることだよ？　それって人間の尊厳が激しく毀損されるんじゃない？

毀損しているのは、おまえだ。セックスワーカーを「排泄の道具」を見做すおまえの偏見と差別意識が、相手の尊厳を著しく傷つけるのだ。セックスワークという仕事自体が人間の尊厳を毀損するのではなく、その仕事に対するおまえたちの侮蔑こそが彼ら彼女らの尊厳を毀損しているのだよ。自分が相手を傷つけておいて、「そんな仕事してるから傷つくんだよ」

なんて、どの口が言うとんじゃ。

たびたびゲイを引き合いに出して申し訳ないが、ゲイはゲイであることで傷ついたり自己評価が落ちたりしていたのではない。ゲイに対する偏見と差別が彼らを傷つけ誇りを剥奪したのだ。その証拠に、被差別意識の薄い今どきのゲイは、べつにゲイであることで傷ついてもいないし尊厳を失ってもいない。人間の尊厳を毀損するのは、その職業でも性癖でもなく、他者の差別的な視線と言動なのである。

売春は「犯罪」なのか？

と、まぁ、このように、セックスワーカーに偏見を持つ人々と議論していると、相手が最後の切り札で出してくるのは「だって、売春は違法じゃん。犯罪じゃん。犯罪者が差別されるのは当然でしょ」という理屈である。

そのとおり、現行法では売春は「非合法」だ。したがって、処罰されないとはいえ、売春行為を「犯罪」と見做す人がいるのはもっともな話だろう。

非合法なのに売春者が処罰されないのは、1957年に施行された「売春防止法」によるものである。以下、その冒頭部分をここに転載する。

第一章　総則

（目的）

第一条　この法律は、売春が人としての尊厳を害し、性道徳に反し、社会の善良の風俗をみだすものであることにかんがみ、売春を助長する行為等を処罰するとともに、性行又は環境に照して売春を行うおそれのある女子に対する補導処分及び保護更生の措置を講ずることによつて、売春の防止を図ることを目的とする。

まだまだ続くが、長いのでこれだけにしておこう。

要するに、この法律によって処罰されるのは売春を斡旋したり強要したりした組織や個人であり、売春した本人に対しては「補導処分および保護更生の処置」が取られる。

つまり、この法律の背景に流れているのは「売春なんかする人間は気の毒な人たちだから処罰しないで更生させてあげましょう」という、良く言えば温情に満ちた、悪く言えば相手を子ども扱いした、いわゆる「パターナリズム」の典型である。もうこの時点でセックスワーカーを一方的に「犠牲者」と見做す視点が確立しており、彼女たちの「主体性」だの「自己決定権」だのを認める気なんぞさらさらない。

ただ、これはあくまで１９５７年に施行された法律であり、当時のセックスワーカーの中には親の借金で娼館に売られたりした者もいただろうから、確かに「犠牲者」的側面はあったと思う。問題は、この法律が２０１７年現在もそのまま適用されているという点だ。

60年の間に、日本は大きく変わった。親に売られて売春させられるような女性もほとんどいないし、何よりフェミニズムの洗礼を受けて「性の主体」たることに目覚めた世代以降は「自らの意思でセックスワーカーという職業を選択する」女性も増えてきた。今やセックスワーカーは、「子ども扱い」などされるべきではない一人前の人間なのである。したがって、この「売春防止法」は、きわめて時代遅れであり、女性差別的であると私は思う。まだ女が一人前扱いされていなかった時代の遺物なのだ。

こんな大昔の法律を根拠に「だって売春は違法じゃん」などとセックスワーカー差別を正当化されても、「うん、そうだね」と肯定する気にはなれない。今やるべきことはこの「売春防止法」の見直しであり、セックスをビジネスにすることがそんなに悪いことなのかを現代の観点から議論し直すことではないか。

この法律の冒頭の文は売春を「人としての尊厳を害し、性道徳に反し、社会の善良の風俗をみだすもの」と決めつけているが、はたしてそうなのか？

●セックスワーカーは、「人としての尊厳」を害したり害されたりしているのか？
●女性が「性の主体」として己のセックスの在り方を自由に選択できる現代において「性道徳」とはどう規定すべきなのか？
●「社会の善良の風俗」と言うが、何をもって「善良」あるいは「不良」と判断するのか？娯楽産業としてここまで発展した「性風俗産業」は、本当に社会の風紀を乱しているのか？

諸君、これは非常に面白い議論になるのではないだろうか。①については既に述べたとおりであるし、②の「性道徳」③の「善良な風俗」については、この多様化の時代にどのようなコンセンサスが取れるのか、興味津々である。そしてこの三項目がすべて否定されたら、売春は「犯罪ではない」という結論が導き出されるかもしれないのだ。

売春は「被害者なき犯罪」と呼ばれる。売春行為によって被害を蒙る者がいないからだ。まぁ、夫が風俗に入れ揚げて家庭崩壊したり財産を食い潰したりしたら間接的に被害を受ける者は出てくるが、それだって売春者そのものが害を及ぼしたわけではない。あくまで夫にその咎はある。そんなことを言ったら、素人の女に入れ揚げる夫だってこの世には大勢いるわけで、やはり売春行為による被害者というのは存在しないのだ。

「売春防止法」が施行された時代、不特定多数の男性と性行為をする女性は、金銭の授受如何に関係なく「不道徳」「不良」と見做されていた。が、現代はそのような女性を不快に思う人々はいても、必ずしも「性道徳に反する」だの「善良な風俗を乱す」だのという批判を浴びることはない。ならば、そこに金銭が発生しても、何が変わるというのだ。男が欲し、女が与える。あるいはその逆のパターンもある。需要と供給が合致して、どちらも合意の上で性交渉をするのなら、被害者もいないことだし、それはビジネスとして成立するはずではないか。

非合法ゆえにセックスワーカーが蒙る被害

そんなわけで現在、改めて見直すこともないまま、60年前の「売春防止法」が相変わらず適用され、売春は「非合法」のままである。

これがどういう事態を引き起こすかというと、風俗産業に従事している人々が他の職業では当たり前のように受けられる「基本的人権」「労働基本権」「社会保障」といったものを受けられないのだ。組合を作って雇用主と交渉することはおろか、不法解雇や超過勤務などの問題に関しても法で守られない。また、医療や福祉などの保障も受けられないのだ。労働者として非常に弱い立場に置かれ、孤立無援という状態である。

しかも「どうせ非合法でやってる人間だから」という理由で社会的にも差別され、軽視される。職場での酷い待遇や客からの暴力やストーカー被害などを訴えても「自業自得」と判断されて、まともに取り合ってもらえないような事態も発生する。

特に風営法によって店舗型風俗に対する締め付けが強まり、その一方で無店舗型のデリヘルが事実上解禁されたため、ラブホテルや客の自宅に出向くスタイルが激増し、セックスワーカーが暴力やレイプに晒される危険が増大した。守ってくれる従業員もいない密室で客と1対1で対峙するのは、非常に不安である。

10年前に私が働いたデリヘルは、無店舗型という体裁ではあったが、デリヘル嬢は店が所有する出張用店舗（おそらくカラオケルームを改造した店舗で、個室がたくさん並んでおり、入り口には受付のおっさんが銭湯の番台よろしく常時座って目を光らせていた）に出向く方式だったので、何かあればすぐに個室から飛び出して助けを求めることができた。デリヘル嬢を守ってくれるありがたいシステムだったと感謝している。

幸い、私は暴力的な客や本番を強要して無理やりレイプに及ぶような客には遭遇しなかったが、一度、60分予約した客が30分で退出した後、残りの30分を個室でタバコ吸いながらのんびり過ごしてたら、部屋の電話が鳴り、番台のおっさんからきつく叱られてしまった。

「客がとっくに出てったのに、あんたがなかなか出て来ないから、何かあったのかと思ったじゃないか！　以前もさ、女の子が客に殴られて気絶してたことがあったんだよ！　俺はそういうの見張る役なんだから、客が出てったらちゃんと顔見せてくれないと困るんだ！　わかってんのっ？」

わかってなかった。私はすっかりデリヘルのゆるい雰囲気に慣れてしまって、個室で暴力に遭う可能性なんかすっかり忘れていた。おっさんがいつもそこにいるという安心感もあったし、客もおとなしくて人畜無害な人ばかりだったので（たまに本番をせがむ客はいたが、きっぱり断ると諦めてくれた）、本当に油断しきってたのだ。おっさん、ごめん。私に何かあったら、あんたの責任だったんだね。

それを考えると、訪問型のデリヘルはつくづくリスキーな仕事だと思う。以前、M嬢デリヘルをやっていた子が、客から胸にタバコの火を押し付けられたと話してた。彼女は私が週イチでママをやってたSMクラブの従業員だったのだが、「そういうことがあるからデリヘルは怖くて、店舗型に勤めることにしたんです」と言っていた。いくらSMでも、やっていいことと悪いことがある。きちんとルールを守れない客には、遊ぶ資格がないのだ。店舗型でもデリヘルでも、問題を起こした客は出禁になるが、新規の客はどんな人間だか判断しようがない。客と密室で対峙しなくてはならない女性たちを守りたくても、店舗型がこれほどきつい締め付けに遭うと、どうしてもリスキーな訪問型になってしまうのである。これでは労働者の権利どころか、人間としての最低限の保護もしてもらえない。

だからそんなリスキーな仕事をやるな、と言う人がいるだろうが、セックスワーカーがリスキーなのは、法が守ってくれないからだ。店側には「女の子を守りたい」という意思があっても、店舗型を駆逐するような法令だと、どうしてもリスキーな無店舗型にせざるを得ない。風営法は、セックスワーカーを守るどころか、ますます危険に追いやっている。女性たちが安心して勤められるような環境があれば、暴力やレイプなどといった犯罪に巻き込まれるリスクは減るはずである。

売る側が悪いのではない。買う側が悪いのでもない。ルールを守れない一部の人間が悪いのであり、国や社会の差別と冷遇がこうした犯罪を間接的に誘発しているのが問題なのだ。セックスワーカーが酷い目に遭っても「自業自得」なんかじゃない。前にも言ったが、どんな職業であろうとも、暴力を振るわれたりレイプされて「当然」な人間など、この世にはいないのである。それだけは強調しておく。

差別は犯罪を正当化する。私はひとりでも多くの女性が、自分らしく自由にのびのびと生きて欲しいと心の底から切望する。それには、ある種の職業や行動をする女性たちが差別から解放される必要がある。ヤリマンやセックスワーカーなど、性に対してアグレッシブな女性たちが「便所」だの「排泄道具」だのといった言葉で侮辱され、まるで「穢れた人間」であるかのような目で見られる現実がある限り、「便所や道具には何をしてもいい」などと考える者の暴虐を阻止することができないのだ。

「合法化」か「非犯罪化」か。

では、どうしたらセックスワーカーたちを守れるのか？　「売春防止法」が唱える「保護・更生」なんぞクソくらえだ。あなたが好きで働いてる職場に役人がやってきて「そんな仕事をやらされてかわいそうに。あなたは社会の犠牲者なのですよ。さあ、保護施設で更生して、もっとマシな仕事のできる人間にしてあげましょう」などと言われたら、どうだろうか。「大きなお世話だ！　こっちは好きでやってんだよ！　帰れ！」と怒鳴りたくなるのではないか。

私も広告や雑誌の仕事をしていた頃、残業や徹夜は当たり前の職場であったが、やりがいもあったし楽しかったし全然気にならなかった。編集部に泊まり込んで不眠不休でゲームやって原稿書いてる仕事なんて、世間的には廃人かもしれないが、好きでやってるんだから本人はハッピーだ。もしそこに役人が現れて「あなた、そんな仕事してたら人間として壊れますよ。さぁ、施設でオタク魂を更生してあげましょう」なんて言われたらビックリだよ。

このようにパターナリズムは基本的に上から目線のお節介なので、本当に保護を求めている人間だけを保護するのならいいが、保護されたいだの更生したいだのと思ってもいない人間にとっては単なる圧力でしかない。これではセックスワーカーたちを守れない。

やはり「非合法」だから差別もなくならないし法にも守られないのだ、合法化してはどうか、と、私は最初に考えた。が、「合法化」については、これまた是非を問う議論がある。たとえば「公娼制度」の復活で国が公娼たちを囲い込んで規制し管理するような環境では、セックスワーカーたちは自由に仕事が出来なくなる。あれはダメ、これもダメと縛られたうえに税金だけはがっぽり取られるなんて真っ平ではないか。

また、「公娼制度はかつての従軍慰安婦を正当化する」という論もある。国が売春を管理したりしたら、あのような悲劇が繰り返される、という意見だ。しかし従軍慰安婦はあからさまな「強制売春」であったため、当時ですら違法行為であったという説もある。まぁ、このあたりは私が不勉強なので何とも言えないが、たとえ国が管理するとしても売春というビジネスが個人の自由意思に委ねられ、自己決定権や選択権が奪われないよう配慮するのは当然だろう。

私としては「公娼制度」ではなく、あくまで民間に委ねる形の「売買春合法化」が望ましいと感じる。べつにセックスワーカーは国に公認されたいわけではないし、他の民間企業の社員と同様に「労働者の権利」や「社会保障」が与えられれば安心できるのだ。必ずしも「合法化＝公営化・公認制度」というわけではなかろう。国はセックスワーカーを監視するのではなく、強制売春が行われていないか、セックスワーカーたちが脅威に晒されることなく充分な保障を受けているか、という観点から雇用側に目を光らせていればいい。何も特別な事ではなく、普通の民間企業にだってそういう監視は必要だ。民を守るということは、彼らの権利がきちんと守られているかを気にかけることであって、個々人に介入し管理することではない。

一方、「合法化」とは別に「非犯罪化」を訴える人々もいる。「非犯罪化」とは「犯罪として処罰しない」ということであって、「合法化」とは違うようだ。先に述べたように「合法化＝公営・公認制度」となった場合、公認外のセックスワーカーたち（たとえば届け出なしで売春するフリーのセックスワーカーたち）は相変わらず非合法と見做され犯罪者扱いされる、それはよろしくないのでどんな形態であれ彼ら彼女らの権利が認められるように「売春は犯罪ではない」という意識を広めよう、ということらしい。

私は基本的にはこの考えに賛成である。私が先に述べたような「違法な売春が行われていないかどうか、国が業者を監視する」という形態だと、どうしても風俗店営業者が届け出をしなくてはならなくなり、届け出をしていない店に勤めるセックスワーカーやフリーのセックスワーカーは「非合法」すなわち「闇営業」になってしまうため、結果的に犯罪者となってしまうからである。

売春行為に対する差別や偏見を完全に払拭するには、やはり「一部のセックスワーカーが犯罪者となる」制度は望ましくない。とはいえ、社会が監視しないまま悪辣な風俗営業店まで非犯罪化したら、彼女たちの権利を誰が守るのか、という懸念もある。たとえば「売春は犯罪ではないが、強制売春は犯罪である」としたところで、脅されたり監禁されたりして強制的に売春させられてるセックスワーカーが訴え出ることは可能だろうか。そこはやはり「届け出業者には目を光らせ、無許可の業者は摘発する」という形を取らざるを得ないんじゃないか。「非犯罪化」を推進するのであれば、セックスワーカーの自衛手段を何らかの形で実現する必要はありそうだ。「緊急ＳＯＳ」の窓口を設けるとか、駆け込み寺のような施設を用意するとか、ね。

私はこの本で「非犯罪化」の立場を取っているが、読者の皆さんが私に賛同する必要はない。「合法化」がいいと思う人もいるだろうし、「禁止」のほうがいい人もいるだろうし、それは各人の自由なのだ。この本は私の意見を押し付けるためのプロパガンダではない。ただ私が望むのは「これをきっかけに、ひとりでも多くの人が売春という問題を真剣に考えて欲しい」ということだ。今まで深く考えたこともなく「そりゃ、売春なんてダメでしょ」と思っていた人は特に、「何故ダメなのか」を自分に問いかけて欲しい。そして「売春なんか！」と思っている自分の中に偏見や差別意識はないか、を見つめ直して欲しいのだ。

あなたの娘がデリヘルをやると言い出したら？

ここまでずっとつらつらと書いてきたようなことを、私は自分のツイッターでも書き、いろいろな人とこの問題について議論してきた。

その結果、「自分は今までセックスワーカーに対して偏見があった。改めたいと思う」などと言ってくれた人もいて、それはもちろん嬉しかったのだが、やはり頭で理解するのと感情で受け容れるのとでは違うな、と感じたのは、その人たちに私が次の質問をした時だ。

「では、あなたの娘がセックスワーカーになると言い出したら賛成しますか？」

すると、実際に娘を持つ人たちは考え込んでしまい、「やっぱりやって欲しくない」と答えるのだ。

うん、わかるよ。私はそういう人たちを責める気はない。むしろ、正直に言ってくれてありがたいと感じたくらいだ。

他人がセックスワークをやる分には、各人の自由だと認めることもできる。自分はやらないけど、やりたい人がいるならべつに文句は言わないよ、というのが、多様化や新自由主義の薫陶を受けた現代人の模範解答であろう。

が、しかし。それが自分の娘となると、話は違ってくる。頭では「個人の自由」とか「差別はいけない」と考えていても、感情的な部分に入り込んでくると強い抵抗感が立ちふさがる。

それが人間というものだ。

その人たちに「何故、娘がセックスワーカーになるのが嫌なのか？」と質問すると、「危険だから」「誰とでも寝るような子になって欲しくない」「心が荒んでしまう気がする」といった回答が返ってくる。やはり、ここがキモなのだ。

「危険だから」というのは、店が店舗型であり従業員が目を光らせていれば解決できる問題である。ただ、後のふたつには、回答者たちがどうしても捨てきれない「女の性」にまつわる根強い神話が絡んでいる。

「誰とでも寝るような子になって欲しくない」……何故？　女は誰とでも寝ると価値が下がるから？

そこで「じゃあ、もし自分の娘がヤリマンになったら？」という質問に変えると、答は半々に分かれる。「それは娘の自由だから。避妊や感染症の知識は親がきちんと教え、あとは誰と寝ようが娘の判断に任せる」と答える親と、「ヤリマンもダメ。好きな人とだけセックスしなさいと説教する」と答える親だ。前者は「金銭でのセックス」に不道徳感を覚えており、後者は「愛のないセックス」に抵抗がある、ということになる。

面白い。金銭への侮蔑と、愛への信仰。

金銭とセックスを交換することへの嫌悪は、若い女性がお金欲しさに売春やAV出演をする事象に対して「拝金主義」と批判する人々に顕著な傾向だ。しかし、どんなビジネスでも、人は何かしらのものを金銭に換える。何故、セックスだけが金銭と交換してはいけないのか。それを突き詰めていくと、結局のところ、同じ問題に行き着くのだ。たとえば、こういう会話である。

「ヤリマンは相手を選べるけど、セックスワーカーは相手を選べない。そんなのかわいそうだ」

「でも、どんな仕事だって取引先や上司を選べるわけじゃないですよ？　クライアントのパワハラや上司のセクハラなんて日常茶飯事だ。相手を選べないのはどんな仕事でも同様なのに、何故セックスワーカーだけが『相手を選べない』ことがそんなに不幸なのでしょう？」

「それはやっぱり……肌を合わせる仕事だから。相手がどんなにキモくても我慢してセックスしなきゃいけないなんて、女にとって地獄だと思う」

なるほど、やはり「愛」の問題なのだな。「セックスは基本的に『愛の行為』だ。だから愛せない相手とセックスするのは辛いことだし幸せになれない」という想い。「愛」とは、どんなに時代が変わっても、人間の心がしがみついて離れられない根源的な宗教なのかもしれない。

「心が荒む」という考えも、この「愛という宗教」と関連しているのは間違いない。愛してもいない男と身体を合わせると、きっと女の心は荒んでいく……何の根拠もないのに、そう固く信じている人が多いのだ。

ところがこれが「息子」となると、また話は変わってくる。「息子がヤリチンになってもいいか？」「息子が風俗店で愛のないセックスを買うと怒るか？」の問いに対しては、「まぁ、嬉しくはないけど、男の子だから仕方ない」という答が返ってくる。どうやら男は「愛のないセックス」をしても心が荒まないらしいのだ。えーーっ、変なの！　なんで女だけが荒むのよ？

しかし「息子」の場合も、これが「セックスワーカーになってもいいか？」という質問になると、親たちは途端にそれまでの鷹揚さを失う。男娼は、相手が男である場合と女である場合に分かれるが、男を客にするとなると、これは間違いなく同性愛の相手だ。まずは、そこへの嫌悪感。そして、客が女であっても「金持ちの女に支配される情けない息子」という構図が脳裏を横切る。この場合、娘の時のような「かわいそう」「心が荒む」といった被害者・犠牲者感は薄く、「情けない」「男として恥ずかしい」といった旧態依然のジェンダー観が浮かび上がるわけである。

女の場合は「愛のないセックス」、男の場合は「受動的なセックス」が、それぞれネックになっている。この男女のジェンダー差（あくまで親の意識だが）がまた面白い。よく売春反対派の人が言う「セックスは生殖に関わる行為だから金で売買するのはいけない」という論だと、セックスが男女ともに「生殖」に関わる行為であるのは間違いないので、このようなジェンダー差は出ないはずだ。やはり同じセックスでも、男より女の方が「妊娠」というリスクを負う分、不利になりやすいということであろうか。しかしまぁ、避妊だけの問題ならピルを飲めばいいではないか。

結局のところ、「女は愛のないセックスでは幸せにはなれない」「男は主導権のないセックスでは幸せになれない」という神話がいかに強固に人々を支配しているか、という問題なのである。そして、何故この神話がこれほど強固であるかというと、これが「一部分だけ真理」であるからだ、と、私は思う。あくまで「一部分だけ」ですよ、お間違いなく。

女は関係性の中に自分の存在価値を見出す生き物だ、と私は常々思っている。そうじゃない人もいるだろうけど（何事にも例外はある）、多くの女性にとって「関係性」はアイデンティティに関わる大きな意味を持っていると思う。ちなみにここで言う「関係性」とは「相互コミュニケーション」を基盤とした関係性である。で、その「関係性」の中にもちろん「愛」

も含まれるから、女性にとって「愛」は重要な問題なのだ。

一方、男は「関係性」の生き物というより「ヒエラルキー」の生き物だという感じがする。「愛」という相互コミュニケーションよりも、「マウンティング」という「支配」の構図がアイデンティティの構築に影響する。

このような元々の習性（これを「元々の習性」などと呼ぶと、また「ジェンダー差別」などと批判されそうだが、私は「差異」を「差別」とは考えないので、悪いけどこのまま話を進める）の違いが、先程述べた「ヤリチン・ヤリマンに対する世間の感覚の温度差」や「セックスワーカーへの偏見の中での男女差」に表れていると思い、そういう意味で「一部分だけ真理」と言ったわけだが、もちろんこれは「全面的真理」ではない。

愛がなくてもセックスを楽しめる女性もいるだろうし、セックスに己の主導権を求めない男性もいるだろう。したがって、「セックスに対するスタンス」に「正しさ」などというものはないし、多数決で決めるべきものでもないのだ。「多くの人がそうだから、みんなそうあるべきだ」という理屈は、「多くの人がノンケだから、みんなノンケであるべきだ」という理屈と同じではないか。「女は愛のあるセックスをするべきだ」「男はセックスにおいて常に主権を持つべきだ」などという決め付けは、マジョリティの傲慢である。人それぞれなんだから、個々人に委ねてあげなさいよ、そんなもの。あなたの娘や息子があなたと違うセックス観を持っていたとしても、それを叱責したり禁止したりする権利があなたにあるだろうか。「嫌だ」と思うのは自由だし、それを表明するのも自由だが、その嫌悪を押し付ける権利はない。

性風俗ビジネスは「フィクション」を売っている。そして、人は「フィクション」では傷つかない。

確かに「愛のないセックスじゃ幸せになれない」と感じる女性は多いだろう。が、だからといって「愛のないセックス」をビジネスとする女性たちの心が傷ついたり壊れたりするに違いない、と思い込むのは、性風俗ビジネスを理解していない人々だと私は思う。

セックスワーカーは何を売っているのか？　生身の自分を売っているのではない。客の需要に応えて限りなく「フィクショナイズ」されたセックスを売っているのだ。これは性風俗ビジネスに限らず、サービス業というものは基本的にそういうものだろう。

偉そうな客にも感じのいい笑顔で対応する一流ホテルマンは、べつに本人が心底お人好しなのではない。客に「快適な滞在」を楽しませるために「感じのいい従業員」を演じているだけである。客が高い金を払って一流ホテルライフに求めるのは、非日常的な王様気分（あるいはお姫様気分）だ。言うまでもなく彼ら彼女らは王様でもお姫様でもないのだから、これは「フィクション」以外の何物でもない。一流ホテルに滞在している間、客にどれだけそのフィクションを満喫してもらうかがホテルマンの使命であり、それがフィクションだとわかっているからこそ忠実な執事や召使を役者のように演じられるのだ。

性風俗ビジネスも、これと同じ構造である。プライベートでは「愛のあるセックス」を求める女性も、それがビジネスとなった時、そこに「愛」など求めない。何故ならそこは職場であり、客との「関係性」は限りなくフィクショナイズされたものだからだ。性風俗ビジネスの商品とは、他のサービス業と同様、金銭の授受を介して、客と従業員がそれぞれの役割を演じて作り上げるフィクションだ。そして、それがフィクションである以上、演じる人間が傷つくこともないのである。それで傷ついてしまう人間は、その職業に就かなければいいだけだ。誰もが一流ホテルマンみたいに笑顔で客の我儘を聞けるわけではないからな。

セックスビジネスはフィクションである……これは、私自身がデリヘル体験を通して得た紛れもない実感だ。生身の私は「愛のないセックス」に傷つくタイプの女である。デリヘルの前にホストから愛のないセックスをされて大いに傷ついた経験が、私をデリヘルへと向かわせたのだ。自分にはもう女としての性的価値がないのかと悩んだ挙句、「そうか、セックスワーカーになれば自分の性的価値が客観的な数字で計れるではないか」と思いつき、デリヘルで働いてみようと決めた。

つまり「愛のないセックス」で傷ついた私が「愛のないセックス」を売る職業に就いたわけだが、その仕事の現場で私は客たちの「愛のないセックス」に傷ついただろうか？

いんや、全然(笑)。てか、客に本気で愛されても困るし。

私が働いてたのは「隣の奥さん」という名前の熟女デリヘルだったのだが、ある時、ひとりの客が「奥さ～ん！　俺、ずっと奥さんとヤリたかったんだぁ～！」と小芝居しながら押し倒してきた際、「ああん、ダメ～」などと言いつつちょっと楽しくなってしまった。なんだか客と二人でコスプレごっこをしてる気分になったのだ。なるほど、これって「ごっこ遊び」じゃん、と思った。客は「隣の奥さんに襲いかかっちゃう俺」というフィクションを演じ、私はそれに応えて「普段は貞淑なのに、隣の男に身体をまさぐられてついつい乱れちゃう奥さん」を演じてるわけよ。リアル生活で隣の住人が襲いかかってきたら怖いし不愉快だし激怒するが、ここでの「ごっこ遊び」なら本当に犯されてるわけではないので全然ＯＫだ。

だって、そもそも合意の上での「レイプごっこ」だもん。別に殴られたりいたぶられたりしたわけじゃなし、ただのシチュエーションプレイでしょ。むしろ「ああ、こういう設定、嫌いじゃないな」と、思わず興奮してしまったくらいだ。

もちろん「金貰ってもそんな役割は演じたくない」という人は、この職業に就かなければいいだけの話である。どんな職業にも、向き不向きはある。ただ「やってみなけりゃわからない」ことって、この世にはたくさんあると私は思うし、そこで意外な自分を発見することも多々ある。少なくとも私の人生は、そういう「意外な体験による意外な私の発見」の連続だった。

こういう私の記述を「嘘だ、欺瞞だ」と言う人もいるに違いないが、私は本音を書いているつもりである。デリヘル体験が私にとって地獄の黒歴史だったら、私は「売春非犯罪化」という立場には立たないだろう。逆に「こんな仕事するもんじゃないよ」と世の女性たちに訴えると思う。だって私は自分の読者に不幸になって欲しくないもん。自分が嫌だったことをさも楽しそうに偽って、私に何の得があるのだ。

わずか3日で顔バレして居心地が悪くなって辞めてしまったが（その子が2ちゃんねるに店名を書き込んで私のアンチファンが大挙して嫌がらせに来たらどうしよう、と本気で脅えた）、もし誰も気づかなかったら私はいつまで働いていただろうか、と今でも時々考える。まぁ、予想以上に体力を使う仕事だったので、日頃ジムにも行かない私は3、4人の客を取っただけでヘトヘトに疲れたから、それほど長続きはしなかっただろうとは思う。が、基礎体力さえあれば、もしかすると物書きの仕事より向いていたかもしれない。パソコンに向かって原稿を書くのは体力的には全然ラクだが、書くことがなくなったり自分の能力に絶望したりすると本気で死にたくなるほど追い詰められる。私は根本的に努力やストイシズムとは無縁の怠惰でヘタレな人間なので、精神的なプレッシャーにとことん弱いのだ。

そんなわけで私は「愛のないセックス」を仕事にしたことで、特に傷ついたり壊れたりはしなかった。元々壊れてただろ、というツッコミは想定できるし、それに対しては何とも反論できないが、そんなら「壊れてない人間」なんて存在するのか。誰もが何かしらの欠損や不全感を抱えて生きているのが、現代人というものではないのか。

売春で心が傷つくとか人格が毀損されるとか言う人たちは、売春という仕事のフィクション性を理解していないだのだと思う。そういう人は、仕事で汚れ役を演じる女優が、その役柄ゆえに傷ついたり人格が毀損されたりすると思っているのだろうか？　いや、そこまで幼稚ではないだろう。ならば何故、売春だけがフィクションではなくリアルだと考えてしまうのか？　生身の身体で抱き合うからか？　性器の接触があるからか？　性器の接触とは、そんなに神聖な行為なのか？　性器だけが人間の魂と直結している器官なのか？　そういう人たちは「性器信仰」とでもいうべき特別な信仰の持ち主なのだろうか？

まぁ「鰯の頭も信心から」という言葉もあるように、性器を信仰しようがべつに個人の自由だが、その信仰を「正義」として他人に強要するのは現代人らしからぬ行為ではないか。

「性器信仰」は確かに太古の昔からあるものだし、それは「生殖」の象徴ゆえに神聖視されてきたものである。しかし、あくまでもそれは生殖の仕組みを知らなかった古代人のプリミティヴな信仰ではないか。プリミティヴな信仰を持つなとは言わないが、それがプリミティヴなものであるという自覚くらいは持っていて欲しい。

宗教的見地からダーウィンの進化論を信じないのは勝手だけれども、それを教科書に載せるななどと騒ぐのは非常に愚かしいと感じる。子どもが学校で進化論を教わってきて「人間は神様が作ったんじゃないの？」と質問してきたら、喜んで議論に応じ、信仰の力で説き伏せればいいだけのことだ。「性器は（セックスは）神聖なものであるべき。ゆえに売春は魂を汚す行為」という考えも、それと同様に単なる「宗教」なのだから、本当にそれが真理であるという絶大な自信があるのなら、そう考えない人々を折伏すればいいではないか。非難したり軽蔑したり禁止したりすることは、はたして生産的な行為だろうか？

デリヘルは私にとって「男たちとの和解」であった

では、私にとってのデリヘル体験とは何だったのか。

私はデリヘルをした直後に新潮社から『私という病』という本を出した。自分が何故デリヘルをやろうと思ったのか、実際にやってみてどうだったか、という話を書こうをしたのだが、書いているうちに自分の中にある「男たちへの怒りと嫌悪」がふつふつと煮えたぎり、自分が男たちから一方的に性的対象として視られることに「不快」を感じながらもどこかでそれが「快感」であることの矛盾など、「私と男たちの関係」にまつわる感情を一気に吐き出すような作品になった。

男性たちにとっては困惑せざるを得ない内容だっただろう。当時、著書インタビューに来た男性ライターから「中村さん、男はどうすればいいんですか」と質問されたくらいである。「すみません、わかりません（笑）」と答えたが。

あれから10年経って振り返ると、私にとってデリヘルは「男たちとの和解」だったのだなぁ、とつくづく思う。男たちが女たちを記号化するように、私も男たちを記号化していた。彼らの性欲にひとりひとりの顔があることなど考えもせず、十把ひとからげに「嫌らしい男どもめ！」と思っていたのだ。まぁ、いわゆる「ミサンドリー」というやつだ。若い頃の私は本当に痴漢やセクハラに悩まされ脅かされていたし、世界中の男たちをマシンガンで撃ち殺したいと思うほど、ミサンドリーの塊であった。何しろ「セクハラ」などという言葉も概念もなかった70年代~80年代の時代だ。男たちは何の罪悪感もなく平然とセクハラ行為を仕掛けてきた。そして私はそれに憤慨しながらも、対抗する言葉を持たなかった。その悔しさが若い私を「男嫌い」にさせたのだった。

デリヘルをやると決めた時も、風俗なんかに来る男は性欲を持て余したセクハラ男どもに違いないと思っていたし、そういった男たちに自分は対応できるのかと不安を抱えていた。私は感情がすぐ顔や態度に現れるので、偉そうな態度を取る客には激怒してしまうかもしれない。私のような女には向かない職業だ、とも感じていた。

ところが、実際にはそんなことは一度もなかったのである。客は暴力的でも居丈高でもなかったし、いかにも女に相手にされずに性欲だけ溜め込んでいるような不潔で気持ち悪い男でもなかったし、ごくごく普通の男たちだった。向こうが私をどう思っていたかは知らないが、「排泄の道具」として扱われていると感じたこともなかった。彼らは性欲ではなく日常の生活やパートナーとでは実現できないファンタジーを満たしに来ているのだ、と私は気付き、自分の中にもそういうファンタジーがあることを重々承知していたので、「そうか、そういうことか」と深く納得した次第である。

それまで私の中で記号化されていた「男たち」が、ひとりひとりの顔を持ち、人間として私の前に現れたような気分だった。一部のフェミニストたちは男が女を記号化して人間として見ていないと非難するが、そして確かにその非難には一理も二理もあるが、女たちだってそんな男たちを記号化しているのではないか。「男は〇〇だ」という言い方をする時、私たちは男を「顔を持った人間」として扱っていない。痴漢やレイプ魔のように己の性欲を一方的に押し付けてくる男もいるが、そうでない男たちもたくさんいて、彼らは性欲だけでなくファンタジーを満たしてくれる相手を求めて風俗店にやってくる。お金を貰ってそのファンタジーを満たすのが、セックスワーカーの主な仕事なのだ。

そんな客たちとやりとりしているうちに、私の中のミサンドリーの対象すなわち記号化された男たちが個々の顔を持ち、それぞれの悩みや孤独や生きづらさを抱えた人間たちに見えてきて、「愛」とまでは呼べないけれども何か「共感」や「親近感」のような感情さえ芽生えてきたのだった。以来、私はずいぶんと男たちに寛容になれた気がする。むろんいまだに苦手なタイプはいるし、私の男嫌いが完全に消えたわけではないが、私はあの密室の中で「男たち」に歩み寄った。それまでひたすら恐れ憎んでいた獣におそるおそる触れ、その体温を感じ、ごろごろと喉を鳴らすのを見て、「そうか、これもまた私と同じ生き物なのだ」と実感したわけだ。

綺麗事ばかり言う気はないので、もちろん嫌な客もいたことは否定しない。とはいえ、暴力的な扱いや侮辱的な態度を受けたわけではなく、ただ気取っていたり（風俗店に来てまで気取ってる男って本当に滑稽だ）、何がしたいのかよくわからなかったり（性病が怖いのか、肉体的接触を極力避けて乳首だけ延々と舐めて欲しがった男もいたが、べつに乳首が感じるわけでもなさそうでずっと無反応なので、本当に疲れたし虚しくなった)、そういうタイプだ。要求がハッキリしていたり楽しんでいる様子を見せてくれると、こちらも張り切り甲斐があるというものだ。もし私がもっとキャリアを積んでプロフェッショナルなセックスワーカーになれていたら、そういう客の隠された欲望を引き出してあげることにも喜びを見出せたかもしれない。私は彼らの欲望の奴隷として仕えたのではない。彼らの欲望を肯定し受け容れて赦しや安心を与えるセラピストみたいな気分だった。

デリヘルは私の中の「男たち」との和解だったのだ、と、今では思う。世の中にはミサンドリー全開で男たちへの憎悪をダダ漏れにし、自身の対談本で「女性差別に鈍感な男たちなんかトロ火で火炙りにしてやりたい」などとビックリするほど軽率で感情的な発言をするフェミニストがいるが(異端審問官ですか、あなたは)、そういう人こそセックスワーカーをやってみればいいのではないかと思う。その人は20代だった頃の私のように「男たち」を憎み、片っ端から撃ち殺してやりたいと思っているのだろう。自分が彼らの性的な視線にどれだけ苦しめられたか、彼らの侮蔑的な態度にどれだけ傷ついたか、その怒りや憎悪がいまだに胸にくすぶり続け、男たちが女を記号化するように、彼女も男たちを「差別者」「搾取者」として記号化しているのだ。

もしも女性嫌いのおっさんが「フェミニストなどトロ火で焼いてやりたい」などと発言したら、彼女は憤慨し、急先鋒に立ってそのおっさんを糾弾するだろう。でもさ、自分もそのおっさんと同じことを言ってるんだよ。ヘイトにヘイトで立ち向かっても、何も解決しないと私は思う。「ミソジニーｖｓミサンドリー」の闘いほど不毛なものはない。

まぁ、男たちに怒りを燃やす気持ちはわかるけど、いい年なんだからいい加減そこに気づけよと思うが、たぶん無理だろう。彼女は売春に反対する立場だが、反対するなら一度体験してみろと言いたい。こういうことを言うとまた「当事者原理主義」などと批判されるのだろうが、当事者でないとわからないこともあるのだよ。体験もせずに頭の中の主観だけで世界を構築して、何でもわかった気になるのは本当に傲慢かつ愚鈍だと思う。女性差別には過敏なくせに、同じ女であるセックスワーカーへの職業差別は平気でやる。「差別に鈍感」なのはあなた自身ではないのか。

ちなみにこの「トロ火フェミニスト」の方にもこの本へのご登場をお願いしたが、断られてしまった。詳しくは、伏見憲明氏との対談の中で述べているので、そちらをご一読ください。

かつてフェミニズムは女性たちを解放した。そして今は、ある種の女たちの傷を埋め、彼女たちのアイデンティティを支えている。そういう意味では、現在のフェミニズムは「思想」というより「宗教」に近い感じを受ける。

日本は信教の自由を謳う国なので、どんな宗教を信仰しようが自由である。が、宗教の信者はしばしば外部に敵を作りたがる。キリスト教信者が異端者を「悪魔」と考えたように、一部のフェミニスト教信者もまた異教の人々を「悪」と見做す。もはや「正義」など相対的なものでしかないのに、他者を悪者にしなくてはアイデンティティを保てない人たちは時代錯誤的な「絶対正義ｖｓ絶対悪」の構図の中でしか安心して生きていけないようである。まぁ、「信じる者は幸い」だ。彼ら彼女らの魂に平安あれ。

すべての読者に、言いたいこと。

さて、以上が私の言いたいことのすべて（でもないけど、ほとんど）である。私が「売春非犯罪化」を訴えるような、こんな誰も読まないと思われる本をわざわざ自費出版で作る気になったのは、こういうことを言いたかったためだ。

私の気持ちが少しでも多くの人に伝われればいいなと願う一方、伝わらない人には永遠に伝わらないんだろうなという軽い諦念もある。すべての人に私と同じ考えを持って欲しいとは思わない。ただ、この本を読んで「今まで考えたこともなかったけど、改めて売春の是非について考えてみた」という人がいてくれたら、それだけで嬉しい。

この本はプロパガンダや啓蒙を目的とした本ではないから、読んだ結果、「中村の言ってることには賛同できない」という結論を読者の方々が出したとしても、それでいいのだ。理論武装もできてないような素人がこんな問題に口を挟んで本まで出して、逆効果になるんじゃないかと心配した人たちもいたようだが、私は自分の考えを押し付ける気などさらさらないので、逆効果になっても構わない。ただ、ひとりでも多くの人にこの問題を……セックスワーカーが差別や偏見の対象となっているこの現実をどうしたらいいのか、考えて欲しいだけなのだ。その結果「差別をなくすためにも売買春は禁じるべきだ」と思う人がいても、それはそれで仕方ないではないか。私は持論の正しさを押し付けたいわけでもないし、勝ち負けなど気にしてない。私の本を「逆効果」と懸念した人たちとは、おそらくそこが違うのだと思う。

考えてくれるだけで充分じゃん。私の力が及ぶ範囲なんて、せいぜいその程度だ。自分に世界を変えられる力があるなんて思ってない。反対派を折伏できる知性があるとも思ってない。そもそも私の考えは「絶対的正義」ですらない。ただ、これまでこの件に関心を持ってなかった人々の心に、水しぶきすらあがらない小さな小さな一石を投じるだけでいいんだ。「売春非犯罪化」を唱える人々の中には、このような私のスタンスに不満を感じ「自分たちの運動がすべて無駄になる」と危惧して寄稿や対談を断ってきた人たちもいるが、私のこの本はあなたがたの活動を無に帰すほどの影響力すら持たないのでご安心を。

私はご存知のように自分の体験から出た言葉しか語らないので、運動をする人たちのような大局的な観点には立てない。大局から語れる人はその役割を果たせばいいし、それは私にはできないことだからこそ、ご協力をお願いしたのだ。寄稿を断ってきた方々のおひとりは、私がこの問題に関して「無知」「無教養」であることを批判し、「もっと勉強してから出直して来い」とのメールをくださったが、私はこの本を通して読者の皆さんを啓蒙する気などまったくなく、むしろ皆さんと同じくらい無知で専門的な教養のない立場から素朴な疑問を投げかけたいと思っているのだ。私は読者と一緒に考える本を作りたいのである。賢い人間が専門的な知識で理論武装して反対派を次々と論破するような本を期待していたのであれば、確かに私は力不足だが、そもそもそんな本は私が作る必要などなかろう。専門家が作ればいいだけの話だ。

本を企画して寄稿や対談に応じてくれそうな方に声を掛け、しょっぱなから断られた私はひどく落胆して、「もういい。私ひとりで作ってやる」と決心した。その後、幸いにも何人かが寄稿や対談を引き受けてくれたので、結果的には「私ひとりで作る」羽目にはならなかったが、最初に断られたショックのおかげで人に依頼をしにくくなったのは確かである。私は他人に甘えているのかなぁ、と思った。こんなくだらない人間の作る本にご登場を願うなんて、依頼された人からすれば「ふざけんな！　俺にものを頼むなら勉強して出直して来い！」なのだろうに、そんなことには思いが至らなかったのだ。私が無知だからこそ、その知的・論理的に脆弱な部分をその人たちに補って欲しいと勝手に思っていた。自分は他人に期待されるのが大嫌いなのに、他人には一方的な期待をしていたのだ。ここは私が大いに反省すべき点であろう。

だがその一方で、私があまりに無知蒙昧なのを心配して協力を申し出てくださった方もいた。雑誌に寄稿した体験は山ほどあれど自分で雑誌を作ったことのない私は、台割作りから入稿作業から、何もわかっていなかった。それを見かねて、ポット出版の沢辺さんが格安で編集作業を請け負ってくださった。窮地を救ってくれた沢辺さんには深く感謝している。また、多忙のうえに病身でありながら表紙のイラストを描いてくださった内田春菊さん、カメラマンとしてほぼ無償で写真を撮ってくださった富田えみさんにもお礼を申し上げたい。もちろん、寄稿や対談を快諾してくださった皆さんにも。そして、ああ忘れてなるものか、この本作成を金銭的に支援してくださった皆さん、支援者を募る場を用意してくれたＣＡＭＰＦＩＲＥ（キャンプファイア）さん、本当にありがとうございました。

いろいろな人たちの協力や拒絶（笑）を経て、この本は出来上がった。何度も言うが、私が作ったのだから、大変稚拙なものである。支援者の皆さん、協力者の皆さん、ごめんなさい。でも私は、私に書ける範囲のことを精一杯書いた。

私は、世間の偏見や差別に晒されながらも自らの意思で性という職業を選択している女性（男性もいるけど）たちを、心からリスペクトしている。彼女らこそ、物言わぬフェミニストたちだと考えている。そして彼女たちが少しでも安心して働ける環境を、胸を張って仕事のできる社会をと、願ってやまない。

女性たちよ、あなたの性は、あなたのものだ。自分の一部として「性」を受け容れた者だけが、それを自分の好きなように使いこなせるのだ。たとえセックスワーカーという職業に就かなくても、彼ら彼女らを侮蔑したり排除したりすることなく、自分と同じく「性」の問題と向き合う仲間として共感し応援する人々が増えてくれることを、私は本気で夢見ている。法を変えることは難しい。だけど、人々の意識は変えていくことができる。そして、社会とは私たちひとりひとりが作るものなのだから、人の意識が変われば社会もおのずと変わっていくと信じているのだ。

私ってやっぱり、甘ちゃんのドリーマーなんだろうな。でも還暦近い年にもなって、自分がまだ夢を見られるとは思わなかった。結局のところ、私はこの本を自分のために作ったのかもしれない。何しろ根っからの自己中心主義者だからな。でも、自分のためにしたことが回りまわって誰かを助けることになるのなら、こんなに嬉しいことはないではないか。全女性のためにとか、全人類のためにとか、でっかい旗を掲げて大声を上げるなんてぇことは、私には恥ずかしくてできない。自分の無力さ、自分の未熟さ、自分の無知を私が一番知っているからだ。だから、これはきわめて個人的で小さな声だ。それでいいんだと思ってる。

私は私のために生きる。皆さんも、自分のために生きてください。世界に、そして自分自身に絶望することはきっとたくさんあるだろうけど、あなたが自分を見捨てない限り、あなたの生きる権利と自由は誰にも阻害されるべきではない。堂々と生きていっていいんだよ。あなたの人生を誰がバカにしようが非難しようが、あなた以外にその道を進める人はいないのだ。あなたの人生は、あなたが決める。誰に憚ることがあろうか。あなたの人生を他人に牛耳られてはならない。そしてあなたもまた、他人の人生を支配しようなどと思ってはならない。

セックスワーカーたちに限らず、すべての読者に私が言いたいのは、じつにこのことなのである。

PART 1

なぜ彼女たちは風俗嬢として生きるのか？

風俗嬢ぶっちゃけ座談会

曼荼羅 アラフォー。現役ソープ
×あやか 47歳。現役人妻デリヘル
×えりな 21歳。現役ソープ
×ゆう 33歳。元デリヘル
×くらたま 倉田真由美。漫画家

電マ大好きイケメンから、80歳のおじいちゃんまで。風俗とは男にとってのディズニーランドだ！

風俗は本当に「男の性欲の排泄場所」なのか？
現役ソープ嬢、現役人妻デリヘル嬢、元風俗嬢が見てきた男たちのリアル。
彼女たちが風俗という仕事を選んだ、それぞれの理由。
性の売買の現場で生きる彼女たちの本音が弾けるぶっちゃけトークを、
笑いながら、共感しながら、あるいは反発しながら、お楽しみください。たぶん、みんなが思うほど、
彼女たちは特殊な女たちではないのです。女の孤独、女の怒り、女の不安、女の痛みを、あなただってきっと知ってる。
それは、あなた自身の孤独や怒りや不安や痛みかもしれないのだから。

ハァ
ハァ
ハァ…
一体どこまで続くのか……
女神たちのお茶会
潤いゼロのこの砂漠生活（SEXレス）は——…
倉田真由美
結婚7年目
45歳。
夫とはもう6年
SEXレス

そんなカラッカラのあんたのために
今日は潤いメンバー用意したわ
作家でマブダチ中村うさぎ(58)
皆プルップルの現役嬢よ!!潤いを分けてもらいなさい!!
中級ソープ嬢 えりな(21)
デリヘル嬢 ゆう(30)
人妻風俗嬢 あやか(47)
激安ソープ嬢 曼荼羅(38)

仕事は相手を選べないのがちょっとねえ…
ゼロよりはいいのかな
きついのも多いですからねえ
でもいいこともありますよ
私は仕事のセックスで初めてイッた♡
35歳の時
えー!?
そんな年齢《とし》から天国デビュー!?
そんなことあるの
ポルチオね
私もわりと最近知った
自分で上に乗って動くとイキやすいよねー
ポ
ポル…?

なんか夢のように気持ちいいとこらしいのよねー
Gスポットとはまた別の
私も知らないのよ
どうすんの我々〜〜
今さら言われたとこで
でもいいことばかりじゃないですから
そりゃそうだろうけど
変な客いるだろうし
いますねえ
「本番させろ!!」って恫喝する客とか
本番!! 本番!!
延々↓
説教
こんなまぬけな図があろうか……
でも私の場合一番きついのは
彼氏に仕事のこと言えてないことですね…

毎日 毎日
彼にバレるのが怖いです
分かるー
私の場合夫だけど
言えないもんなのね ー……
なんでも誰にでも言う人
まあまあ 誰にでも彼とか夫に隠しごとくらいあるよ
「実は子供が夫の子じゃない」とか
今まで二人くらいそういう人会ったよ
重いな おい
…ってか私も散々いろんな好きなことやってきたけど
買い物だのホストだの整形だの
体壊した今思うことは

若い頃もっともっともーーっと
SEXしとけばよかったってことだけだよね…
もったいぶったりしないで
それだけは唯一取り返しがつかないから…
もっと早く言ってよー!!
既婚45歳今さらどうすれば!?
くす
まだギリ間に合いますよ
なんならうちの店(熟女専門店)紹介しましょうか?

いろんな男の射精を見てきました(笑)

くらたま▼えーと、まずは、すごく印象的だった客の話を聞きたいんですけど。

ゆう▼私は、本当に一番初めについたお客さんが、獣医さんというふうにお店に紹介されて。私は1人目のお客さんだったんですけれど、ドマグロで。顔の表情も動かさないし、体もだーんって寝ているだけの人で、噂には聞いていたけれど、こういう男の人っているんだなと思って。一番初めだし一生懸命やったわけですよ。もう何も反応しないので、僕全然気持ち良くないから本番させてって言われて、1本目から本求(本番要求)きたと思って。いえいえ困ります、みたいな感じで。一番初めがそれだったので、これは大変だと思って。頑張って、でもどうにか。

くらたま▼いきなり厳しい客に当たったね。

ゆう▼そうなんですよね。それで、もう汗がだらだらになって、やっぱりけっこう大変だなと思ったら、2本目のお客さんが打って変わって180度いいお客さんで、お菓子と飲み物を部屋に持参して来て、すごいもてなしてくれてくれて、プレイ時間70分か80分のうち、20分、30分はお話みたいな人だったんですよ。初日に、天国と地獄を一気に体験して、それが強烈な体験でしたね。いいところと悪いやつの両極端なやつを一気に1日目に入ったので、それが自分の中ですごい面白かったなという感じが。

えりな▼怖かったのは、デリヘルで、いきなり本番強要というか、馬乗りになって力ずくでガッて押し倒されたときに、反射で避けたんですよね。その時、私の脚がそのお客さんに当たっちゃって。めちゃくちゃ怒られて、殺されるかと思うくらい。本当に怖かったです。

うさぎ▼何それ、逆ギレじゃん! 自分が悪いのに!

えりな▼そうなんです。すごい怖くて、そのあと本当に病んで、1週間くらい出勤できなかったくらい怖くて。

くらたま▼殴られたりしなかった?

えりな▼しなかったんですけれど、怒鳴り散らされて、めちゃくちゃ怖かったですね。ソープはもともと本番できるから余裕のある人が来るんですけれど、ヘルスは本番できないのに無理にしようというお客さんがけっこう多くて。1回断ってわかってくれる人はいいんですけれど、力ずくでくるような人は、たとえば盗撮して、その画像を「本番してくれなかったら流す」っていう脅しに使ったりとか。いろいろあります。

うさぎ▼脅迫かよ！　うわぁ、卑劣だなぁ！

えりな▼私、前とかもっと黒髪で。

ゆう▼ああ、清楚系？

えりな▼清楚な感じのときほど、そういう客が多かった。髪染めてたり化粧濃いめにしとくと、そういうのないんですけれど。

うさぎ▼清楚系はおとなしそうだからナメられるんだな。強く出たら言うこときくだろって。

くらたま▼その逆ギレした客は、どうなったの？

えりな▼その時働いていたデリヘルの店長がめちゃくちゃ強面の銀髪でピアスとか開けまくってる、黒塗りの車で送迎みたいな人だったんですよ。で、怖かったのでお店の人を呼んだら、その人が来てくれて。その人に圧倒されて、おとなしくなりました。

うさぎ▼やっぱりデリヘルってさ、店舗型と違って、女の子を守ってくれる人が近くにいないから怖いよね。

くらたま▼曼荼羅さんは？　印象に残ったお客さんとか、どうですか？

曼荼羅▼私の場合、いろんな衝撃があって。最高齢のおじいちゃんの射精とか、射精するときの変わった発言とか。

くらたま▼うわ、どれも聞かせてほしい。

ゆう▼私もどれも聞きたい。

曼荼羅▼一番衝撃的だった射精の言葉は「赤ちゃん欲しいー！」でしたね。もうイクってなった瞬間に「赤ちゃん欲しいーっ！」って叫ばれて「何この人？」と思って。それが2回あって。たぶん固定なんでしょうね。射精の言葉がそれになっちゃっているっていう。

くらたま▼そいつ、毎回それ言うんだろうね。

曼荼羅▼そうなんですよ。その気持ち悪さに笑えるというか、返事に困ってしまって。いいですよ、とも言えないし。ゴム外したいみたいなことも言われましたね。

あやか▼私も以前、似たような経験が。「赤ちゃん欲しい」みたいな言葉を、こちらに言わせたがるんです。

うさぎ▼ああ、女から言って欲しいのね。

あやか▼そう。「俺の子、産みたいか？」みたいなことを言いながらヤるんですよ。「え？」とか思いつつも「うん」って答えたら、それで勢いづいて早々にイッてくれました。

うさぎ▼「生殖ごっこ」なのね。面白い。

曼荼羅▼射精の言葉なんて「イク」か「出る」くらいしか知らなかったから、びっくりしちゃって。

ゆう▼でも、悩んでいたら嫌ですよね。不妊治療とかの何かで、悩んでいる男の人ってけっこういるっていう話を聞いていて、奥さんが産めない人とか。

曼荼羅▼でも、それでゴムに穴でも空けられたら最悪ですよね。

ゆう▼けっこう真剣に言ってるのかな、それ?

曼荼羅▼その最中は真剣でした。でもその後、何事もなかったように戻るので。

あやか▼そういう人って、意外とそのとき本気だったりするけれど、終わったらけろってしていたりとかしますよね。

えりな▼すごい叫ぶ人はいますね。本当に絶叫する人みたいな。ソープなんですけれど、個室の部屋から声が漏れると、こっちが恥ずかしいみたいな。

くらたま▼男は癖があるよね。

曼荼羅▼何も言わないで、「え、今イッたの?」みたいな人も多いし。

ゆう▼それ、たぶんAV男優が誰も射精時にしゃべらないからじゃないですかね。

うさぎ▼ああ、AVで学んだ「間違いだらけのセックス知識」なのね。「男は黙ってイくべし!」みたいな。

くらたま▼最高齢は何歳くらいなの?

曼荼羅▼80歳の射精でした。

えりな▼私も80歳くらい。

くらたま▼80代ってもう勃たんでしょ。

曼荼羅▼そうですね。実際にセックスできた人の最高齢は74歳ですけど、手コキで発射できた人の最高齢は80歳。病院帰りで吉原に来たって言っていて、パンツ脱いだら尿パッドつけてるんですよ。

うさぎ▼わははは!!!

くらたま▼そうまでしてやる?

曼荼羅▼最後の女になりそうなく

らいの。久しぶりに、わざわざ吉原来たんだよって言われて、プレッシャーですよね。発射させてあげられるか、みたいな。そしたら、ちょろっと、噴水じゃないですけれど、じょわっていう透明の精子が出てくるんです。色はほとんどないんですよね。

うさぎ▼もう出ないんだね。尿パッドつけて、尿漏れみたいな射精を……せつないー！

曼荼羅▼78歳のおじいちゃんは、私のおしっこも飲んでたんですよ。もう本当に元気で。

くらたま▼セックスできるの？

曼荼羅▼半分くらいしか勃たないです。ぎんぎんまでいかなくって、勃ったら入れようかなとか、こすってあげようかなとか思ったんですけれど、ずっと触っていたら、じょぼって出たので、勃起しなくて出るんだということをそのときに初めて知って。諦めちゃいけないと。

くらたま▼それは知らなかった。

曼荼羅▼そのときに勉強になりました。半勃ちでも出るんだなっていう。濃度は薄くなって、卵白みたいな感じですね。どろっていう、透明感のある……。

うさぎ▼ぎゃーっ！　しばらく卵白が食えん（笑）。想像しちゃった、今。生々しいよぉ！

曼荼羅▼すいません（笑）。

ゆう▼でも、チンコの話できるのすごくうれしい。

くらたま▼楽しいよね。ああ、チンコもっと見ておけば良かったな。若いときにもっとやっておけば良かった。

うさぎ▼わかる！　私も若い頃にもっとヤリマンだったら良かったって、本当に思うよ。生まれ変わったら、次は絶対ヤリマンになるんだ！

あやか▼私もそう思ってた時期がありました。私、40歳でこの仕事デビューしたんですけど、それまではもう自分はセックスできないんだろうなと思ってたんですよ。夫ともずっとセックスレスで。AVとかも出ておけば良かったみたいなことを言ってたんですけど、結局はAVにも出られたし。くらたまさんも今からだって全然できますよ。

うさぎ▼くらたま、頑張れ（笑）！

風俗は水商売より大変か？

くらたま▼どんなお客さんが「いいお客」って思う？

曼荼羅▼私は優しく大事に扱ってくれると、ころっといきますね。乱暴にする人が多かったりするから、気遣いみせてくれたりとか、デリヘルで呼んでくれて「何もしなくていいよ」って添い寝だけしてくれたりとかしたら、きゅんってしちゃいますよね。

くらたま▼やっぱりそれ、くるんだ。

曼荼羅▼そういう人のときは、私、お弁当つくってお礼したことあります。

くらたま▼じゃあ、けっこう本気で?

曼荼羅▼ちょっと好きでした(笑)。

くらたま▼見た目もいい?

曼荼羅▼いや、全然普通のさえないサラリーマンでした。でも、なんか大事にしてくれるというか。お金を払っているのに何もしなくていいっていうのが、ちょっと私はうれしかったです。そういう方が、そのとき初めてだったので。

あやか▼私もそういうことありました。何もしなくていい、話に来ただけ、みたいな。そのお客さん、私がお店変わっても来てくれてたりしたんですけれど、なんか私のことを好きみたいな感じで……私、結婚してるんですけど、「その旦那さんは良くない」とか言い出して。

うさぎ▼いろいろ干渉してくるわけだ。

あやか▼結局、自分は本気なんだということを示したくて「話すだけでいい」なんて言ってくるわけです。それが重くなってきて、どうしようと思って。お店を変えても、ツイッターでばれちゃって、次の店にも来られて。

うさぎ▼ストーカーっぽくなっちゃった。

あやか▼そうそう。

曼荼羅▼重い人は嫌ですね。

ゆう▼仕事させてもらったほうがいいよね。

あやか▼しかも70分とかだったら、もう。私、会話とか苦手なので、30分で終わって、あと30分会話とかいうよりは、ずっとプレイで、1回戦終わったらもう1回戦のほうが楽な気はする。

えりな▼私も同じです。話だけでいいよっていう人が、本気度を見せるためにわざと言うみたいなのは重い。風俗嬢としてじゃなくて、女の子として好きなんだよっていうアピールをするために「話だけでいいよ」ってわざと言ってきて、好感度を上げたがるのは、ちょっと。

うさぎ▼そういう客は全然好きになれない?

えりな▼始めたての頃は、話だけでいいよって言われると、優しいなって思っていたけれど、だんだんそういうことが増えると、話すだけでいいよって言われると、最近は逆に警戒するんですよね。

ゆう▼プラスアルファのことに持っていこうとしているよねって、すごく感じちゃう。

曼荼羅▼外のご飯とか、タダでセックスとかね。

うさぎ▼結局そっちが目的なんだ。

えりな▼そういう人も多いですね。

うさぎ▼私は、話だけでいいっていうか、さっそくヤろうとしたら、ちょっと話をしようよって言われて。何の話だろうと思ったら、昨日彼女と別れてさ、みたいな。30分くらいその男の愚痴を聞かされて、私何が嫌いって、男の愚痴が一番嫌い（笑）。

くらたま▼まだやっているほうがいいのね。

うさぎ▼うん、でもまぁ仕方ないから「そうなんだぁ」とか適当に相槌打ちつつ。「これ、話のまま終わるのかな？　なら、やんなくて済むし我慢して聞いてやるか」なんて思ってたら、残りの30分で、「じゃあ、これから君を前の彼女だと思ってヤるから」……って、結局ヤるのかよ！

くらたま▼あはは（笑）。

うさぎ▼しかもだよ！　「声出さないでね」なんて注文つけられてさ。つまり、こんなダミ声で声を出されたら前の彼女じゃなくなっちゃうから出さないでねって意味だよ。失礼でしょ？

ゆう▼私、水商売もやっていて、銀座のホステスもちょこちょこ入っているんですけれど。聞き役としてのホステスの仕事と、快楽に直接いくための仕事って全然違うなと思って。

くらたま▼どっちが好き？

ゆう▼人によって全然違うんですけれど、私は水（水商売）のほうが向いているんですね。風（風俗）も、どっちも好きなんですけれど。

くらたま▼人によるよね。

ゆう▼水は絶対無理という女の子は、私やっぱり風のほうが完全に向いているみたいな子もいるし。

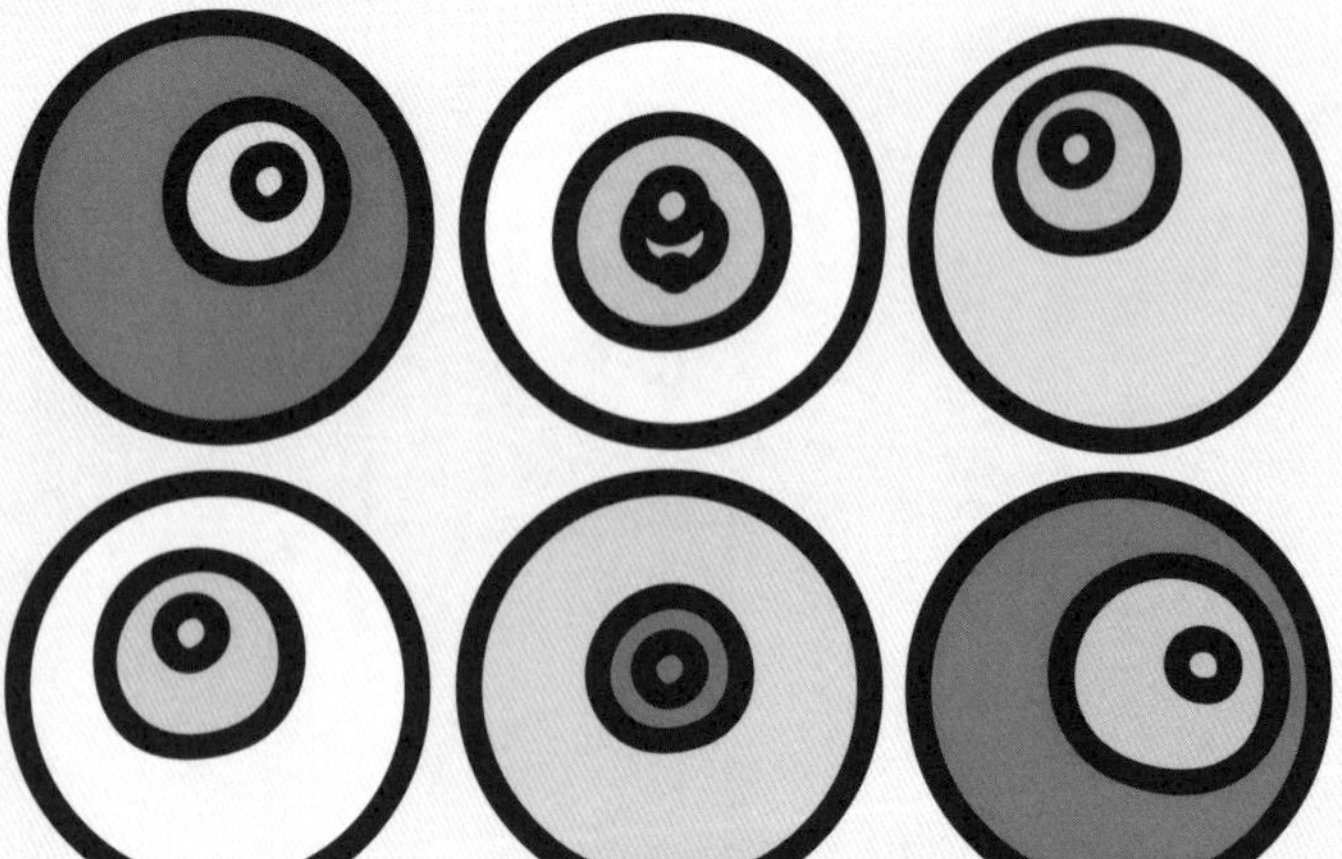

向く、向かない、は絶対ありますよね。

曼荼羅▼ありますね。コミュニケーション能力がないと、水はできないし。

ゆう▼遠回りな仕事が多いよね。水のほうが。

曼荼羅▼風俗できるんだったら介護もできそうっていうくらい対照的ですよね。面倒見が。

ゆう▼私の友達は水が全然駄目で。風1本の子がいる。

えりな▼私、水商売はやったことないですけれど、メールとか、そういうのがすごく大変そう。

曼荼羅▼営業が面倒くさいよね。

ゆう▼私、男の人から来る絵文字がすごく苦手で。そこは、すごいストレス感じます。

えりな▼男の人が使う絵文字って独特ですよね。

ゆう▼そうそう。なんで、そこにそれなの?みたいな。

あやか▼笑顔じゃないやつを笑顔だと思い込んでいたり（笑）。苦笑しているやつを、ニコニコみたいな感じで使っている。

うさぎ▼ああ！　顔の表情が読めないんだ！　ちょっとアスペっぽいね。面白いな。表情から他人の気持ちが読めない人は、顔文字も間違えるのかぁ！

ゆう▼風のほうが、そういうだらとしたやりとりがないから、ちょっと楽だったりする。すっきりしているんですよ。

くらたま▼水商売はプライベートまで売らなきゃいけないわけだ。

うさぎ▼店外デートとか、水のほうが多いしね。

ゆう▼多いですね。アフターは、全然お金つかない。

くらたま▼しかも、好きでもない男と、くだらないことしゃべりながら。

曼荼羅▼でも、物をもらえる率は風俗より水商売のほうが……。

くらたま▼その代わり、エンドレスにその時間を持っていかれるじゃん。そっちのほうが嫌だわ。

うさぎ▼あと、色恋しなきゃいけないんだよ、あんたが。

くらたま▼無理。

うさぎ▼無理でしょ。無理っぽいもん。私も水は無理。ちょっとやったことあるけど、客にマジギレして「帰れ」とか言っちゃうしな。そんなら、やることやって「お疲れさん！　またな！」みたいな風俗の方がいいや。

くらたま▼ああー、うさちゃんは水商売向いてないよねぇ。

ゆう▼どんな仕事でもそうだけど、結局は「向き、不向き」なんですよね。

うさぎ▼うんうん。水商売より風俗の方がつらいだろうって思ってる人多いけど、そんなの人それぞれだよねぇ。営業職よりデスクワークの方が好きって人もいれば、その逆もあるわけだし。

夫への抵抗、発達障害……それぞれの事情

くらたま▼あやかさんは、結婚していて、風俗やろうかなと思ったきっかけって何？

あやか▼いろいろあるんですけれども、ひとつは主人とセックスレスだったこと。「子供を産まないのにセックスする必要ない」とか言われて大喧嘩になったりとか。それで浮気しようかなと思い始めた頃に、人妻風俗店があるのに気付いて、こっちに行ってみようと思った。そのへんはうさぎさんと似ているけれど、自分の価値を認めたいなと思って。

うさぎ▼うんうん、わかる。そういう動機の人、多いよね。

あやか▼あと、お家を買ってすぐに夫の転勤になったんですよ。そのへんからいろんなことが崩れてきて。お家は最終的に売っちゃったんですけれど、結局売ったときに思ったのは、あのお家を自分のものだと思っていたんだけれど、主人からしたら自分のものなの。私、本当は引っ越したくなかったんだけど「お前は専業主婦で、ついていくのが当たり前だ」みたいな、「働きもしないくせに」みたいなこと言われて……だから、女としての価値というよりも、人間としての価値かな。

うさぎ▼夫が自分を付属物のように扱うことへの抵抗ね。

あやか▼結局お家だって、最終的に売ってしまったのも「主人の財産だから」というのがあるわけで。私のものじゃなかったんだなというのがわかって。自分のものだと思っていたお家は自分のものじゃなかったけれど、でも最終的に私の身体は自分のもので、だから、自分が売り買いして何が悪いんだというのをすごく今思って、やっているんですよ。

うさぎ▼なるほど。自分の身体は夫のものではない、自分のものなんだという意思表明か。セックスレスで風俗始めた人妻とか聞くと、世間の男たちはすぐに「ああ、欲求不満かぁ」なんて言うけど、単にそういう問題じゃないんだよね。それまで積み重なってきた「女として、一人前の人間として扱われない」ということへの不満なのよ。

くらたま▼でも、その旦那とは離婚せず、そのままなんとなく続いているわけね？

あやか▼ですね。今もセックスレスのままだし。夫といろいろ価値観の違いを感じた時に「夫婦なんだし、合わせるようにお互いに努

力したほうがいいんじゃないか」って言ったら、「40年間生きていて、自分の価値観がこうやってあるんだから、合わせる必要ないんじゃない」って言うわけですよ。

うさぎ▼自分は一歩も歩み寄るつもりがないのね。おまえが変われ、と。

あやか▼そこで、やっぱり合わないと思って「別れたい」って言ったら、主人は「俺だって別れたいんだけど子供のために我慢しているのに、なんでお前はそんなわがまま言うんだ」って。結局、今は子供のこととかもあるから、とりあえず夫婦でいて、子供が大きくなったら離婚するかもしれないし、その頃は諦めているかもしれないけれど。

うさぎ▼お子さんはいくつくらいなんですか?

あやか▼まだ小学校の3年生なんですよ。今度4年生になる。

うさぎ▼難しい年頃になってくるから。

あやか▼ですよね。仲が悪いのはわかっているけれど、子供は3人で暮らしたいっていう。

くらたま▼そうだよね。子供はほとんどそうだよ。

うさぎ▼ご主人はご存じなんですか?

あやか▼一応内緒です。

うさぎ▼よくバレないですね。

あやか▼それは、私にそれだけ無関心なんですよね。

くらたま▼あと、思いも寄らないというのがあるんじゃない?

あやか▼世間のことに全然疎いから、今だったら人妻風俗嬢とか熟女風俗という話題があるけど、あまりテレビも雑誌も見ない人なので、世の中でそういうことがあるということもわからないかもしれないし。

くらたま▼疎い。というか、たいがい男は気付かないよね。うまく隠せば。

うさぎ▼風俗やってる人妻の話を聞いても、それが自分の妻だとは1ミリも思わないんだよね。

くらたま▼世間にはそんな人たちもいるのかぁ、みたいな。みんなそう。人妻不倫の記事読んでいても、自分の妻が不倫するとか全然思ってないからね。「お、人妻不倫か。いいね」みたいな。

ゆう▼人の妻には欲情するけれど、自分の妻に欲情しない男の人が多すぎる。

くらたま▼そう。というか、みんなそうですよね。100人いたら99人そうですよ。

うさぎ▼おたくもね。

くらたま▼うちもそうだし。でも、女もそうじゃない? ずっと住んでいる男に欲情しなくならない?

うさぎ▼うん。私は無理。家族に

なっちゃうとエロが消える。

くらたま▼私も夫は無理だ。かわいがっているけれど、裸とか見ても、お腹が出てきているね、タヌキさんだね、みたいな感じだよね。男には見えないな。

うさぎ▼エッチするのが苦痛になるね。付き合って長くなると。

くらたま▼無理ですよ。なのに、他の男のギャランドゥとかがちらっと見えたりすると、ドキドキしてしまう（笑）。最近年とって、直接的なものに欲情するようになったよね。

うさぎ▼簡単でいいじゃん、ギャランドゥくらいで欲情できたら。私ギャランドゥくらいじゃ欲情しない。じゃあさ、あんた、西城秀樹と浮気すればいい。本家ギャランドゥと。

くらたま▼そういう問題じゃないから！

うさぎ▼あはは。他の方はどうですか？　彼氏とかには、どうごまかしているのかな。

えりな▼私は、彼氏が今いるんですけれど、ばれていなくて。この仕事する前に、普通のバイトをやっているという話をしていて、今もそれをずっとやっているという態になっています。

うさぎ▼それは、ばれないものなんですかね。

えりな▼だから、もう徹底的に。お店で写メ日記というブログみたいなのをやるんですけれど、そのときに下着の写真とかを載せるんですけれど、絶対プライベートではその下着を絶対に着ないとか、徹底して分けていますね。でも、常に不安です。ばれないか、みたいな。

うさぎ▼彼氏が客で来たらびっくりだね。

えりな▼それも怖いですよね。

くらたま▼内緒にしているうえで、一番苦痛って何？

えりな▼バレたらどうしようという不安が常にあるので、どれだけごまかしても不安なのと。そのときのことを想像して、常にドキドキしながら仕事をしなきゃいけないのが。

くらたま▼どうしてそれで仕事をあがる選択はないの？

えりな▼私、最初は大学に行っていて。地方から地元と離れた大学に奨学金で進学したんですけど、もともと親とうまくいっていなくて、それで親に頼りたくないというか。親とすごく仲が悪いのに、親にお金を出してもらって進学したら借りをつくるみたいな感じがすごく嫌で、自力で行ってやるって思って。最初は、奨学金とお昼のバイトだけでうまく自分はできると思ってやったけれど、全然続かなくて、実際お昼のバイトとかも全然続かなくて、実際お昼のバイトとかも全然続かなくてべるものもないくらいなくなって。日払いですぐお金がもらえる仕事っていうのが、こういう風俗とかしかなくて、そのときも日払いとかで検索して、すぐに風俗始めて、そのままずるずると。何回か彼氏のこととかで病んで、風俗辞めて昼のバイトもしたんですけれど続かなくて。普通のお昼のバイトって、遅刻とか欠席とか厳しいじゃないですか。一般常識的に。でも、風俗って遅刻しても欠席しても、すごいゆるいんですよね。だから、それに慣れてしまうと、自分がそうなるみたいな感じで。あと、私が発達障害なんですよ。

うさぎ▼そうなの？　どういう発達障害？

えりな▼ADHDという。だから、何回かお昼のバイトに行ったけど、本当にできなくて、1カ月とかしか続かなくて。それでお金がなくなるたびにこっちに戻ってという感じ。

うさぎ▼やっぱりADHDとかあると、職場でいじめられたりとか？

えりな▼信用がなくなるというか。

くらたま▼約束忘れちゃったりとか？

えりな▼とかも多いし、遅刻も欠席も多いし、信用されなくなったりとして、居心地がすごく悪い。いづらくて。だからもう無理ですね。親と仲悪いと言ったのも、親がけっこう学歴とかを重視する感じだったんですけれど、発達障害のせいで学校行けなくて、そういうので理解してもらえなくてもめたりとかしたんですけれど。

うさぎ▼親が発達障害に気が付いてなかった？

えりな▼そうですね。気が付いたのも、私も20歳くらいのときに気が付いて。

あやか▼自分でわかったの？

えりな▼はい、自分で。たまたまテレビで見て、絶対これと思って。それで、自分で病院に行ったらそうってわかって。

くらたま▼でも、わかったら楽になるっていうよね。

えりな▼すごい楽になりました。それまでは、周りに努力不足ってすごい言われていて、そっかと思っていたので。

うさぎ▼駄目なやつ、みたいなね。

くらたま▼片付けとか、ちょっと苦手だったりとか？

えりな▼ものすごい苦手ですね。

あやか▼親御さんも、もっと小さいときからわかっていたら、また違ったかもしれないですよね。

えりな▼そうですね。学校に行けていなかったときも、学校に行けって力ずくでパジャマのまま車に引っ張って行かれたりして。

うさぎ▼わがままとか思われちゃうんだね。

えりな▼そうなんです。わがままって言われていて。私も、そう言われたら、わがままなのかなってずっと思っていたので。

くらたま▼でも、ここ10年くらいだもんね。

うさぎ▼そうそう。アスペルガーとかADHDが世間に認知されたのは。

くらたま▼ようやく一般化したよね。でも、彼氏にばれるとどうしようもそうだし、彼の友達にばれるとか、そういうことまで考えるとけっこうリスクはあるよね。

えりな▼すごい怖いですね。辞めたいなっていうのと、でも辞めて昼の仕事をしてもまた続かなくて、お金なくなって風俗戻ってという。私が遅刻とかが多いから、そういう意味では風俗で一番働きやすいんですよ。

うさぎ▼多いんだよね。発達障害。あと、シングルマザーとかも、子供が急に熱を出すとか、そういうので。

くらたま▼確かに、時間の融通がね。

うさぎ▼彼氏に対して罪悪感っていうのはあるの？

えりな▼ものすごいあります。彼氏が、私のことを信頼してくれるような発言があると、すごい罪悪感。

くらたま▼じゃあ、彼氏のことすごく好きなんだ。

えりな▼好きですね。

くらたま▼どれくらい付き合っているの？

えりな▼1年くらいですかね。逆に、彼氏がすごい浮気とかしていてくれたらラクなのにってちょっと思うんですよ。

うさぎ▼もしバレたら、彼氏の態度は変わると思う？

えりな▼絶対変わると思いますね。それが怖くて。だから、それくらいならもう別れようって思うんですけれど、でも好きだから別れられないし。

うさぎ▼難しいところだね。

くらたま▼毎日悩ましいね。

えりな▼それで、よく落ち込みますね。

うさぎ▼もし世間がもう少し風俗という仕事への偏見が薄まって、そういう発達障害の人の事情とかにも理解を示してくれるようになったら、あなたもそんなにビクビクしなくて済むのにね。

えりな▼そうですねぇ。

うさぎ▼ゆうさんは、彼氏とかいたときは。

ゆう▼私は、入るときに、病気を相手に移すのが心配だなと思って、別れました。

うさぎ▼その理由で別れたの？

ゆう▼私は、その理由で別れたんだよね。

えりな▼辛くなかったですか？

ゆう▼辛かったけれど。

曼荼羅▼選択肢がなかったんですね。もう行くしかないし。

くらたま▼20代の頃から、ずっと普通の仕事していたわけ?

ゆう▼そうですね。普通の。

くらたま▼なんでやってみようかなと思ったの?

ゆう▼私、水商売はやっていて、接客業がものすごく好きだなっていうのがあって、30になるし、今ここでやっておかないとできないかもなと思って。お金も全然あるほうじゃなかったですけれど、この世界は働きたいなと思って、働き始めたという感じです。

くらたま▼やってみたら全然違ったでしょ。そうでもない?

ゆう▼でも、たぶん私向いているんだと思うんですよ。さっき風より水のほうがって言いましたけれど、たぶんどっちもわりと向いている。ただ、私やっているのが短いので。たぶんかなりマイペースに働いていたので。あと、話せる女友達がいるんですよ。

くらたま▼じゃあ、あまりストレスもなく?

ゆう▼そうなんですよ。その女友達には、よく愚痴とかも言えていたから、ひきこもらないで済んだというか。隠してひきこもっちゃう人って多いじゃないですか。それでどんどん病んでいくんだと思うんですけれど、私は1人だけ言える友達がいて、その子としゃべれたから続けられていたかなっていうのは。

くらたま▼じゃあ、嫌な仕事じゃないってこと?

ゆう▼私は、嫌な仕事ではない。間違いなく向いているほうだと思います。

くらたま▼宝くじが10億円当たったら、どうする?

あやか▼私はこのまま続けたいと思います。

くらたま▼お金目的じゃないんだね。

曼荼羅▼貴重な1パーセントくらいの感じですよね。私絶対やりたくないですよ。向いていないと思っていますし。病気もらいやすい体質だし。

くらたま▼そういう形の「向いてない」っていうのもあるんだね。サービス的には向いてなくないんだろうけれど、病気リスク的に向いていないってことね。

あやか▼病気かかりやすい人はかかりやすいってよく聞くし。

くらたま▼それ聞くね。人によって違うみたいなね。

ゆう▼免疫の問題が。

くらたま▼うちの夫、何百人っていろんな女と生でやってきた男なんだけれど、かかった性病ってケジラミだけなんですよ。

曼荼羅▼あえてのケジラミもマニアックですよね（笑）。

くらたま▼クラミジアすら1回もなくて。

ゆう▼持っているもの強いんだと思います。免疫が。

うさぎ▼強いといえば聞こえがいいけど、くらたまの夫の場合、「バカは風邪ひかない」と一緒だよ（笑）。

くらたま▼でも、ケジラミは2回もらっているんだよ！

ゆう▼ケジラミは虫だから（笑）。

うさぎ▼免疫、関係ねーよな（笑）。

クソ客について語る（イケメン含む）。

うさぎ▼皆さん、ノーと言えない人は向いていないと思いますか？

えりな▼思います。

曼荼羅▼思います。自覚がある。

ゆう▼ノーと言えない子が、たぶん病んでいくし。

あやか▼いい子なんですよね。

ゆう▼男の人って、そこをうまくつけ込んでくるんですよ。私は働いている当時もすごいショートヘアだったし、ばーっていっぱいしゃべって会話から入っちゃうので、強そうだなっていう印象を与えるらしくて。

くらたま▼なめられなくて済んだ？

ゆう▼そうですね。なめられてもいるんですけれど、会話にうまく逃しちゃうみたいな感じで。

あやか▼やっぱり会話力とかある人はいいと思います。コミュニケーション能力が高くて。ある人が言っていて納得したのは、自分がこういうふうにしたいということを、さも相手が望んでいるようにさせるのがうまい人がいいと。

うさぎ▼それは高度なスキルですね。

あやか▼すごい高度だなと思って。それは、風俗の講習の先生が言っていたことで。それはわかるんだけれど、それが難しいんじゃんと思って。

くらたま▼じゃあ、超売れっ子になる人ってどんな人なんだろう。

曼荼羅▼今のグループ店の吉原のお店は、10年だか20年近くずっとナンバーワンをやっていた方が講習員で。

くらたま▼10年、20年ナンバーワン?

曼荼羅▼子供を1人育てた女性の方が今50歳くらいで、引退して講習員になられたんですよ。こう言ったらなんですけれど、全然普通のおばさんなんですよ。

くらたま▼きれいじゃないの?

曼荼羅▼普通のおばさんなんですよ。だけど、気遣いとか細やかで、靴下とかハンカチも用意しておいてとか、100均とかでもいいから買っておいて、お客さんが汗びしょびしょだったら、これ使ってと言ってあげたりとか、くさい靴下だったら新しい靴下をあげるとか、独身の人にはそうやって育てて。あとは、姫予約とか営業管理も自分でする。お店を通さないってことで。

くらたま▼姫予約って?

えりな▼お店を通さずに、ご自分で。

曼荼羅▼そうそう。携帯とかメールアドレス、電話番号を営業用に持っておいて、もう直接。

あやか▼最近増えたんですよ。前、女の子がお客さんとの連絡先交換は禁止だったんですけれど、もう直接して良くて。それで、お客さんと直接やりとりして、この日に何々さんからご予約いただきましたということで。

曼荼羅▼ソープ嬢さんとかけっこう。ツイッターやっている方とかも、LINEのIDを載せていたりとか。そういう方は、多分自分で営業をどんどんやっていって。

ゆう▼ランカーさんって、たぶんなんでもできる人なんですよ。写真のセンスもすごい完璧だし。インスタとかもやって、自分の営業がものすごく上手で。写真の質が全然違うんですよね。

曼荼羅▼まず写りが違いますよね。

ゆう▼そう。もともときれいなのもあるんだけれど、それ以上に努力のあとがものすごく感じて、ひえーってなるっていうか。たぶん、どこの仕事でもなんでもできるだろうなって。

えりな▼わかります。たぶん、風俗でナンバーワンになれる人って、絶対風俗じゃなくても仕事できる人ですよね。

ゆう▼たぶんそうだと思う。

うさぎ▼じゃあ容姿とか、フェラテクとかでもないんだね。

あやか▼フェラはテクというか、学ぶからうまくなると思うんですよ。私が前にいたホテヘルのときのナンバーワンの人は、すごいびっくりしたのは、本当は30何歳くらいだったのが20何歳って言っていて、そんなに美人じゃなかったんですけれど。たまたま、お客さんとホテル行くまでに歩いていた姿を見たときに、別人かと思うくらいオーラがあったんですよ。

くらたま▼どういうオーラ？

あやか▼その人、待機室にいる時は暗い人って感じだったんだけれど。ある日、なんか颯爽と歩いているカップルがいて、お客さんもたまたまスーツ着ていたから「こんなところになんでこんなカップルがいるんだろう」と思ってよく見たら、そのナンバーワンの女の人で。やっぱりその場で、すごく自分を輝かせるものを持っているみたいな。

くらたま▼男の前でってことだよね。

あやか▼そうですね。びっくりしたのは、私とかはいつも終わったあととか、ビルの前で別れて「今日はありがとうございました、お気を付けて」みたいに帰るんだけれど、「じゃあねぇ」みたいな感じで帰って行ったから。

ゆう▼プライベートみたいな感じなんですね。

あやか▼この雰囲気は何、みたいな。

うさぎ▼なんか自分のカノジョみたいな錯覚させるんだね。

あやか▼すごく楽しそうに歩いていたから。普通、お客さんと歩いているって大体わかるじゃないですか。でも、全然そういう感じに見えなかったんですよ。

うさぎ▼それ、どうやって出すんだろう。

あやか▼その人、いろいろ学んでいる人だと思います。子供さんが今中学生で、20歳くらいからやっている人だから、どうしたら指名が買えるかを10年くらいずっと考えてきている人だなと思うんですよ。

ゆう▼私も熟女店のランカー1位の人を見た時に思った。顔は普通なんですけれど、きれいなんですよ。

くらたま▼体型はどうなの？　ぽっちゃりめなの、それともほっそりめなの？

ゆう▼普通でしたよ。めちゃめちゃ普通。

あやか▼胸もそんなにない。

うさぎ▼きれいというのは、どういうきれいさなの？

ゆう▼顔じゃなくて、女としてすごく華やかだなって。別に派手な服でもなくて。私は感動しちゃったんですよ、これは男の人は横にいたら楽しいわって思うような。

曼荼羅▼連れて歩きたくなる女性ってことですよね。

ゆう▼でも派手じゃないんですよ。

うさぎ▼色気でもないんですか？

ゆう▼色気というのかもしれないですね。男の人は。

あやか▼愛嬌がある感じ？

ゆう▼愛嬌とセクシーさと。

曼荼羅▼フェロモンですね。

ゆう▼フェロモンなのかもね。私、そのとき感動して。「この人1位なのわかる！」って。キラキラしていましたね。卑屈な感じは全くなくて、きれいにしている大人の女性って感じ。

あやか▼楽しそうなんですよね。お客さんも楽しそうだって思う。自分も一緒にいたら楽しいだろうなと思わせるオーラがあるんですね。

うさぎ▼それ、水商売でもそうですよね。一緒に飲んで楽しいって思わせる空気をつくる女の子が、やっぱりナンバーワンになるじゃないですか。顔が美人じゃなくても。場所によるんだけれどさ。銀座なんか、そんなに美人じゃなくて、どっちかっていうとシュウマイみたいな顔してる、もちゃっとした。でも、かわいいオーラとか、楽しいオーラみたいな感じが出てる。

ゆう▼楽しんでいる雰囲気かもしれないですね。もしかしたら。

くらたま▼私ら、ダメだね。すぐ顔に出る。

うさぎ▼「楽しくねー」って顔しちゃうもんね。

曼荼羅▼いやでも逆に、言っていることがお前おかしいだろうっていうことを、がーっとストレートに説教すると、それがうれしくて帰って来る人もいるんですよ。1回、おっぱい大きい子と結婚したいんだよねって言われたときに、お前バカじゃないか、1回結婚して失敗しているんだろっていうことを延々と言ったら、次また帰ってきたんですよね。

くらたま▼女に説教されたいみたいな男けっこういるよね。

曼荼羅▼います、います。

うさぎ▼私説教したけれど、リピされませんでした。

くらたま▼あなたは怖すぎますよ（笑）。

うさぎ▼本番要求された時にね、あんまりしつこかったから私怒っちゃって、裸で仁王立ちで、「本番やっちゃいけないっていう規則じゃないですか」と叱責した（笑）。そしたら「あんたと俺が黙ってたら店にはわからんから」とか言うから「じゃあ誰にもバレなかったら泥棒していいんですかっ？」なんて、小学生みたいな反論を。

曼荼羅▼ああ！　それで思い出したんですけれど、すごいクソなお客さんがいましたね。私が実際にされたんじゃないんですけれど、本番しちゃいけないお店で女の子に無理やりやらせといて、あとでフロントに「本番なんかさせる女を扱ってんじゃねぇよ」って告げ口して返金させたっていうのをドヤ顔で書き込んでるバカがいて。もう信じらないと思った。
くらたま▼出禁だね。
うさぎ▼本番なしのデリヘル嬢に本番させたっていうのは、男の勲章なんだろうね。
曼荼羅▼だから書くんでしょうね。あの子できたぜ、みたいな。
うさぎ▼そうそう。俺はやったぜ、みたいな。バカだねー（笑）。
くらたま▼でも、中にはかっこいい男とか、いい男もいるんでしょ？
曼荼羅▼たまにびっくりする人来ますね。モデルさん、みたいな。新大久保で、モデルさんみたいにかっこいい人で、同じお店の中でも女の子たちに有名なお客さんがいたんですけれど、家に行ったら女の人の裸のマネキンがあったんですよ。気持ち悪っと思って。
うさぎ▼え（笑）。それは、どういう性癖？
曼荼羅▼わかんないですけれど、変態なのは確かに変態でしたね。痛いって言って涙流しているのに、電マでずっと攻めてくるんですよ。死にそうなくらいになって。タイマー鳴って帰りますって言っているのに、シャワー浴びたあとももう1回当ててくるみたいな。相当ドSなんですよね。
くらたま▼その男にとっては、それが一番いいんだ？
曼荼羅▼なんでしょね。快感というか、ヒーって言っているのがたまらないんでしょうね。マネキンも、もしかしたら電マでいじめているのかもしれない（笑）。
うさぎ▼でも、マネキン、ヒーヒー言ってくれないからね（笑）。
曼荼羅▼でも、あれは本当に声にならないほどの痛み。
あやか▼それって、もう叫んでますよね、演技とかできないから。それをいいっていうのが、私的に

はわからないというか。気持ち良く喘いでいるわけじゃないじゃないですか。どっちかっていうと悲鳴みたいな。嫌がっているのがいいのかな。

曼荼羅▼鬱憤を晴らしているんでしょうね。

あやか▼しかも機械でやっているから、自分のテクニックじゃない。

曼荼羅▼支配しているっていう。

あやか▼支配欲なんですかね。

くらたま▼男の性癖の細かさはすごいからね。いろんなのいるからね。

えりな▼かっこいい人は、自分がかっこいいというのをわかってて風俗に来るから、ヘルスとかでも「俺、本番できるよね」って感じで来るんですよ。

うさぎ▼己惚れてやがるな。

ゆう▼むかつくな。

えりな▼すごいむかつくんですよ。だから苦手ですね。逆にかっこいい人がくると警戒しますね。

ゆう▼しかもテクないよね。かっこいい人って。

うさぎ▼言える！ イケメンと巨根はテクがない！

えりな▼そうなんですよ。テクで努力しなくても、今まで女の人を抱けてきたから。どうせこういうお店っておっさんばっかり来るんでしょ、みたいな。こんな若い客が来てうれしいでしょ、っていう感じで来るのが、すごい嫌なんですよね。

くらたま▼お前に言われたくないわ、みたいなね。

この仕事で男の本質をいろいろ学んだ

うさぎ▼皆さん、この仕事をして男を見る目が変わったとかあります？

えりな▼ありますね。私が来て、かわいいねって言ってくれる人もいれば、そうじゃない人もいるんですけれど、みんな大体最後はイクじゃないですか。だから、男の人って誰でもいいんだな、みたいな。

うさぎ▼結局誰でもいいんかい、と（笑）。

えりな▼誰でもイケるんだなっていう感じになりますね。

うさぎ▼そういうふうに思っちゃうと、恋愛に差し障りがないですか？

えりな▼自分の彼氏とか好きな人でも、浮気しないよって言うけれど、いざそういう流れになったら絶対するだろうなって。

ゆう▼逆に、男の人って、女の子をみんなかわいいと思っているんじゃないかなって思うようにしたんだけれど、ポジティブすぎるかな（笑）。

曼荼羅▼好きな女とじゃなきゃ勃たないよみたいなのって、本当きれい事よね。触られたら勃つだろ、みたいな（笑）。

くらたま▼そりゃそうだよ。少女漫画は嘘だよね。

うさぎ▼あれは、少女の夢だからね。

くらたま▼作家が女だからね。少女漫画は。

うさぎ▼でも、お前にしか勃たないって言われると、私ひくな（笑）。

くらたま▼うさちゃん、薄汚れてる（笑）。もうちょっとそこはさぁ……。

うさぎ▼じゃあ、あんた、うれしい？

くらたま▼うれしくはないけれど。ある程度わかった女がたどり着くセリフ（笑）。

あやか▼私、もともと男性経験が少なかったので、こういう世界は悪い人もいるんだなというのもわかったし。でも、変な言い方ですけれど、世間体とか学歴とかとは全然関係なく、本当に優しい人は優しいし、いい人はいい人なんだろうなっていうのは思ったし。私の彼も……。

うさぎ▼あ、旦那さん以外に彼氏がいるんですね。

あやか▼はい。彼も、今は水商売をやっていて、もともと風俗店の店長とかもやっていたことがあるんですけれど、私がこういう仕事をしていなかったら、たとえば何かで知り合っていても「こんな人とはあまり話もしたくないわ」みたいな人だったけれど、自分も同じ世界に入ってみて、話しているとすごくいい人だっていうのがわかったし、良かったなと思って。

うさぎ▼専業主婦の頃より視野が広がったのね。

あやか▼あと、自分の子供とかに対しても、別に好きなことができたらいいんじゃないかなとか。もしこの仕事をしていなかったら、絶対に有名な大学に行ってとか、高校とか進学校に行かせるようなことばっかり考えていたと思うんだけれど、そういう人生だけじゃない生き方いっぱいあるじゃんと思って。

うさぎ▼うんうん。それは、確かに。

あやか▼男を見る目っていうよりも、人を見る目が変わった感じですね。

うさぎ▼お子さんは、お嬢さんですか？　息子さんですか？

あやか▼息子ですね。

うさぎ▼息子さんが、ある程度大人になって、風俗とか行き出しても、それは全然オッケーな話ですか？

あやか▼オッケーですね。今、パソコンとか目覚めてやっていて、どっちかっていうとひきこもりのオタクっぽくなりそうなので、中年童貞っぽくなるのが心配で。

くらたま▼それ怖いよね！

あやか▼そうなりそうだったら、騙して風俗連れて行くなり、デリの女性を派遣しようかなくらいに思ってる（笑）。

うさぎ▼じゃあ、たとえば息子さんが「俺、女の人相手の出張ホストみたいな、体を売る仕事をしようかと思うんだけど」って言い出したらどう思います？

あやか▼しょうがないな、みたいなね。私の彼も昔そういうこともやっていたので、もう彼に教えてもらおう、みたいな。

くらたま▼じゃあ、彼氏はけっこうイケメン？

あやか▼いや、今はもうおっさんなので。

くらたま▼でも、そういう仕事ができるってイケメンですよね。

あやか▼若い頃の写真を見たら、びっくりするくらいかわいくて。

やっぱりそんな感じだったんだ、みたいな感じですね。今は全然面影ないけど。でも、彼に息子を会わせることはないと思うけど。もし、そういう道に進みたいとか言い出したら、いくらでもアドバイスできる人を紹介はできるな、みたいな。経営者みたいな人とか、知り合いとかもいるし。

うさぎ▼じゃあ、やめろとは言わない？

あやか▼言わないですね。

うさぎ▼ゆうさんは、男を見る目が変わったりしました？

ゆう▼あまり変わってないです。でも私、男の人のほうがナイーブだなというのをすごい痛感しました。女の子のほうが強くて、たくましくて。マンコって嘘つけるけれど、チンコは嘘つけないと思っているんですよ。

うさぎ▼それは確かに。チンコは正直者だよね。

くらたま▼それは、本当に真理だねぇ。

ゆう▼ちょっと声のかけ方間違えると「へにゃー」みたいな。どれだけ気遣わなきゃいけないんだって感じで。

うさぎ▼確かにメンタル弱い。

あやか▼ロマンティストですよね。

ゆう▼ロマンティストはロマンティスト。リアリティに生きていないなっていう。

あやか▼風俗嬢って、ある程度、身体のやりとりだけれど、それをうまく忘れられるのはすごいなと思う。たとえば、女の人がホストとかに貢ぐ時って、絶対にどこかで現実を考えるじゃないですか。でも、絶対に男の人は忘れているよな、みたいなのありますよね。

ゆう▼ディズニーランドに行く女をバカにできないでしょって思う。女というディズニーランドで遊んでいる男の人なのかなって思うことも。

くらたま▼夢の国に来てるからね。ちょっと現実的なこと言われると「ほよーん」みたいな。

うさぎ▼ミッキーマウスが着ぐるみ脱いだ姿は絶対に見たくない、と（笑）。

ゆう▼お仕事スイッチが入っていると、演じてあげているというか、商売しているなって。私は元から身体を売るという感覚が全くなくて、夢を売っているという感じなので。

うさぎ▼うん、それはわかる。女もそうだけど、男の方が異性に対して抱いてるファンタジーが強いよね。たとえ「ごっこ遊び」でも、風俗はそれを一時的に満たしてくれる。リアルな女から逃避するためのディズニーランドっていうのは、すごく納得できるな。

くらたま▼女は男に順応するけど、男のファンタジーは頑迷だね。

うさぎ▼だから、たまに現実とファンタジーを混同する客がいてトラブルになるわけだ。結局、この仕事のリスクって、突き詰めると客の在り方の問題であり、ひいては男の在り方に関わってくるよね。

くらたま▼本当にそうだよね。

うさぎ▼性病の問題もね。女の子よりお客さんの危機管理の方が薄い。風俗嬢はプロだから、ちゃんと気にかけてるじゃん？　定期的に検査したり。

くらたま▼でも、それを客が台無しにするんだね。

えりな▼病気持ってくるのはお客さんなので。

曼荼羅▼そのくせ、女の子のせいにされちゃうんですよね。以前、証拠ないのに、すごい怒られている女の子とかいて、かわいそうでした。「お前からもらったんだ」とか客に言われて、でもその女の子が検査に行ったら陰性で。

うさぎ▼男ってさ、病気もらったら、絶対に風俗嬢だって思うんだよね。素人の女ともやってるくせに、素人さんは大丈夫とか思っているところあるじゃない？

くらたま▼めっちゃ勘違いだね。

ゆう▼素人さんのほうが危ないですよね。

うさぎ▼そうそう。素人は検査しないから、本人も気づかないうちに感染してたりするんだよ。ところが世間は「不特定多数とヤッてる風俗嬢は病気持ってる」と思い込んでるの。素人信仰も、たいがいにして欲しいわ。

売春への偏見は男が作っている？

くらたま▼それにしても、こうい

う お喋り、本当に楽しいね。女子会みたいで。

曼荼羅▼延々と話していたい。

あやか▼思っていた話と全然違って面白い。もう少し真面目に、合法化について考えるみたいな話だと思っていたので。

くらたま▼そっちだと思った？ すいません。

うさぎ▼私とくらたま、すぐ下ネタ行くから（笑）。

ゆう▼でも、本当に楽しいので。

えりな▼私、合法化については、個人的にすごく悩んでいたので。世間体が悪いみたいなことですごく落ち込むというか。さっきも言ったんですけれど、親が教育熱心なほうだったので進学校に行っていて、大学にも一応行ったんですよ。だから、たぶん自分の中にプライドみたいなのがあって、世間体が悪い仕事をしているとプライドが傷つくみたいなことがあって、それがすごくしんどいときがあるんですよね。でも、私みたいに発達障害の人とかで、この仕事があって救われいる人がいると思うんです。だから、それは良くなってほしいなと思いますね。

うさぎ▼うんうん。少しでも、みんなに差別とか偏見がなくなったら、もっとおおらかにこの仕事ができるのになと私も思うんだ。

えりな▼すごく思いますね。

うさぎ▼なかなかね。頭の固い人は、そんなことをしたら魂が汚れるとか言ってね。意味わかんない。「じゃあ、魂見せてください」ですよ。「これだけ汚れました」みたいな。洗剤の通販みたいにさ、「風俗前」「風俗後」の魂の汚れ方を見せてみろって思う。何を根拠に言っているかっていうと、あれ、願望なんだよね。たぶん男の願望で、基本的に自分以外の男とヤる女は嫌なんだよね。自分はやるく

せに。

くらたま▼そこは変わらないからな。

うさぎ▼だから、誰とでも金でやる女っていうのは貶めておかないと、オッケーみたいな話になったら、自分の彼女も奥さんもみんなやっちゃうみたいな不安があるんだと思うんだよね。

曼荼羅▼風俗に来るお客さんって、けっこう「今日何人目？」って聞く人が多いんですよ。何なんだろうなって思います。

くらたま▼自分が最初がいいんでしょうね。

曼荼羅▼1人目だよって言って欲しいってことですか？

くらたま▼そうそう。

うさぎ▼最初しか指名しないっていう人もいるもんね。

曼荼羅▼いますね。

くらたま▼初物食いってやつね。

うさぎ▼気持ちわからないでもないけれど、でも意味ないよね。

曼荼羅▼だから、あえて15人目ですって言っちゃうんですけれど(笑)。

くらたま▼言わないであげて(笑)。

曼荼羅▼逆に「1人目よ」なんて言ってあげる発想がなかったです(笑)。

くらたま▼自然体だなぁ。面白い。

うさぎ▼こういうぶっちゃけ話こそ、女子会の醍醐味よね。

くらたま▼そう、女同士の話はたいがい面白いよ。私、ママ会とかやったりするじゃん。ママさんたちって結構まあまあ楽しいんですよ。でも、やっぱりパパの比率が高くなると面白くなくなる。

うさぎ▼パパも来るんだ？

くらたま▼パパも来たりするよ。でも、男が多いとつまらなくなるんだわ。会が。なんで男って話面白くなんだろう。たいがいの男が面白くないよね。話面白い男は超貴重。それだけで惚れそうになるよ。

ゆう▼だからホステスの仕事もラクな仕事だって思っている男の人多いけれど、お前の話を聞いてやるってすごい技術がいるからなって思う。

くらたま▼面白くない話聞くの大変よね。すごいわかる。

ゆう▼それを、酒とか全方面見ながらお酒もついで、「はあはあ」ってうまいこと相づち打って、技術職だからなって、すごく思うんですよ。

うさぎ▼やっぱり「すごいですねー」とか言ってるだけじゃダメなのね。

ゆう▼そうですね。若い子ってやっぱりそうなっちゃうんですけれど、そういう子は、男の人がしらけていくのがわかる。

くらたま▼それだけじゃダメってことだよね。なんかいろいろ。

ゆう▼話を噛み砕いて、ちょこっ

と拾って質問を返したりとか。男の人が知識をひけらかせるせるような質問を返したりとか、もちろん「すごいですね」ってリアクションもしっかりしたりとか。そうじゃないと、「あの子つまらないね」みたいな話になっちゃうので。

うさぎ▼ふざけるな、お前がつまらないんだよ。

ゆう▼そうそう。だから、それを普通の女の子には絶対やらないでよって思うんですよ。私はホステス、仕事だからちゃんと面倒みて返しますけど、それを普通の居酒屋とかでやる男とかいると「キャバクラ行けよ、金払え」って思う。そこがわかってない男の人が多すぎるなと思う。

くらたま▼多い。ホステスはラクでいいよね、みたいなことを言っている男ね。

曼荼羅▼風俗も同じこと言う人いますよ。

ゆう▼いるよね。

曼荼羅▼「ラクして気持ち良くなれて、これだけもらえていいね」って、けっこう定番だよね。

言われるよね。

えりな▼言われます。

くらたま▼気持ち良くしてもらってお金もらえていいねって、確かに言うね。

えりな▼だから、「やっぱりエッチが好きだからこの仕事してるの?」とかすごい言われるんですけれど。

曼荼羅▼「チンコ好き?」とかね、聞かれる(笑)。

うさぎ▼ああ! 男の人って「チンコ好き」って言って欲しがるよね。

曼荼羅▼返事に困っちゃうな。

うさぎ▼女は男に「マンコ好きか?」とか訊かないのにね(笑)。

あやか▼風俗行っている男の人って、話つまらないんだけれど、本人は面白いと思い込んでたりしますよね。

ゆう▼俺の話面白いでしょ、みたいなね。

あやか▼わかってないなとか思うんですけれど。

えりな▼女の子の愛想笑いを真に受けてる。自分が笑わせていると思っているみたいな、多いですよね。

くらたま▼アホだ。

うさぎ▼あとさ、男で、風俗嬢を本気でイカせたとか言って自慢してるやつ。

ゆう▼いるいる。いっぱいいる(笑)。

うさぎ▼ええっ? 演技に決まってんだろ!

ゆう▼それ、私の渾身のサービスだよって。

曼荼羅▼私、いつも意地でも演技しないんですよ。

うさぎ▼そうなんだ？　すごい。

曼荼羅▼そうするとみんな途中で諦めるか、1回言われたのは、たぶん手が疲れたんでしょうね、「演技でもいいからイってくれ」って言われた（笑）。「ごめんね、今までの人たぶん演技だったから早くイったんだよね。私本当に演技しないからごめんね」みたいな感じで言ったら、もう「はぁ～」みたいに疲れ果ててた（笑）。

くらたま▼曼荼羅さん、本当に自然体だね！

曼荼羅▼そうなんですよ。本当にイカせてくれた人には、それだけ大げさなくらいに「あなたすごい上手よ」っていう絶賛はしてあげるんだけれど。演技は良くないですよ。へたくそな男を増やすだけなので。

うさぎ▼それは言えてる！　ていうか、風俗って、男の幻想を満たす場でありながら、男を教育する場でもあるんだねぇ（笑）。今の話を聞いてて、つくづく思った。

フェミニズムは本当に女の味方なのか？

うさぎ▼風俗に対する差別意識は男が作ったものだと私は思ってるんだけど、その一方で、風俗に強硬に反対してる人たちは女が多いよね。いわゆるフェミニストの人たちの言う「性的搾取」問題。

ゆう▼仕事の問題で言うと、セックスワークに限らず、居酒屋でも搾取されている子なんていっぱいいるし、介護なんてまさにそうだったし。股を使う仕事ばっかりが搾取じゃないんだけれどなっていうのがすごくあって。

うさぎ▼でも、必ずセックスが絡むと「搾取」みたいな話になるよね。で、「それ違うよ」って言ったら、それは男性優位的な構造に気が付いていないお前がアホなんだよ、みたいな。すごい上から目線で説教される。

ゆう▼めっちゃ言われますよ、それ。

うさぎ▼そういうのは、どう思います？

ゆう▼私は、そういうフェミニストはフェミニストじゃないと思っている立場で、たぶん男性の欲望を補完する存在としか見ていないんですよ。私としては、この仕事は自分の身体のことも知らないといけないし、自分で管理しないと真っ先につぶれる仕事だから、すごい考えてやっているのがすごくあるんだけれど、そこが見えていないというか。「ただ、男の人のやりたい欲望に従ってあげているだけでしょ」みたいな決めつけが「お前それ違うよ」ってすごく思っていて。妄想で語られるのがすごく嫌だと、私は思っているんですよね。

うさぎ▼「わたしたちは買われた展」っていうのがあったじゃないですか。仁藤夢乃さんの。「買われた」みたいな言い方も、私、どうかと思うのよ。強制売春ならまだしも、援助交際って自分の意思で売ったんじゃないの?と。買われたって言ったら、全面的に受け身じゃん。言葉の選択肢もあったはずなのに、そりゃ高校生くらいの家出少女で、それしかなかったって言われればそうかもしれないけれど、そもそも家出したの自分じゃん、みたいな話だし。あまりにも幼くてセックスとか何もわからないのにそういうことをされちゃったというのなら被害者だけど、高校生くらいになって性的知識もあって自分で決められる子がやるのは本人の主体的選択だと私は思う。もちろん、家庭に居場所がないとか学校に居場所がないのは社会の問題だし、そういう意味では彼女たちも社会の犠牲者ではあるけど、じゃあ「援交ギャルは性的搾取の犠牲者か」と言ったらそれは違う。「わたしたちは買われた展」みたいなのをやると、それは買われたのか売ったのか、そこらへんの主体の在りどころみたいなのを言葉でごまかされている気がするわけ。

くらたま▼すごくわかる。なんていうか、そこに被害者意識みたいなものが見え隠れするっていうか。あまり美しいものじゃないよね。

あやか▼本人たちは、どう思っているのかいまいちよくわからないんですよ。本人たちが、自分たちは買われたと言っているわけじゃなくて、支援者の人が彼女たちは買われたんだよって言っている感じなのかなって。

うさぎ▼そうなのよ。結局、援交少女たちからの告発ではなく、主催者の思想を訴えるために彼女たちを利用してる感じがさ。それこそ「搾取」じゃねーのか、と。

くらたま▼自分の意思で売ったのに「買われた」っていう受動態にしちゃうと、なんかニュアンスが違ってきちゃうよね。

うさぎ▼社会の犠牲者とか、男のはけ口にされたみたいな話になっているんだよね。

ゆう▼被害ポルノみたいになってない?みたいなのところがすごくあって、やっぱり弱い子でいてほしいんですよね。

くらたま▼わかる。被害ポルノはまさにそうだと思う。そんなニュアンスで捉える人が多いし、そういう気持ちを持って、もやもやしたちょっとエロっぽい気持ちと、似非優しい気持ちで見に行く男たちとか、そんな感じだよね。女がそういうことであまり被害者面すると、まさにこういう仕事も、いつまで経っても世の中に認められないし。選んでいる自由があって選んでいるわけだから、そこは堂々としようよって思うんだけれど。

うさぎ▼だからね、そこを徹底的に話し合いたくて、売春反対派の人にムックに出てもらおうと思ってたんだけど断られた。北原みのりさんとか。

くらたま▼北原みのり、反対派なの？

うさぎ▼バリバリですよ。

ゆう▼私もびっくりしちゃった。

くらたま▼私、ちょっと勘違いしていたかも。

あやか▼私も勘違いしていたから、えーと思って。

うさぎ▼彼女は『性と国家』という対談本を出したんですけど。

ゆう▼あの本ひどいから、ぜひ読んでください。

うさぎ▼仁藤夢乃さんと同じで、「買う男が悪い」派だよね。

あやか▼週刊朝日とか書いているようなことが、ちょっとひどい、この考え方違うんじゃないということが最近多い。

くらたま▼まじで？　あの人、ただのフェミニストだと思っていたけれど。

ゆう▼北原さんは、現実を見る気ないんですよ。従軍慰安婦のことだけやりたいのか、現実を見る気がないのか、シャットダウンって感じ。

うさぎ▼まぁ、従軍慰安婦のことをやりたいのは別にいいと思うけどさ。

ゆう▼私も、それはいいと思います。

うさぎ▼それをやるのはいいんだけれど、その延長線上で売春自体を語ろうとするのね。

ゆう▼北原さん、おかしくなっちゃったと思います。だって、根本的に性をビジネスにするのは間違っていると思うって、それを本の中で言っていて。あんた、セックスのおもちゃ売ってますよね、何が違うの、みたいな感じで。

くらたま▼何言ってんのかね。

あやか▼女子が楽しむのはいいんですよ。だけれど、男性のためにするのは駄目なんですね。

ゆう▼男性のためにとか思っている時点で、この仕事のことを全くわかっていないじゃないですか。

うさぎ▼そうそう。自分が１回やってみればいいんだよ。

くらたま▼だって、10億円もらってもやりたいっていう人がこの中にいるのに、おかしいじゃん。

えりな▼もともと、そういうおもちゃを売るのがお仕事の方？

ゆう▼そうそう。セックスをもっと女性も楽しもうみたいな感じで、すごくすてきな外国製のおしゃれなバイブとかを売っている、すごくすてきなことをやっていた人だったんだけれど、どうしたんだろうかなみたいな。男性嫌いをこじらせているみたい。

うさぎ▼ミサンドリーから生まれたフェミニズムは、男たちのミソジニーと同じくらい始末に負えないよね。

ゆう▼北原さん、セックスワーカーが大嫌いみたいですね。救う立場にあるセックスワーカーは好きだけれど、普通の淡々とした日常をしゃべる現実的なセックスワーカーのことは丸無視みたいな感じです。それはおかしいなと思って。

あやか▼おっぱい募金とかも、すごい反対してましたね。

くらたま▼おっぱい募金？

あやか▼1000円以上募金するとAV女優さんたちのおっぱいを揉めるという。AV女優が70人くらいいたのかな。

ゆう▼揉めるというか、ちょっとタッチするくらい。

くらたま▼その募金したお金はどこに行くの？

ゆう▼エイズのチャリティーにいくの、HIVの。

うさぎ▼それが不謹慎だとバッシングされてね。

ゆう▼不謹慎だし、性風俗と一緒じゃないか、みたいな。

くらたま▼本人がいいならいいじゃん。

うさぎ▼そうなの。いやいや出ているわけじゃない。

あやか▼握手会は良くて、なんでおっぱいは駄目なのか、みたいなふうに私は思ってる。

曼荼羅▼強制じゃないんですよね？

ゆう▼強制じゃないんですよ。それをやりたい女優が応募してやっているんですよ。

あやか▼宣伝にもなると思うし。そのギャラがいくらかはわからないけれど、そこに出て、それで名前が出たらそれはそれでいいと思うし。

くらたま▼なんで駄目なん。

ゆう▼たぶん、自分たちのおっぱいと他人のおっぱいを混同していて、まるで男のために女がおっぱいを差し出さないといけないみたいじゃない、みたいなテンションで怒っていて。だけど、女優さんは女優さんのおっぱいだし、お前のおっぱい差し出せって言ってないからなって感じなんだけれど、もう大激怒。

くらたま▼フェミニストの人って、とんちんかんな方向にいっちゃう人が多すぎて、女同士ひとつになれないよね。

うさぎ▼フェミにも、リベラルとかラディとかいろいろあって、いわゆるラディフェミという、ラディカルフェミニストが「売春禁止」とか「二次元ポルノ禁止」とか言ってるの。くらたまさんの大好きな二次元ポルノも、ものすごい弾圧されてますよ。

ゆう▼私、そういう人たちってフェミニストじゃないと思うんですよね。フェミニズムとは違うものみたいな。彼女たちが、自分をフェミニストだと思っているけれど、私から言わせれば、あんたはフェミニストじゃないよって。中村さんみたいな方がフェミだと思っているし。

うさぎ▼いや、私がフェミなんて言ったら、フェミから殺されますよ（笑）。

くらたま▼そういう人って、どういう社会を目指しているのかね。

ゆう▼性を売らない世界。

あやか▼そういう人って、夫婦生活ってどういうのが理想だと思っているのかなと思って。

うさぎ▼愛があればいいそうですよ。

ゆう▼うわ、大っ嫌い。私、「愛のあるセックス」とか言うの大っ嫌い。

うさぎ▼愛がないセックス、金で売買するセックスがNG。

くらたま▼でも、不倫セックスはいいんだ。

うさぎ▼うん。だから、ヤリマンはオッケーなの。昔は「女の性の解放」とか言ってヤリマン推奨してたフェミニスト多かったしね。

あやか▼お金もらわずにやるのはいいんですよね。

うさぎ▼うん、それは愛だから（笑）。愛あるセックスこそ崇高らしいよ。おまえら、キリスト教徒かよ（笑）。北原さんは本の中で「生殖にかかわることを商売にするなんて」みたいなこと言ってるのよ。彼女が生殖目的でセックスしてたとは思えないけどね。快楽目的で何が悪いの？　そして、快楽を商売にして何が悪いのよ。すべてのビジネスは快楽が商品じゃないか。

えりな▼フェミニズムって「女性

が差別されている」みたいなことを言うんですけれど、行き過ぎて逆に男性を差別しているみたいになっているフェミニストの方が多い気がする。

うさぎ▼そうそう。男性嫌いなのよね。

えりな▼そうなんですよね。だから、結局男性を悪者にしたくて、そのためにどんどん女性をかわいそうにしていくみたいな感じで。

ゆう▼それで、こういう仕事は男性の性欲を補う、支えてあげている仕事だから、お前らも加害者だみたいな。

くらたま▼加害者なの？

ゆう▼私、ツイッターのアカウントで加害者だって言われたことありますよ。私は、性被害に遭っていて、あなたのようなセックスワーカーがいるから被害も減らないみたいな。

うさぎ▼それ、全然関係ないよね。

くらたま▼何、その飛躍。

ゆう▼そういう感じだった。女は全部一緒だと思っているのか意味わからないですけど。

あやか▼でもそういう人いますよね。性を売っている女の人がいるから、そういう目で男が見るからそうなったみたいな。

ゆう▼あなたみたいにおっぱいを差し出す女がいるから、私のおっぱいも差し出せって言われるのよ、あなた迷惑よ、みたいな。なんで？ あなたのおっぱいにあなたの許可を得ないで手を出してきた男が一番悪いのであって、それ以外の人は関係ないのに。

曼荼羅▼別々なのに全部一緒にしちゃうんだね。

ゆう▼トラウマになっているのはかわいそうなんだけれど、でも違うからねってそこは思っていて。

えりな▼その男が悪いだけですよね。

うさぎ▼セックスワーカーが暴力被害にあったりとかするのも、それを守れないシステムであるとか、あとは暴力を振るってしまう男が悪いのに、そんな仕事しているから自業自得だみたいな文脈にされちゃうんだよね。それはそれでおかしいなと思うんだ。

ゆう▼あと、セックスワーカーだから被害にあっても言えないとか、そんなことあるわけなくて。これは仕事だから、仕事上のことが迷惑を被ったら、こっちはきっちり言うし。

くらたま▼それとこれとは別だからね。

ゆう▼全く違うのに。

うさぎ▼自業自得なんかじゃないよ。それが自業自得って言うんだったら、ミニスカート履いている女がレイプされて当然というのと同じ理屈になるから。結局、そういう言い方をして男の理屈を肯定しているんだよね。

ゆう▼逆にそうなんですよ。

うさぎ▼回り回って男目線になっているわけ。だって、セックスワーカーなんて男の排泄場所でしょみたいなことを言う男はいるけれど、北原みのりも同じようなことを言っているから、「おまえ、それ、男目線だよ」とか思う。私は、北原さんには、ぜひとも3日でいいからデリヘルをやって欲しいなと思うんだ。

くらたま▼やらんでしょ（笑）。

うさぎ▼私、北原さんの気持ちがわからないでもないのね。私も男嫌いなの。すごいミサンドリーが強くてね。だけど私、こうやってデリヘルをやって、あれから10年くらい経って振り返ると、自分はあれで男の人と和解したなと思うの。外側にいる男の人と和解したんじゃなくて、自分の中にいる、私の憎い男みたいなのが記号としてあるわけよ。デリヘルをやる時にも「どうせ、やりたいだけの男がチンチン勃てて来るんでしょ」くらいに思っていたら、そうじゃなかった。彼らと接してるうちに、私の中で男っていうのがいろんな顔を持ってきたわけ。私も、初めての人だしあなたが怖いし不安だけれど、あなたも不安なんですね、みたいなのをわかってきて。私もいろいろ抱えているけれど、あなたも抱えていますよね、みたいな。そういうのがわかってきて、男の人は男の人で大変だなと。女は女で大変で。それはそれで仲良くやっていこうよ、みたいな気持ちになったのね。私、デリヘル体験で、男の人に寛容になったと思う。だから、北原さんにぜひデリヘルをやっていただいて、男の人と仲直りしてほしい。男と喧嘩するのがフェミニズムじゃないから。

くらたま▼北原みのり、そこまでいっちゃっていると思わなかったな。でも、そこまでいく人が多いよね。そういう方向に足を突っ込むと。

ゆう▼嫌な目に遭わされた男の人への記憶が強すぎて、全ての男の人を1人の人間として見ていなくなっているなみたいなことすごく感じる。

えりな▼男っていうくくりというか。

うさぎ▼記号化された男だよね。

くらたま▼そういうフェミ女って、たいがいの男に嫌われるから、ますます嫌な目に遭うんだよね。

うさぎ▼男から、また意地悪言われたりとか？

くらたま▼そうそう。基本的にほとんどの男はフェミ女嫌いじゃん。

うさぎ▼だから、ますます男とフェミニストが対立していくんだね。

くらたま▼で、共産党みたいになっちゃうんだよね。極端なこと言って、全然現実的じゃないよ、みたいな。

ゆう▼私の友達のばりばりフェミニストな女の子で、すごい年上のフェミニストの人に、その子がミニスカとか化粧とかを楽しんでいると、それは男に媚びているみたいなことを言われたことがあるらしくて。おかしいでしょ、それって。女が好きな格好できるのが、フェミニズムじゃないのかとか思って。そういう、変な凝り固まった人が、ちょっとおかしんじゃないのかなって。

うさぎ▼女にとって、そこには快も不快もあるからね。着飾る快楽もあるし、男から見られることにも快楽はある。そういえば、「眼差される」ことっていうのが、ツイッターで問題になっているわけ。男に性的に眼差されるのは、もう既に屈辱であるみたいな。でもさ、男が女を性的な目で見ちゃうのは当たり前じゃん。女だってそういう目で男を見ることあるしさ。くらたまのギャランドゥ萌えみたいにさ。それが高じて相手に痴漢したりとかレイプしたりとか、それはいけないと思うよ。でも、そうじゃなくて、眼差すこと自体が罪みたいなことを言うと、男はみんな目隠しして歩かなきゃいけないのか、みたいな話になるじゃない。

くらたま▼私もだよ（笑）。

ゆう▼私は、眼差されて嫌な目に遭ったことがあるから、そうなっちゃうツイフェミの人って、なんとなく気持ちはわかるんだけれど。とにかく一番悪いのは性犯罪者とか加害者なのであって、それと誰かの欲望を否定するのとは違うでしょってすごく思っていて。なんで全体主義にしたいんだろうな、みたいな。全部眼差しが駄目みたいな。

うさぎ▼確かにいやらしい目で見られると不愉快なこともあるから、職場なんかで「変な目で見んなよ」みたいには思うけどね。あからさまに性的な視線には恐怖も感じるしね。

くらたま▼いや、見られたい。今、全くそれに共感できなくなっている自分がいる。

うさぎ▼じゃあ、あんたはそういう眼差す男たちの村に行きな（笑）。天国だぞ、きっと。

右傾化する世界、新自由主義の衰退

うさぎ▼さっき、あやかさんが「自分は夫の付属物じゃないことを確認したくてセックスワーク始めた」って言ってたじゃん？　私はそれこそが「フェミニズム」の出発点だと思うの。なのに、彼女が売春を選択した途端、「フェミニズムの敵」にされてしまう。抑圧する男たちの加担者みたいに言われちゃうわけ。違うでしょ、抑圧されてる女たちが死に物狂いで抵抗するのを応援するのがフェミニズムじゃん！

ゆう▼あと、性風俗反対派の人にすごく多いのは、めちゃめちゃやる気がばりばりある風俗嬢か、やむにやまれずやっている風俗嬢か、その2種類しかいなくて。でも、私の感覚だと、それこそ発達障害とかADHDの関係で、こっちのほうが向いていると思って入ってきた人って、別にどっちとも言えるんですよね。昼間の仕事がもっとフレキシブルだったら、もっと彼氏にびくびくしないで、そっちの昼間の仕事もできたかもしれないし、みたいな感じで、本当にグラデーションが多いと思うんですよ。私はどっちかっていうと、確かにやりたくてやったところが強いほうだけれど、反対派の人に限ってそこが見えないというか。借金が大変で入ってきたかわいそうな女の子か、ノリノリの子か、2種類しかいないわけないのに、それがすごい違和感ですね。私だって、どっちかっていったらノリノリのほうだったけれど、大変なことってたくさんあったし。じゃあ、ノリノリだったら大変なこと語っちゃいけないのか、みたいになっちゃうし。

くらたま▼風俗反対派の人って、今そんなにいるの？

ゆう▼フェミニストは多いですよね。

うさぎ▼まずはフェミ、あとガチガチのおっさんとかね。石原慎太郎みたいなのが「東京都をきれいにー！」みたいな。お前が言うなって話だよ（笑）。

ゆう▼あと私、大学で、学校の外部の先生で労働問題に詳しい女の弁護士の人に「私は性労働は労働としては認められないわ」とかって言われたことがあって。じゃあ、お前こうやって手コキして射精したのは仕事じゃないっていうのかとか思って。現実を見ない人は、けっこういるな。

くらたま▼その人たちにとって、そういう行為って何なんだろう。何ていう名前をつけるの？

うさぎ▼労働として認めちゃいけないと思ってるんだよ。この世の中に、あっちゃいけないものなの。

くらま　つまり性搾取ってこと？

ゆう▼そうそう。

あやか▼だから、やっている男の人も悪いし、楽しくやっている人はラクしてるみたいな。

ゆう▼ラクしているし、いやいややっている人はかわいそうで救ってあげるわ、そっちに行くのもうやめなさいみたいな感じでストップするみたいな。

うさぎ▼だから、売春婦を救って更生施設に入れるっていうのが、売春防止法なんですよ。今の日本の法律だと、売春している人を処罰はしないのね。そのかわり、更生施設に入れる。
くらたま▼余計なお世話だな。
うさぎ▼あと、キリスト教系、矯風会みたいなのが反対している。
えりな▼それは、でもわかる。
うさぎ▼まぁ、宗教だからね。
ゆう▼でも、反対派の人もたぶん知らないんですよね。どうすればいいのかなと思って。北原さんも、もっと現実見たほうがいいんじゃないかと思って。
うさぎ▼しつこいようだが、北原さんはデリヘルをやるべき(笑)。やってから言ってください、みたいなね。でもそういうことを言うと、また当事者原理主義とか言われるからね。
ゆう▼言われる。困ったな。
うさぎ▼お前こそ原理主義じゃんみたいな。
ゆう▼妄想原理主義ですよね。
くらたま▼世界って、右傾化しているみたいに言われるけれど、それこそいろんなものの多様性を受け入れることって、知性そのものだと思うけれど、やっぱり後退の時期ってあるんだな。今、ロシアって超右翼の女の人が、発言能力の強い人がいて。ロシアって今、同性愛も大手を振ってできなくなっているんだけど。さらに、最近法案で出されたのが、家庭内の軽度なＤＶは法に問わないっていう法律。
うさぎ▼何それ(笑)。軽度って、何をもって軽度って言うの?
くらたま▼わからないんだけれど、ロシアってすごい家庭内ＤＶで妻が死んでいるのね。暴力的な男が多くて。だけど、男さまのおっしゃることを家族でたてましょ

うっていうことで、家庭内の軽度なDVはオッケーにしましょうという法案が出てきているの。恐ろしいでしょう、2017年になってよ。後退してるんだわ。

うさぎ▼なんかアフリカでマンコ縫うのと同じくらい……。

くらたま▼本当そう。クリ切除とかね。

うさぎ▼女の去勢だ。

えりな▼いまだにありますよね。

くらたま▼あれで、感染症で死ぬ女の子もいっぱいいるのに。

曼荼羅▼ロシアって政治家の女性とかいないんですかね。

くらたま▼だから、言っているのが極右の女性なわけ。

うさぎ▼自分がDV受けてみればいいじゃない！

くらたま▼でも、女の右翼って過激ですごいよ。逆に。

ゆう▼あれ、何なんですかね。

くらたま▼謎だね。とんでもない。だから、今そういうふうな潮流に来ているから、全世界的にそうなりつつあるし、恐ろしい話ですよ。トランプだって、アメリカですらLGBTの規制かなんかを本当は法規制しそうになったけれど、娘にとめられてやめたみたいなね。とんでもないことですよ。一定数、そういうすごい保守みたいなのっていうのはずっといるけれど、やっぱり発言力が強くなったり、弱くなったりして時代っていのは進んでいくから、今強い時代だよね。恐ろしい話です。

うさぎ▼まぁ、そういう人たちが一部いるのも、何か必要だなとは思うわけ。構造的に、みんなが同じように新自由主義みたいなのも気持ち悪いしさ。

くらたま▼そうだと思うよ。そういう人がいていいよ。いていいけれど、あまり力を持っちゃ駄目だと思う。

うさぎ▼そうだね。それがロビー活動みたいなので力を持っちゃうとね。

くらたま▼でも、そういう人たちって心をひとつにしやすいんだよね。多様性を認めないから、ひとつになりやすいじゃん。多様性を認める人たちって、多様がゆえに、そういうものも認めなきゃいけないし。まとまりようがないんですよ。

うさぎ▼私も誰ともまとまれない(笑)。

くらたま▼そうだね。やっぱりいろんなところで意見が違うし、それもありだねっていう人たちって、やっぱりまとまらないよ。

うさぎ▼私は「それもありだね」って本気で言っているんだけれど、「結局、何も言ってないじゃん」とかツイッターで怒られるんだよね。「あんたは何も言ってない。あっちもオッケー、こっちもオッケーじゃ何の主張にもなってないでしょ」みたいな。でも誰がどんな価値観で生きても本当に自由だと思うんだけどな。

くらたま▼すごく極端なことになっちゃうと、共産党じゃないけれど、これは超理想論みたいになって、これはこれで全然説得力がなくなって、ついていく人いなくなるしね。ちょうどいい塩梅っていうのは、なかなか。

うさぎ▼そこは、なかなかみんな見つからないんだと思うよ。新自由主義とかだって行き過ぎちゃうとばらばらになっちゃうし。だからって、全体主義にはもう戻れないし、みたいな。

くらたま▼でも、本当最近、若い論客みたいな人もみんな右寄りだしね。ネットの討論番組とかたまに出ているんだけれど、若い人はみんな右寄りですよ。呼ばれる人がみんな右寄りなのかもしれないですけれど。

ゆう▼呼んでいる人が右を呼んでいるんじゃないですか。

くらたま▼右のほうが、今うけるっていうのもあるよね。ネット上では、確実に右意見のほうがうけるし、声も大きいし。

ゆう▼右の人のメンタリティーって、風俗嬢を呼んで、風俗嬢に説教をするタイプっていうか。自分の身の丈をわかっていないみたいな感覚があるな。だって、中国とか韓国をヘイトする人たちだって、じゃあお前100均に絶対行くなよ、みたいな。国産だけでお前生きろよとか思うんですよ。そんなの無理でしょっていう話なのに。

くらたま▼全然根拠ないしね。

えりな▼右のほうがうけるって言っていますけれど、流されて乗っかった右みたいな人が、今けっこう多いじゃないですか。根からのすごい強い思想があって、右っていう人よりも、雰囲気で歴史とかも特に意味なく乗っかって。

くらたま▼おしゃれ右翼的な人ね。確かにそういう人たち多いよね。

当事者が差別を内面化してる問題

うさぎ▼あとまぁ、さっきの「魂が穢れる」問題にも繋がってるんだけど、この仕事で心が壊れているんじゃないかって言う人は多いよね。それも偏見だと私は思うんだけどね。

くらたま▼でも、裸仕事している人が死に至ってしまう率が高すぎるじゃん。

ゆう▼多いですね。でも単純に、裸仕事をしていると外から蔑まれることが多いから。

くらたま▼だから社会的なことっ

ていうね。

うさぎ▼スティグマ問題ね。

ゆう▼自分もそれを内面化しているんですよ。

くらたま▼人間みんな生きるうえで、それはしょうがないよね。社会を縮小したものを自分の中に入れていくのはしょうがないけれど。

うさぎ▼社会の価値観が自分の価値観になってしまうからね。

くらたま▼ただ、社会が、みんな当たり前だけれど、そのままの社会じゃないじゃん。それぞれのアレンジした社会だから。

うさぎ▼自分が解釈した社会だからね。

ゆう▼私、本当そうだと思います。それに気付けて、私は母親の社会を私に入れていたんだと思って、お母さんじゃない考え方っていっぱいあるんだなと思って、いつしかアフターピルを飲んだときに、社会に対して怒るようになった（笑）。

くらたま▼それは良かったね。何か開けたね。社会を入れてもいいことないしね。

ゆう▼いいことないのが、フェミニストの人になってる気がする。

くらたま▼私の妹が離婚しそうになった時に、1回別居したんですよ。私それをフォローしていて、子供を連れて動物園に行った時に、妹がすごくどよんとしているわけ。「モラハラの旦那もいないし、これから楽しいんじゃない？　私シングルマザーすごく楽しかったけど」って言ったら、「あの人、シングルマザーでかわいそう」っていう目で見られている気がするって言うの。そんな社会を入れているわけ。そんなこと誰も思っていないのに、彼女の中でそういう「シングルマザーかわいそう」っていう社会があるから、なんか勝手に傷ついているわけ。

うさぎ▼仮想社会ですね。

くらたま▼そう。だから、もうどうしようもない。結局元に戻って、やっぱりモラハラされて傷ついてるけど、そういう旦那でも、社会によって傷つけられるほどではないから、彼女にとってはそっちのほうが楽だったんだよね。

ゆう▼すごいしんどいことを言っちゃうと、妹さんは逆に言うと、シングルマザーをかわいそうっていう目で見ていると思う。

うさぎ▼そうなの。自分の中の差別意識なんだよね。自分で自分を差別してる。

くらたま▼自分もそういうふうな社会の一員だしね。私、全然それがないからびっくりしたわけ。

うさぎ▼それがないとびっくりするよね。私もよくある、そういうこと。

くらたま▼私今まで生きた中で、シングルマザー期が一番楽しかったから「へー」と思って。そんな見方をする人がいる、しかも妹で、同じように育ってきて、社会の入れ方って違うなと思って。

あやか▼妹さんって、お仕事はされているんですか?

くらたま▼あまりしていないですね。

うさぎ▼経済力の問題もあるんですね。やっぱり勝ち組シングルマザーと、負け組シングルマザーがはっきりあって。セックスワークに行くシングルマザーが負け組かどうかは知らないけれど、あまり世間に言えないとか、子供がそれでいじめられたらとか、いっぱい罪悪感を詰め込んじゃってね。

くらたま▼その罪悪感が、自分の中の社会になっているんだよね。でも、それは取り除いたほうが楽ちんだよね。

うさぎ▼でも、社会が差別しているのは確かだからさ。ゲイだってそうだけれど、ゲイリブのおかげで、今はゲイ差別というのが少なくとも表面上はなくなって、そうすると若い世代のゲイは罪悪感がないもん。私らの世代のゲイより上が、ゲイであることに罪悪感を持ってる。

くらたま▼それは確かに、一番この短期間で歴史が変わったところの文化の1つだよね。

うさぎ▼だから、セックスワーカーの差別や偏見みたいな話をするときに、私はよくゲイを引き合いに出すのね。ゲイが悪いんじゃないじゃん、だけど社会はゲイを「気持ち悪い」とか「穢れてる」と言って差別してきたから、みんな、罪悪感とかスティグマを抱えて、必死で隠しながら生きていたんだよね。けど、今みたいにゲイの何が悪いの?みたいな時代になると、若いゲイは開き直ってる。地方はまだまだ違うけど、都会育ちで情報もいっぱいあって出会い系でばんばんやっているみたいなゲイたちは、もはやスティグマを抱えていない。だから、セックスワーカーがゲイ並みになればいいなと思うんだよね。そうなれば、そうやって抱え込んだり、子供がいじめられるとか、そんなことはなくなっていく。

えりな▼泣きそうになっちゃった(笑)。今日曼荼羅さんにも言ったんですけれど、朝から彼女と一緒にいろいろ話してて、本当に今周りに仕事のことを言えなくて。友達もいなくて。ツイッターとかで仕事の愚痴を書くけど、そういう自分の中に社会を入れ込んでいるというか、罪悪感とかがすごくあって。今日、人と話すの本当に久しぶりくらいなので。

くらたま▼抱え込んで秘密にしているしね。

えりな▼そういうのもあるし、社会的に言っちゃいけないと思って。

だけど、今日ずっと1日中仕事の話ができたのが初めてで、すごい泣きそうになっちゃって。

曼荼羅▼今日は、どっぷり風俗の話をしたよね。

えりな▼休んでいた時期もあるけれど風俗歴2年くらいで、初めてこんなに人と話せたから、なんかすごい泣きそう。

ゆう▼私がデリヘルやってた時も、いろいろ話せる友達がいなかったら、もうちょっとこもっていたと思うから。

曼荼羅▼20代の人の風俗嬢さんとかをブログで募集をして、オフ会をやったりするんですよ。そういうときに、こんなにしゃべれて本当にうれしいっていう子がすごい多いですね。言いたいことも言えないで。たまには、遠慮しないでチンコとか言いたいんですよ。この間のクソ客がねとか、そういうのを言えないから、吐き出せないぶん開放的になるんですよ。今日のえりなさんみたいに、1日のびのびしていて。

うさぎ▼わかる。ゲイたちもひとりで孤独に秘密を抱え込んでた頃はすごく苦しんでたのよね。キリスト教圏では自殺するゲイも少なくなかったし。でも、ゲイバーとか雑誌とかで仲間の存在を知って救われたって人たちもたくさんいる。今はネットだけどね。

くらたま▼ゲイの話に置き換えると、すごくわかりやすいよね。

えりな▼そうなんです。だから、今すごく共感というか、わかると思って。

ゆう▼今ツイッターがあるから、横のつながりがめちゃくちゃ増えてきて、それが良かったんじゃないかなというふうに思います。

うさぎ▼ツイッターで、いろいろ悩みを言い合ったりとか、オフ会やったりとか。

曼荼羅▼共感し合って、承認欲求満たし合ってという。

ゆう▼昔は、もっとばらばらだったんだろうな。

えりな▼ツイッターがない時代の風俗嬢の人で、抱え込む人は本当辛かっただろうなと思って。

うさぎ▼私がデリヘルやっている頃ってツイッターはなかったんだけど、仕事の後で2丁目に飲みに行ってたの。2丁目の飲み友達に風俗嬢が多くてさ。それで、みんなで「今日何本?」とか「チンコ臭い客がいてさー」とか、そういう話で盛り上がってた。サラリーマンが新橋のガード下で愚痴を言っているみたいな感じでね。それ、すごく大事だと思うんだよね。風俗嬢にはそれが少ないから、そういう飲み屋みたいなところでみんなで集まって客の愚痴を言う場が必要だよね。2丁目って、セックスワークに全く偏見がない街だからさ。

ゆう▼だから、うさぎさんがこの本をつくるというときもすごくいいなと思って。地方にいる子も、もしかしたらこの本を読んで、こういう子もいるんだみたいなふうに思ってくれるかもしれないし。同じじゃないけれど近い子たちいっぱいいるよ、みたいなのが伝わるから、すごくいいなと思って。

うさぎ▼でもね、こういうふうに座談会みたいなのをやって、こうやって楽しくやっている子もいるよとか、自分の意思でやっている子もいるよとか言うと、「そんなの結局、エリートセックスワーカーばかりを集めて、そういう人たちは発言力があるからこういうところに来るけれど、本当に底辺でいやいや泣きながらやっている人は、こういうところに来ないでしょ」みたいな批判を受けるんだよね。「そういう悲惨な底辺の声を拾わないで、何が売春賛成だよ」ってね。確かにそういう人たちは来ないから、こっちから行ってもインタビューなんか受けてくれないし、そうするとおっしゃる通りだから、難しくなってくるんだよね。

くらたま▼それはそれでいいんじゃないですか。

ゆう▼うさぎさんが、全部が全部絶対に網羅しなきゃいけないって言ってくる人が、私はおかしいと思うし。できることからしないと、理想論だけ言っている変なフェミニストになっちゃうなってすごく思っていて、すごくありがたいです。

うさぎ▼私は無知だから、あまり売春関係の議論なんかもよく知らないんだけどね。

ゆう▼でも、無知を無知だと言える人が、私はすごくいいと思っていて。フェミニストの人のほうが無知なのに、無知を自覚してくれていないのが。わかっている調で言ってくるのが辛いなと思っていて。

うさぎ▼まぁ、こんな無知で下品な女の座談会に来てくださってありがたいですよ（笑）。今日はどうもありがとうございました！　これ読んで怒る人もいっぱいいるだろうけど。

くらたま▼いるだろうねぇ。

うさぎ▼私は世間から怒られ慣れてるからいいんだけどね。でも、少しでもセックスワーカーの肉声が届けばと思っております。ではでは。

●こちらに登場するソープ嬢・曼荼羅さんのブログ。
「おちぶれ続けるアラフォーでぶ女の赤字返済計画」
http://debunohensai.com/

現役風俗嬢アンケート

風俗嬢聞き書きメモ2000年〜2016年

中塩智恵子

『風俗嬢という生き方』の著者である、ライターの中塩智恵子さんが、風俗求人誌等の執筆にあたり行った取材メモ（2000年〜2016年）の一部をまとめた。従事者への丹念な聞き取りによってすくいあげられた、観念的ではなく具体的事実が詰まったリアルな声だ。

Q 何故この仕事を選んだのか？

2000年〜2003年取材

●お金に困ってるわけではない、目的があるわけではない。家族仲が悪くて大人のことを冷めてみていた生意気な子供だったから、大人のすることをしてみたかった。中学からテレクラでお金をもらってセックスしていた。貯金はかなりの額、そのお金でしたいこともない。

●引っ越し資金をためるため。

●飲み屋と言われたのがピンサロ。だまされたけどお金がいいので続けている。

●年下の彼氏と遠距離なのでその資金。→別れたけど、店のオーナーとの信頼関係で続けている。

●実家の借金返済（家族は知っている）。あとは女癖の悪い彼氏へのあてつけ。

●友人に自分の名義を貸してしまった。（自己破産は昼の職場にバレたくないから避けた）

●求人誌にイラストレーター募集と書いてあったので行ってみたら、なぜか風俗の面接が始まった。イラストレーターをしながら（求人広告作成しながら）風俗も始めた。上京資金がほしかった。いまは整形代。

●シングルマザーのうえに母親の面倒も見なくてはいけなかったので生活費。ピアノの先生をしていたがそれだけでは足りなかったので。

●生活費の補助的なこづかい稼ぎ。のちに夫のつくった借金返済と引っ越し代と整形代。

●家庭環境が悪く、家出したものの中卒学歴でいい仕事がなく、求人広告を見て飲み屋と思って行ったらピンサロだった。しかし寮があったので住みかを得られた。その後、引っ越し資金が必要で店替えをしながら続けている。いじめられっ子で顔のことばかり言われたので整形代も必要。

●友達がスカウトされていて『一人で（面接に）行くのが怖いからつきあって』と言われて付き添いで行ったら一緒に面接を受けていた。

●最初はお小遣い稼ぎ。次に始めたときは安月給だったのに買い物のしすぎで借金をしてしまったのでその返済。

●彼氏のためにエステなどでローンを組んでいたらかなりの額になっていたのでそれの返済。

●最初はマッキントッシュを買うため。つぎは同棲していた彼が働かないので生活費。つぎは貯金のため。家が貧乏でお金には苦労したからなるべく多く貯めたい。

●夫の転勤についてきたものの、知らない土地で一人。そして早々に夫とは不仲。そのストレスから逃れるために人と会話ができる仕事を選んだ。それが風俗。

●会社が倒産したのでバイトをしていたらそのバイト先の人に財布を盗まれてクレジットカードをショッピングで使われ80万ぐらいの請求がきた。保険等が利いたのを差し引いても60万の借金になったため。カード会社に「悪用された」と言ったが証拠がないため払うことに。

●若くに結婚し離婚すること

になったので、手に職をつけるためのスクール代やお金の心配をしたくないので貯金。

2009年〜2011年取材

●前職は歯科助手。貯金をしたかったので始めた。

●昼の仕事の給料が20万ぐらいなので、貯金をするために。

●スペインへ留学したい。

●高校を卒業して就職しようと思ったら就職難だったため。

●トリマーをしているが、安月給。買い物のしすぎて借金が増えてしまったのでその返済。

●時給850円で働いていたが生活費も足りないし貯金もしたかったため。

2014年〜2016年取材

●彼氏との関係でイライラしていたときピンサロのティッシュをもらったので勢いで。

●最初は趣味に費やすお金がほしかった。その後は、精神疾患を持っているので昼の仕事をクビになることが多く、時間や出勤に融通が利く風俗を長く続けている。

●資格を取るため学校を転々とし、学生ローンを組んでいるうちにかなりの額になってしまったから。

●介護の資格を取るためのスクール代。

●シングルマザーなので生活のため。

Q 何故この仕事を続けているのか？

2000年〜2003年取材

●なんでか知らないけどやってる。でも、人に必要にされたいという気持ちはある。自分を認めてほしいというのはある。

●お金があることで気持ち的に余裕ができる。時間にも余裕ができる。

●お金のため（生活費）。高校を中退したから学歴もない。

●オーナーとの信頼関係がある。

●借金返済。（2名）

●お金。引っ越しも整形もしたい。

●生活費のためだけ。お金がないと生活ができない。

●エッチなことが好きだし、わりと天職かと。あと、指名されたときの喜び。『すごい良かったよ』等の喜んでもらえたときの存在価値。

●生活のため。お金のため。

●普通のバイトだと遅刻できないしいろいろと大変だから。

●普通のＯＬでは返済できない借金だから。

●お金のためとひとりでできる仕事だから。

●チラシを見て面接に行ったらピンサロだった。つぎは旦那がバンドマンで定収入がなく生活費のため。つぎは前の店長にお願いされたから。

●普通のバイトだと一日働きづめでも少ししか稼げない。風俗はまとまった額がはいるから。

●彼氏に飲み屋と紹介されたのがピンサロ。あとでその男に嫌がらせをして追い込んだ。

●お金のため。

●貯金のため。

2009年〜2011年取材

●貯金のため。（2名）

●生活費。

●借金返済のため。（2名）

2014年〜2016年取材

●生活費を得るため。（2名）

●精神疾患があるため。いろいろと融通が利くので。

●借金返済のため。

●スクール代と貯金。

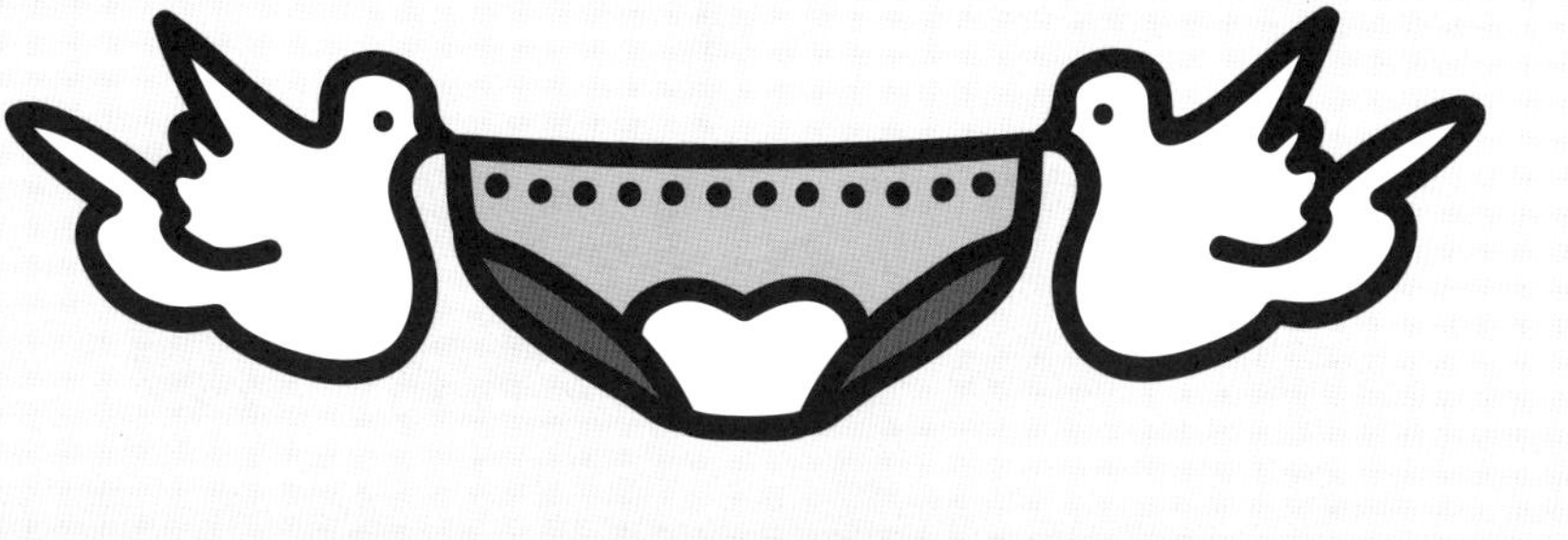

Q やってみて自分の中で変わった事があるか？

2000年〜2003年取材

●なし。（5名）

●偏見はあったけどやってみたら人と人とのふれあいに偏見が取り払われた。

●デブ専の店なので、こういう趣味の人もいるんだなと世界が広がった。

●いろんなお客さんがいるので雑学王になれる。

●男を見る目が変わった。男は顔じゃなくて中身だと思うようになった。かっこよくてもむちゃくちゃ嫌な奴もいるし、いまいちという人がすごいいいい人だったり。何をしてもいいという状態になったときに相手をどこまで思いやれるか。

●男性を見る目が変わった。『この人、持久力これくらいだろうな』とか。

●いろんな人を見ることができた。

●自分に自信がついた。写真指名があると自信がつく。もっときれいになろうと思える。

●抜けばいいと思っていたが、客もいろいろと抱えていたりする。心身ともに癒せたときに自分もパワーがもらえる。深い仕事だと思った。貯金もできて、外見も磨けるし、心の部分で忍耐力がやしなえる。修行じゃないけど成長できる仕事だと思う。人を見る力がついた。

●職人気質で普通の仕事としてやっている。

●いいお客さんもいるし、やはりお金の魅力。

●いじめられっ子だったが、いろんな出会いがあり、いろいろ経験して図太く成長した。

2014年〜2016年取材

●特になし。（4名）

●一度この仕事で頭がおかしくなった。

Q この仕事の一番嫌なところ

2000年〜2003年取材

●特になし。（2名）
●怖いお客さんが来る。
●ソープで働いていたときに、おじさん、おじいちゃんとやらなきゃいけないのが精神的につらかった。デリのときは本強を断ったらお客さんに服を外に放り投げられた。『お前出てけよ』って。勝手なふるまいに腹が立った。
●こんなに精神的にアンバランスになる仕事はないから勧めない。金銭感覚も狂う。自分の身を削っていますね。
●待機室の同業者のいざこざ。派閥がある。
●仕事やバイトをクビになったときに『風俗に戻ればいい』と選択肢にいれるようになったのが一番嫌。本当は考えちゃいけない部分なのに。
●おじいちゃんの性欲を見せつけられたのでほのぼのしたイメージがなくなった。変な性癖の人が多いことを知った。待機室はヒマな女の子たちがいると話のネタになるので仲良くしないようにしている。ストーカー客のせいで店替えをすることも。
●仕事しているうちは恋愛するのがむずかしい。本当に好きになると仕事に行きたくなくなるから。
●変なお客さんが来る。『つばをかけて』とか。
●『いいじゃん、やらせてよ』とかヘルスなのに言ってくる客がいる。
●毎日。彼氏ができてから特に。立派なサービス業だとわかっているけど、自分で許せる範囲の職業ではない。
●金銭感覚が狂っていく。普通に働くことができるかもしれないのに、何かお金が足りなくなると風俗へいけばいいって考えるようになる。あと、一番身近な家族や彼氏に嘘をつき通さないといけないところ。ストーカー問題もあるし退店したあとも勝手に店が写真を使っているのも嫌。
●変な性癖の客がつくと精神的に落ちる。
●たまに見下してくる客がい

て『楽して稼いでいるね』『君って足が太いね』など言ってくる奴。負のパワーをもらいやすいので嫌。

●バイオリズムで身体にさわられたくないときも出勤しなければならないのが嫌。

●本強されたり告白されたりストーカーになったり。

●女の子同士のいざこざもだし、ソフトサービスの手コキ店なのに、ヘルス並みのサービスを求められたことがある。爪が伸びていて指入れされたあと出血がひどかった。

●金銭感覚が狂っていく。

●思っていたより自分は稼げていない。稼げないことが嫌。

●彼氏に対する罪悪感を覚えていること。これまで付き合った人と一緒に寝るときは落ち着かなかった。起きたらいなくなっている気がして。パパがそうで突然ある日死んじゃったから。でも、いまの彼は本当に心の底から落ち着ける。だから初めて風俗の仕事をしていることに罪悪感を感じている。

2014年〜2016年取材

●お客さんとの店外デートはしないこと。逆美人局にあった。騙される。

●どんどん稼ぎが少なくなり、店にはプレッシャー掛けられるし、お客さんアンケートとかも見ると落ち込む。

●思っているより稼げない。ネットでの人間関係。ホスラブや爆サイ等に書き込まれる。

●稼げないと気分が落ちる。

●変なお客さんがいるとき。同僚でやたらと身辺を聞きたがる人がいてバラされたとき。こういう変な同僚の存在。

Q 一番気に入ってるところ

2000年〜2003年取材

●「今日どうだった」て聞いて「良かった」って言われると、うれしくてチューとかしちゃう。

●ＯＬではもらえない金額を手にしたときの満足感。指名が入ったときの自分の存在価値。

●いろんな立場や職業の人の話が聞けること。

●特になし。（3名）

●お金が入る。

●大きな声で言える仕事ではないけど、この仕事で知ったことってのちのちまで残ると思う。いろんな人がいるんだなって。

●この業界に入らなければ出会わないような友達と知り合いになれた。

●お金。引っ越しもでき、生活が厳しいときもどうにか乗り切れた。親は高齢で頼ると申し訳ないので。

●いろんな人間を見ることができた。裸の仕事だからどんなにすごい肩書でも見栄みたいなのがなくなって気楽に普通に話してくれる。

●お金の心配をしなくていい。

●特にないけど、なんで風俗が世間から悪く言われるのかがわからない。

●いろんな人に会える。嫌な奴も多いけど、いい人のほうが多い。

●彼氏と出会えた（スタッフだった）。ＡＶとソープだけは止めてと言われている。時間に融通が利く。

●自由に休みが取れるのと、実入りがいいのは追っかけに好都合。リピーターの存在。

●たくさんの人に出会える。

●頑張れば頑張った分だけ指名とか目に見える形で戻ってくること。

●『また明日から頑張れる』とかお客さんに言ってもらえると励みになる。

●いろんなお話を聞くことができる。

2009年〜2011年取材

●喜んでもらえるとうれしい。

●貯金ができる。

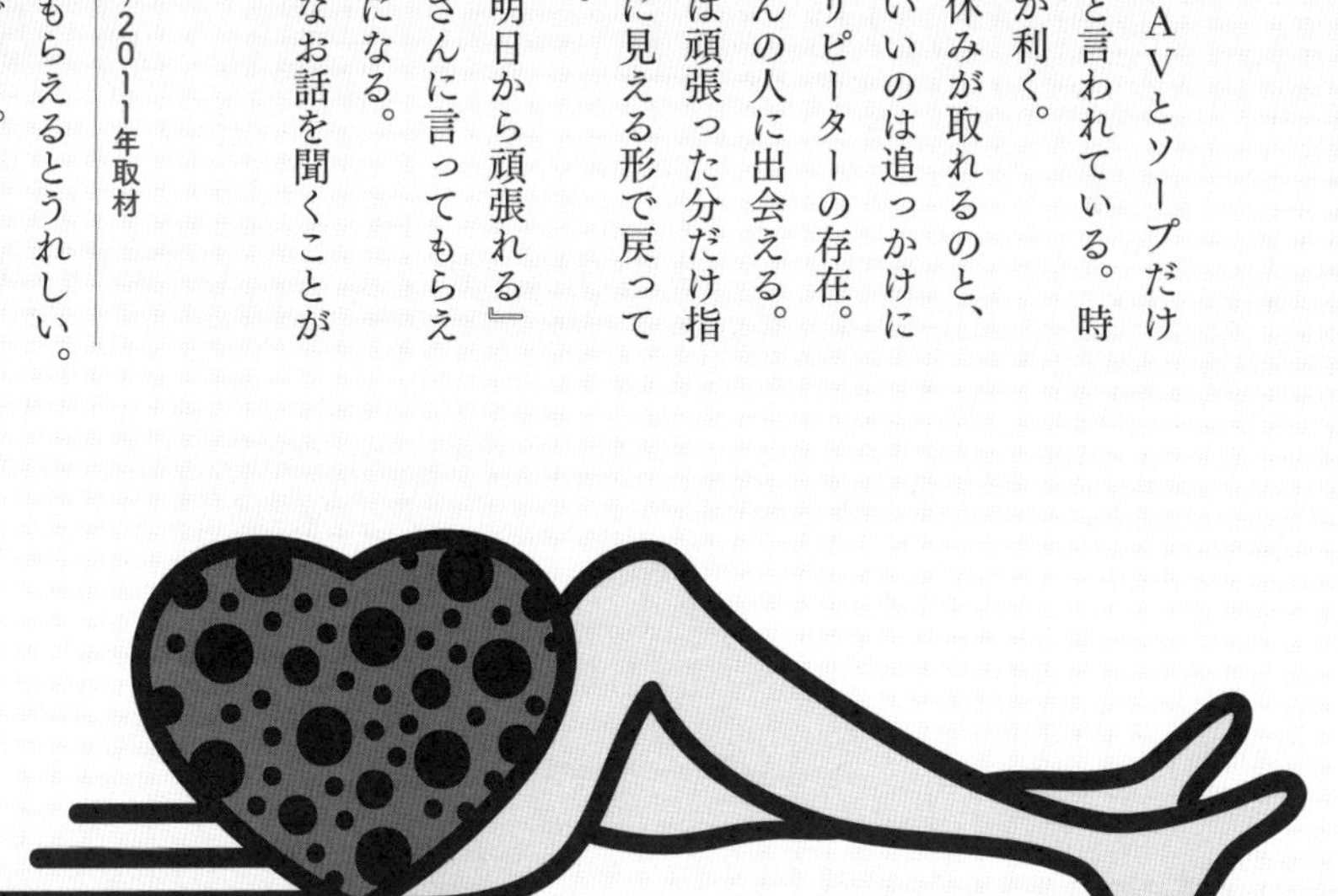

●週に2～3回出勤でも生活ができるし、自由時間が増える。しばらく続けたい。
●これまで稼いだよりも大きな金額が入るようになった。貯金もでき生活に余裕ができた。
●人見知りが激しかったけども、お客さんと話したりしているうちに改善していった。

2014年～2016年取材

●シングルマザーなので、生活費が稼げて、ある程度自由時間があるのも助かる。
●精神疾患を持っているので昼の仕事をクビになることが多く、時間や出勤に融通が利く風俗が長く続いている。

Q 仕事のせいで差別されたり侮辱されたり人間関係が壊れた事はあるか？

●お金が入るときは入る。
●自由出勤のところ。
●時間に余裕ができる。金銭的にもシンママにしては余裕があると思う。

2000年～2003年取材

●話していないのでなし。話した友達には特に差別とかはされていない。
●特にないけど、彼氏には悪いので長く続けないようにしようとは思っている。
●誰にも話してないので。
●掲示板に『売春婦』『ダッチワイフ』とか言葉の暴力がすごかった。人を蔑んで自分のプライドを保ちたい人って少しだけどいる。お金を払っているのは俺だ、言うことを聞けみたいな人も。
●事情があってやっていると言ってもわかってくれないお客さんはいるけど、しょうがないと思っている。世の中の偏見はずっとなくならないと思っているから。
●隠し事はしたくないので仲のよい友達に話した。一瞬言葉を失っていたが普通に接してくれている。別の人にはやらせてくれると思われたらしく、その後体を求められたけど、ストレス解消で応じた。
●元彼には『そんなの仕事じゃないんだよ』と言われた。あと、20歳くらいの若い客に見下された態度を取られた

（しゃべらない、鼻で笑う）。兄弟に仕事のことを話してあるので部屋の保証人をお願いしたら、断られたのでそこから疎遠に。

●なんで偏見を持たれるのかわからないけど、たまに客が、ヘルスというのに『いいじゃん、やらせてよ』みたいな、自分を軽く見られるときがある。それは腹が立つ。

●話していないので特になし。

●話したら変な目で見られるのがわかるから話してない。

●周りも風俗嬢が多いから特になし。

●内緒にしている。

●見下すお客さんはいる。

●家族には内緒だけど友人には言っている。応援してくれている。

●友達には話してあることもあって『大変でしょ？』『つらいでしょ？』と言われることが嫌。自分ではグレーの仕事だとは思っていないので。逆に周りが大変だと思っていたりするからそれもなんだかなって思う。

●内緒なのでなし。お客さんには見下されることはある。

●ソフトサービス店なのに『おれのを咥えろ』と偉そうに言われたとき。

●仕事がバレた途端、距離を置かれたことはある。

●一番いやなのはお客さんに『大変だね』『頑張って』と言われること。べつに大変な仕事ではない。辞めたくなれば辞めればいいんだし。お客さんに同情される謂れはない。

2014年〜2016年取材

●姉にしか話してないので特になし。『身体に気をつけて』と言われた。

●人間関係が壊れたことはないが、彼氏にバレて別れた。

●内緒にしているので特になし。（3名）

対談

中塩智恵子×中村うさぎ

風俗嬢たちを蝕む イジメや性的虐待の過去。売春には根深い社会の問題が潜んでいる

これまでに多くの風俗嬢たちを取材してきた、ライターの中塩智恵子さん。
今まで誰にも語られて来なかった闇の中の真実を彼女が伝える。
風俗嬢たちに多いというイジメや性的虐待の過去。
自己肯定感を求めてさまよう彼女たちが行き着く「風俗」という仕事には、
売春の是非などよりももっと根深い「社会問題」が潜んでいる。
女性差別、性教育、自己肯定問題……。
セックスワーカーたちの心と身体を通して、
我々は現代社会の縮図を見ることができるのかもしれない。
私たちの作ったこの社会は、誰を弾き、誰を幸せにしたのか？

社会的に信用度の低い職業

中村▼中塩さんは大勢のセックスワーカーを取材してらして、「風俗嬢という生き方」というご著書も出してらっしゃるんですよね。

中塩▼はい。風俗嬢取材は２０００年から２００６年、２００８年から２０１１年、２０１４年から２０１６年としていて、今日は、手元に残っていたわずかな分になりますが、まとめて資料として持ってきました。16年分の風俗嬢の声がつまっているので参考になればと思って。（Ｐ９４〜Ｐ１０１の取材メモ）

中村▼ほう……何故風俗を始めたか、とか、いろいろ質問別にまとめてあってわかりやすい！

中塩▼始める理由は、つまるところ皆さんお金という理由がほとんどで。

中村▼貧困ってことですか。

中塩▼風俗を語るときに貧困という言葉が使われるようになったのはここ6〜7年ぐらいのことで、それ以前は、特に、２０００年前半から半ばぐらいまでは、自己実現という言葉が使われていた気がします。それはなぜかというと、自分の夢を叶えるための学費やスクール代稼ぎをしている人がいたからです。それと今も昔も多いのは、生活環境を変化させるにあたっての資金稼ぎです。引っ越し資金や整形費用ですね。実家の借金返済という女性もいましたし、

タレントの追っかけをするため、ホストのためという人もいます。友人に自分の名義を貸してしまってその借金返済のためにという人もいました。

中村▼えーっ！ そこは弁護士さんに相談したほうが（苦笑）。

中塩▼やはり20代前半の若さだとそういう知識がないですし、昼の仕事（正規雇用）もしているので、自己破産したとして自己破産が職場に100％バレないという確証がないうちは、避けたかったという気持ちが働いていたみたいです。

中村▼ああ、そっか。外聞悪いもんね。

中塩▼あとシングルマザーで生活費を補うという人も多いです。

中村▼はいはい。

中塩▼それ以外だと昼職の給料が安く貯金ができないので始めたとか、月給は足りているけども趣味に費やすお金が欲しかったとか。

中村▼結構兼業が多いってことですね。

中塩▼専業で働いている人もいますし、専業からあとで兼業になる人もいますし、兼業から始めて専業になる人もいます。あと、イメージ的に風俗って、3、4年働いたあとにすっぱりあがって暮らしていくイメージがあると思うんですが、働いて、辞めて、また戻って働き始めてという人も結構多いんですよね。

中村▼それは、なんかこう、手軽なバイト感覚なんですかね。

中塩▼そうですね。彼氏ができて彼氏のために辞めても別れれば戻りますし、引っ越し資金のために働き始めて無事に引っ越すことができても、今度はスクール代をためたくなったとか。昼職を始めたけど給料が安いから何かバイトを始めたいというとき、時間に融通の利く仕事は風俗ということで戻ったり。

中村▼そう。風俗は融通がきくんですよね。

中塩▼働く一番の決め手はやはり、自由出勤制ですよね。当日欠勤も簡単にできるといえばできますし。

中村▼うんうん。

中塩▼日払いというのも大きいですね。週給のお店もありますが、ほとんどの店が日払いなので。

中村▼ですね。

中塩▼自由出勤と、日払いに関しては、働く理由に皆さんあげますよね。特にシングルマザーの人ですと。

中村▼そうですよね。つまり今日の晩御飯代みたいな感じですよね。

中塩▼そうです。これは女性に限らず、男性のセックスワーカーも口を揃えて言いますね。売り専ボーイとか。日払いと自由出勤が始める決め手になると。これらは性別問わず、多くのセックスワーカーに共通することだと思います。

中村▼確かに、そんな職場、他にはないよね。自由出勤で日払いでって。でも、そういう兼業の皆さんって、わりとカジュアルにやってる感じあるんですかね？

中塩▼なんだかんだ、皆最初は抵抗があったとしても、まぁ慣れてしまえば普通の仕事になっていくんですよ。そういう印象はすごくあります。

中村▼うん。

中塩▼相談されることもありますが、どんなアドバイスをしても、結局は始めますし（笑）。グズグズ言ってるわりには。

中村▼ははは（笑）。じゃあ相談しなきゃいいじゃんね。

中塩▼ストッパーが欲しいのかなと思います。世間的にイメージのよくない業界に飛び込むので、自分では首までずっぷりと浸からないように心にストッパーを作りたいと。風俗業を肯定する内容、人によっては否定する内容のアドバイスをするのですが、結果としてはどういうアドバイスをしても皆さん業界入りしますよね。

中村▼もう本人は決めてるんだよね。

中塩▼そうですね。金銭感覚が狂って昼職に戻れなくなることを心配する人も多くて、それを口にする人もいます。

中村▼まぁ、お金の感覚がなくなるっていうことで言うとさ、うちらの仕事もそうだし、あとタレントさんなんかもそうじゃないですか。派手な人が多いし、見栄張るからさ、皆。でも、この仕事続けてるとお金の感覚なくなるんじゃないかって心配する人は、同業者でもタレントさんでも見た事ないよ（笑）。セックスワーカーならではなのかな、それ。

中塩▼うーん。なるほど、ならではですかね。それ、何なんでしょうね。

中村▼やっぱり抜け出せなくなるのが怖いんだよ。つまり私らの仕事とか、タレントさんとかは、抜け出すつもりがないじゃん、本人が。売れなくなることは怖いけど、まぁこれでずっと食っていけるんだったらラッキーみたいに思ってるからさ。やっぱりお金の感覚が狂うのが怖いってのは、いつかは辞めなきゃいけないと本人が思ってて、その時に辞められなくなるんじゃないかっていう不安なんでしょ。

中塩▼いまはそれほど稼げる人も多くないだろうから杞憂だとは思うんですけど、そういうことなんでしょうね。そしてやはり結局、世間体という壁にぶつかってしまうからなのかと。

中村▼ですね。世間体が悪いから、いつかは辞めなきゃって思う。

中塩▼どんなに本人の意志が強くても世間体という壁は超えられない。超えていく人もいるけれど、そういう人たちの声はあまり拾われない。

中村▼そうですね。

中塩▼芸能界にしてもこういう執筆業にしてもイメージはそんなに悪くないじゃないですか。でも風俗は違う。まぁそういう世間の常識……常識っていうのかな、そういう概念との闘いみたいなところなんでしょうね。

中村▼あとやっぱり、さっき引っ越し資金っておっしゃってたけど、まぁ誰の名義で借りるのか知んないけど、自分の名義で借りる場合、職業欄に風俗嬢って書けないじゃないですか。まぁ兼業ならね、昼の仕事書くんでしょうけど、そうすると風俗1本でやってたりすると部屋も借りられない。

中塩▼うん。やっぱりそれをいう人も多いですね。アリバイ会社を利用すればしのげる部分もあるんですけどね。

中村▼じつは私のような自営業も、賃貸マンション借りようとしたら本当に厳しいしね。世間的には信用度の低い職業なんだなって、しみじみ思い知らされますよ。作家とか言われてたって、この程度なんだって。

中塩▼なるほど……。稼ぎが圧倒的にサラリーマンより多くても、風俗は社会的信用度が低いというのもある。クレジットカード作るにしてもなかなか審査が通らない。

中村▼あ、そっか、クレジットカードもね。

中塩▼ま、執筆業も、簡単に審査が通らないと思うので、その辺は同じだと思うんですよね。

中村▼そうかそうか。だからいろんな社会的な信用度みたいなのが低いから、まぁお金があっても自由に使えないっていうか、普通の社会人が普通にできることができないみたいな悩みがあるから、やっぱいつかは抜け出さなきゃって思うんでしょうね。

中塩▼そうですね。専業にしたらもっと稼げそうな人も社会的信用のために昼職と続けている人もいますからね。それにストーカー被害とかそういう問題もありますし。

中村▼ああ、ストーカー。ストーカーは結構被害多いんですか？

中塩▼私はストーカー被害を耳にしたことは多くはないですけど、恋をしてしまうとストーカーになるお客さんはいますよね。出待ちをして、家を突き止めたりするようです。

中村▼でもそれってさぁ、風俗嬢が悪いんじゃなくってさ、客がさ、ちょっとなんていうか、いい加減にしろって話じゃないですか。

中塩▼うん。遊び方がわからない

でしょうね、お客さんの方が。

中村▼そうなんですよね。だから色恋の度合いにもよるっていうか、プライベートで会って告ったりするような色恋だと、客もついつい本気になっちゃうけど、風俗はあんまそこまでやんないと思うんですよ。ただ一緒にいる時だけ恋人気分みたいな。だけどそこが分かんなくなっちゃって、買った時に一緒にいる時間にこうイチャイチャしたりすると、本当に恋人気分になっちゃう客がいるとしたら、それはちょっと客の方の意識の問題じゃないかと思うんだけど、でもやっぱり被害こうむるのは風俗嬢だから。で、なんか被害こうむったら、結構私の聞く話では自業自得みたいに言われたりして。

中塩▼まさにおっしゃる通りですよね。何か事件が起きた時に、事件の本質よりも風俗嬢が犯人だったとか被害者だったとか、そっちの方にどうしても意識が行ってしまうのは、たぶんそれは世間の価値観……、今の世間というのは基本的に男性目線で出来ていると思うので……。

中村▼ああ、下賤の女達みたいな。

中塩▼という目線もあると思うんですよね。本質を見るというよりも、そういう下世話なところで騒ぎたいみたいな。

中村▼ああ、あるある。被害者が風俗嬢だったりAV女優だったりすると、もうそのことだけで騒ぎ立てて、事件の本質なんかそっちのけ。マスコミのオヤジたちは、そういう傾向強いですよね。やっぱりこれも「差別」だよなぁ。

何故彼女たちは風俗をやるのか

中村▼一方、この仕事にやりがいを感じている風俗嬢たちもいるわけですよね。最初の動機はお金でも、そのうちプロ意識に目覚めるというか。

中塩▼そうですね。本指名とかのリピーターがつくようになって自分に自信がついたという人が多いですね。自己肯定感。

中村▼なるほど。

中塩▼この自己肯定感については、2000年代前半の風俗嬢も言っていましたね。あとはイジメられっ子だったが、図太く成長したとか。

中村▼ほう。

中塩▼いろんな出会いと経験をして、強くなったと。

中村▼確かに、いろんな客に会うわけだから、だんだん人間というものに慣れていく要素はあるかも。イジメられっ子で他人が怖い人も、そうやって一期一会を繰り返していくうちに、恐怖が薄れていくのかな。

中塩▼そうみたいです。これ（風俗）は特別変な仕事ではなく普通の仕事だと思っています、という意見もありました。

中村▼ああ、割り切ってるタイプですね。

中塩▼人によっていろいろ言うことは違っても、多くの人に共通しているのは指名されたときの自己肯定感ですね。

中村▼それってだんだん摩耗していかないもんなんですか？　やっぱり指名がつくと嬉しいなって気持ちはずっと続くもんなのかな。

中塩▼うん、みたいですよ。

中村▼私とか、なんか結構一日目とかは、指名がついたらありがとうって感じだったんだけど、三日目ぐらいから「はぁ？」みたいになっちゃって（笑）。もうなんか、あっという間にスレてしまい、「あぁ、めんどくせぇ」みたいな。

中塩▼そういう意見は、聞いたことはなかったかな（笑）。聞いても忘れてしまったのかもしれませんが。ただ、多くの女の子がいる中で自分が選ばれることはやはり嬉しいみたいです。

中村▼ああ、なるほど。そうねぇ。

中塩▼そういう女の子って見た目にコンプレックスを抱いてる人が多いので。私から見ると普通に可愛い子なのに、小さい頃に「ブスブス」言われてイジメられて、外見をすごく気にしながら育ってきている。自己評価がとても低いままで成長しているんですね。これはお伝えせねばと思ったことなんですけど、取材を続けてきた中で性被害に遭った人とイジメられっ子だった人はすごく多い。性被害については原稿（000ページ）に書いたのでそちらを読んでいただければと思うんですけど、イジメに関しては、取材した2分の1くらいの人は小学校のときから壮絶なイジメにあっている。

中村▼えっ、そうなんですか！　壮絶なイジメを……。

中塩▼本当にもう、小学生で死ぬことまで考えるようなイジメです。蹴られたり殴られたり言葉の暴力もあります。シカトなんて生ぬるいレベル。

中村▼そのイジメられる理由っていうのは本人に心当たりはあるんですか？

中塩▼小学生ってさしたる理由がなく気分でイジメたりするので、そこには子供なりのストレスが隠れているのでしょうが、子供の社会って考えようによってはおそろしいところなんです。そういう社会で、ちょっと可愛かったりすると男の子はイジメたくなるし、イジメる理由は些細なことがきっかけだと思うんですよね。

中村▼うーん……それはかわいそうだな。

中塩▼家が貧乏だったり。それってイジメる理由には1ミリもならないのに。あとは見た目がちょっと大人っぽかったり成長が早いと、目立つからちょっとイジメたくなるじゃないですか。

中村▼ああ、わかる！　なんかあいつ、いやらしいぞ、みたいな。

中塩▼それで誰かが蹴り始めると、お前もやれよ、なんでやらないんだよ、とにかくみんなでいじめようぜみたいな感じで囃し立てたり。そういうところから始まって、どんどん陰湿になっていく。で、もう学校に行きたくないと不登校になった人もかなりいました。イジメって、本当に根深い問題なんだと風俗嬢取材を続けて実感しましたね。性風俗の是非を問う等の非建設的な誰得にもならない議論をするなら、イジメについて議論をしたほうが日本社会のためになると思います。それによって救われる子供は増えるでしょうから。

中村▼そうか。いわれないイジメを受けたために、自己肯定感を持てなくなってしまうわけですよね。

中塩▼そういうことですよね。で、外見にコンプレックスを持っていた人が、風俗で指名されることによって自信を回復できたというケースは非常に多かったし、整形している人をよく見ましたね。整形をしたいから風俗を始めましたという人も意外に多い。

中村▼整形するのは、風俗や水商売の場合、自己投資だと思うんですよね、やっぱり指名が増えるから。

中塩▼うん。自分がキレイになる

と指名も増えるし、自分のコンプレックスだったものが取り払われるわけだし。

中村▼自分が整形してつくづく感じたんだけど、男の人って本当に手のひらを返したように態度が変わるからねぇ。外見が変わるとさ。

中塩▼あぁ、ちやほやしてくれる。

中村▼本当にわかりやすいなって思うんだけど、まぁそういうことで自己評価も上がるよね。

中塩▼すごく上がるみたいですね。コンプレックスがなくなるのはいいようにしか作用しない。

中村▼これは私の整形の主治医が言ってるんだけど、本当に普通の主婦で、旦那ともセックスレスで、いろいろ不満もあるけど、一応真面目に主婦業やってましたみたいな人が、まぁちょっと雑誌とかで読んでね、整形してみようかな、みたいな。そんな軽い気持ちで整形をして、見た目が変わって、周りからも「あれ、キレイになったね」って言われるじゃない？ そしたら急に不倫に走ったりとか、あと出会い系で男探したりとかし始めるんだよね。なんかこう、「私なんか」って思ってる時は、まぁ自分も主婦だしこれでいいんだって思ってるんだけど、ちょっとでも自分の見た目が変わって、周りの見る目が変わると、これはまだまだいけるんじゃないかって思い始める。やっぱ女の人って、そうやって自分の女としての商品価値を確認したくなるっていうか。だから、そういう延長線上で風俗とか援助交際みたいなの始めたりする人もいるみたいだよね。

中塩▼人妻とか特にそうでしょう

ね。結婚したら恋愛から距離を置かねばいけない立場ですからね。

中村▼そうですね、それで旦那さんがね、女扱いしてくんなくなったりとかすると、どこで自分の女を……。

中塩▼確認していいかわかんないですよね。

中村▼やっぱり今ネットがあるから、簡単に男の人が言い寄ってくるじゃないですか。

中塩▼私、一時期、婚外恋愛をしている人妻さんに取材して記事を書いていたんですけど、婚外恋愛している人、結構多いですよね。それで皆さん、独身の私よりも、身なりや体型にすごく気を使ってらっしゃる。これがもし婚外恋愛をしていなかったら、いつも伸びきったスエット着て、髪の毛もぼさぼさ……みたいな感じだって言いますもんね。

中村▼そうですよね。メイクとかもしなくなっちゃうしね。

中塩▼生活に超ハリが出たと言いますよね。何年かぶりに新しい服を買ったって。

中村▼わかるわぁ～。でも、彼女自身のためにはそれはいいことだけど、家庭的にはまずいよね（笑）。

中塩▼そうですね、でも婚外恋愛をしている人妻さんの家庭って、セックスレスだったり、夫とのコミュニケーションが途絶えていたりするんですよ。だから、夫婦仲がうまくいっている時は、そういうことは考えないと思うんです。何かが満たされない時に、夫への復讐や苛立ちを埋めるべく婚外恋愛を求めているような気がしました。

誰とでもヤる女は価値が下がって当然なのか

中村▼いろんな業種を取材されてると思うんですけど、デリヘルとか、ピンサロとか、ファッションヘルスとか。どうですか、職種によって風俗嬢の性格やタイプが違うとか、そういうのありますか？

中塩▼いやぁ、業種に対する考え方は、その人によって本当に全然違いますよ。アナル舐めや素股をやるくらいなら、とっとと本番やりたいという人もいますし。本番やるくらいなら私はアナル舐めした方がいいっていう人もいるので。

中村▼価値観の問題なんですね。聞いていて本当に面白いです。

中塩▼世間一般の人は、本番のあるソープが一番大変なんじゃないかって思う人が多いですよね。でも、実際にソープで働いている人に聞くと、べつに大変でも悲惨でもないし、そう思われるのは心外です、とかまで言う人もいますからね。

中村▼やっぱ向き不向きってありますもんね。
中塩▼それはあると思います。性格的な向き不向きというより、取材していくなかで感じたことは、皮膚・粘膜に関して向き不向きがあるということです。皮膚・粘膜が弱い人は、基本的にセックスワークに向かないと思います。
中村▼ああ、カブレちゃうから?
中塩▼やっぱり触られればそれだけカブレちゃうし、あと、ＳＴＤ（性感染症）にかかりやすい。本番がなくても、指入れでガシガシとガシマンされれば皮膚にダメージを受ける。そんなときに感染者の客が現れたら……。
中村▼ああ、感染症。
中塩▼やはりみんな病気になると精神的に落ち込むんですよ。お金を得るために風俗に来たのにＳＴＤで出勤できない。思うように稼ぐことができない。それはかなりのストレスになっていくようです。だから皮膚・粘膜の弱い人はもう風俗に向かないと思います。そういう人はＳＴＤに複数回悩まされていくうちに業界を離れていく印象があります。風俗の10年、20年選手は自分で『鉄マン』だと言いますからね。あと、向いていると言うと語弊がありますが、たとえばこういう仕事している中には双極性障害の人とか……。
中村▼うんうんうん。
中塩▼そういう人にとっては、うってつけの仕事のような気がします。メンタルが不調で出られない時は出なくていいし、調子がいい時は出られますし。いわゆる昼の仕事だったら、ひんぱんに仕事を休まれたら業務にさしつかえるという理由で弾かれてしまうので。
中村▼メンタル障害ですよね。それはね、私よく人から言われるんだけど、風俗ってメンヘラ多いじゃん、みたいな。ああいう身体売るような仕事してるとメンヘラになるんでしょ、とかね。でも、逆だよね。最初っからメンヘラ傾向や発達障害があって、普通の職場で働いてても人間関係が厳しくて辞めちゃって。で、結局、気分が悪い時は出勤しなくていいみたいな自由度の高い風俗に流れるっていうのはあると思うんですよね。だから、風俗嬢やったらメンヘラになるんじゃなくて、そういう人たちが働きやすい場所が風俗なんだっていう。
中塩▼なるほど。たしかにそう言われればそんな気がします。それとこれもレアではないケースなんですが、彼氏に仕事を秘密にしているから、その罪悪感で……。
中村▼彼氏とかにはやっぱり秘密なんですかね。
中塩▼隠してる人が断然多いです。まぁ言っちゃう人もいるんですけどね。言ったところで、「いいよ、頑張りな」って言う彼氏はどうなの？　と思う人もかなり多いので。あと、彼氏に言った途端、「お金貸して」とか（笑）。

中村▼そこか！　辞めろって言うんじゃなくて（笑）。

中塩▼そう、で、だんだんヒモ化していく。恋愛で不遇になっていく人も多いです。そこで精神的に病む人もいます。なんでいつも恋愛でつまずいてしまうんだろう、みたいな。

中村▼まぁ、確かに秘密や罪悪感を抱えながら仕事してるとしんどいですよね。風俗ＯＫなんて男は少ないだろうし。女だって自分の彼氏がホストやウリセンやってたら心穏やかではいられないもんね。あ、でも、恋愛相手がお客さんなら、自分の仕事を秘密にしなくていいのか！　お客さんとの恋愛なんていうのも結構あるんですか？

中塩▼あります、あります。お客さんと結婚している人が多いので。

中村▼マジですか！

中塩▼本当に多いです。あとはスタッフとか。まぁ、スタッフとキャストの恋愛は基本ＮＧですけど、どちらかがやめれば恋愛は続けていいという規則みたいなものがあるので、スタッフと結婚する人もいました。あとはお店に出入りする広告代理店の人とか……でも、だいたいみんなお客さんですね、私が知っている限りですけど。

中村▼そうか。いいお客さんに巡り合えれば恋愛して結婚というコースもありか。まぁ、嫌な客もいっぱいいるだろうけど。

中塩▼お客さんに見下されるという話は聞きます。

中村▼お客さんが見下すってのは、どういう態度をとってくるわけですか？　お前なんかしょせん風俗嬢だろ、みたいなことを言うんですかね？

中塩▼まぁ、掲示板とかに。

中村▼ああ、掲示板か！

中塩▼ダッチワイフだとか肉便器だとか書かれたり。あとは接客していて、本当に一言も発しない。鼻でフフンって笑ったりする客とか。

中村▼なんだろ。そういう客は、風俗嬢を見下すのが目的で来るんですかね？

中塩▼そんな感じだと思います。

中村▼うーん、その人の私生活って、なんかきっと……。

中塩▼すさんでいるんだと思います（笑）。

中村▼めちゃくちゃ、めちゃくちゃ低い地位にいるんでしょうね、家庭でも会社でも。

中塩▼どこでも認められてない人だと。

中村▼そうじゃないとね、わざわざそんな、自尊心の回復のために、見下しに来たりしないもんね。

中塩▼人を蔑んで自分のプライドを保ちたい人って結構多いみたいですよ。お金を払っているのは俺だ！　みたいな態度の人とか。

中村▼情けないなぁ。そうでもしないとプライド保てないのか。

中塩▼あとは、お客さんあるあるだと、ヘルスなのに「いいじゃんヤらせてよ」という客も多い。本番したいならソープへ行けばいいのに、あわよくば少しでも安いお金で最大限いい思いをしたいっていう。

中村▼図々しいんだよ、ははは（笑）！

中塩▼まぁ気持ち的に分からないでもないんですけど、でもそうしたらね、ちゃんと定額を払っているお客さんに悪いので、ソープに行って、遊ぶ側はそういうルールをしっかり身に着けたほうがいいと思います。

中村▼そのとおりですよね。

中塩▼一方、「大変だね、頑張って」と言われることに違和感を持つ人もいますね。自分ではそんなに大変だと思ってないのに、そういうこと言われると……。

中村▼ああ、それもまた「見下し感」の反転だよね。

中塩▼しかも、お客さんに同情されるいわれはない（笑）。

中村▼本当だよね。自分が買っといて「大変だよね」って何だよ（笑）。面白いな。これってさぁ、風俗嬢自身っていうよりも、客のなんかいろんなものが炙り出されますよね、男側の。

中塩▼まったくそうなんですよ。なぜ風俗は蔑まれる職業なのかを突き詰めていくと、既成概念を深く突き詰めていくことになり、結構ね、客側の問題というところに行きついてしまう。

中村▼そうですね、やっぱ男の人が、誰とでもやる女っていうものに対するものすごい侮蔑感ってものがあるのよね。私なんかの世代だとヤリマンっていう言葉がなくて、その当時、どういう風に呼ばれてたかというと、「公衆便所」だよ。人を便所呼ばわりってすごいじゃない。まだヤリマンの方が自分の意志で他の男とやるってニュアンスがあるけど、公衆便所って自分の意志もなく、そこにあって男が次々に排泄に来る場所みたいなさ。もはや人じゃない、みたいな。

中塩▼うんうん。

中村▼そういうすごい差別的な言い方に表れてるのは、誰とでもやる女っていうのは価値が低いっていう男側の決めつけ。そりゃ、自分の女が誰とでもやると嫌なのはわかるよ。女だって自分の男が他の女とヤリまくるのは嫌だもん。だけど、だからって誰とでもやる男を便所呼ばわりはしないでしょ。人間としてどうよって思うけど、男としての価値が下がることにはならない。でも女は誰とでもやると価値が下がる。そこだよね。ただの「快・不快」を「価値」の問題にすり替えてる。

中塩▼ですね。

中村▼私もデリヘルを今度やるんだみたいなことを話したら、知り合いのおっさんから「それって男の排泄道具になるってことなんだよ、分かってる?」みたいなことを言われたんだけど、そのおっさんは差別してるという自覚が全然なくて、単に私のためを思って言ってるつもりなわけ。その悪意の無さっていうかさ、無自覚さ無神経さにビックリしたよ。さも当り前みたいに「身体売る女は男の排泄道具」だなんて、そんなことおまえが決めんな、みたいなさ。それおまえの価値観じゃん。

中塩▼そういう価値観が共通意識として流布されている傾向はありますよね。女性側もそれに洗脳されているので、セックスワークに限らず、例えばＬＧＢＴとかでも、なぜ差別されるのかを考えていくと自分のエゴで言っているだけだったりするので。

中村▼そうなんですよね!

中塩▼いろいろな既成概念って深く突き詰めていくと、エゴで語られていたんだ、みたいな発見があるかもしれないですよね。そこで、単に自分は差別していただけなんだ、みたいな己の器の小ささにぶち当たるような気がするんですよね。

中村▼ぶち当たりますよね。でもなかなかそれを言っても、「そうか、言われてみればそのとおりだ」っていうおっさんが少ないんだよね。そもそも、私が何を言ってるのかわからない(笑)。

中塩▼うーん。でもまぁ、柔軟性のある男性もいると思うんですけどね。自分が男性セックスワーカーに取材していることもあってそう感じるのかもしれないけど。やっぱり男性に言わせると、男には女を支配したい気持ちがあるらしいんですよ。

中村▼そうみたいね。

中塩▼でも、最終的にそれは男の本能だと言われてしまうから、もう、何も言えなくなりますよね。本能論を持ち出されると。

金でセックスできる女=いつでも俺のものになる女」ではないのに

中村▼男のセックスワーカーといえば、まぁ私もウリセン買ったりするんだけどさ。さっきも話に出たように、男が女を買う場合、客が風俗嬢を人間扱いしないとか、そういう差別的な問題が露わになったりするじゃない？　なのに女やゲイがウリセン買う場合って、逆に買う方がへりくだってるっていうか……。

中塩▼うんうんうん（笑）。そういうところは大いにありますね。

中村▼そうなのよ。なんか、嫌われたくなくてビクビクするとかさ。ゲイはゲイで、ノンケの若くて可愛い男の子が自分みたいなホモと嫌々ながらセックスしてくれて申し訳ないとか思ってたり。で、私は私で、仕事とはいえこんなババァとセックスさせてすみません、みたいな（笑）。なんかこっちに引け目があるもんだから、買い手の方が下なんだよね。客が威張るどころか、客の方が気を遣ってるの。

中塩▼確かにその傾向はありますよね。まぁウリセンでも、ボーイに暴言を吐くお客さんが少なからずいるはいるみたいなんですけど。男の人を責めたくはないんですが、男性客って、やたらと上に立ちたがる。たぶんそれは男性優位でなければならないといった価値観からくるものだと思うので、その部分はそうそう変わらないと思うんですよね。でもね、遊び方のマナーをちゃんと身に着けて、利用者もサービス提供者も気づかいあったほうが絶対楽しく遊べると思うんですよね。蔑んだりとかそういう価値観で遊ぶよりも。

中村▼売る側も買う側も、相手を人間として扱わなきゃね。当たり前のことなんだけど。

中塩▼別に風俗嬢に対して「君のしている仕事は大変素晴らしい！」と持ち上げなくてもいいので、楽しく過ごしたいなら嫌がることをしないで気づかってあげればその優しさが相手に伝わってサービスが向上するかもしれないのでね。それで女の子によく思われたいのなら１０００円くらいチップを払って帰ってくるとか。チップの額は大きければ大きいほど喜ばれますので（笑）。

中村▼あ、でも、キャバクラとかではまた男客って態度違うよね。男の作家達と銀座のクラブとか六本木のキャバクラとか行ったりしたけど、キャバクラはキャバクラで、男客がすごい媚びへつらってるよね、客なのに。

中塩▼ああー（笑）。

中村▼なんかもう、客がキャバ嬢を楽しませようとして、一生懸命にギャグ言って笑わせて。本来、接客業って逆じゃない？

中塩▼うんうん。

中村▼普通、接客する側が客を楽しませる立場じゃん。ゲイバーなんかもそうだけど「オカマよぉ〜」みたいな自虐で、みんなをわぁーっと笑わせて盛り上げていうのが、普通の水商売だと思うんだけど、六本木のキャバ嬢とか、銀座の高級クラブとか文壇バーとかさ、なんか綺麗な女性が微笑みながら座ってるだけで、もう男が一生懸命カワイイねーとかさ、俺面白いでしょーみたいな。気にいられようと必死なの。なんか、見ててイタいっていうか。

中塩▼キャバと風俗で男性も違ってくるんですね。

中村▼そう、だからそこで性が金で買える相手かどうかっていうのが、男にとって重要なんだと思う。キャバ嬢はなかなかヤらせてくれないから価値がどんどん上がっていって、で、風俗はヤらせるのが仕事だから、その価値がどんどん下がっていくっていう図式。風俗嬢に威張り散らす男も、銀座のクラブのホステスの前では必死でご機嫌取りをする。手に入らないセックスはどんどん高くなっていき、まぁそりゃ市場原理としてそうだけどね、手に入らないものはどんどん価格が……だから、シャネルとかエルメスとかが偉そうな顔してるわけじゃないですか。一般人の手が届かない高級ブランドだから。そういう意味で、ヤらせる女とヤらせてくれない女で価値が変動するってのはわかるんだけど、だからってユニクロとか安い店で威張り散らしたりしないじゃない？　店員をあからさまに侮蔑したりもしないしさ。普通に人間として扱うじゃん。

中塩▼確かにそれは不思議ですよね。やっぱり裸になる、ならないでその価値が変わってしまうみたいな、おかしいですよね。

中村▼だって風俗の女の子だって、セックスはするけど、別に彼女が自分のものになったわけじゃないからね。手に入らないって意味じゃ、おんなじぐらい、手に入らないじゃないですか、キャバ嬢も風俗嬢も。なのに手に入った気になるんだね、セックスしただけで。

中塩▼うーん。そのメンタリティ、何なんでしょうね。

中村▼何なんだろう。わかんない。女やゲイはウリセンを金で買ってセックスしても、その男の子が自分のものになったとは思わないよ。買ったのはセックスだけだもん。人間は金で買えないってわかってる。でも一部の男性は「金出せばセックスさせる＝金払ったら俺のもの」って勘違いをして、相手にひどい扱いをする。

中塩▼ああ、それ、ありますね。私が取材したレイプされた風俗嬢は、確かにすごく気の弱い女の子だったんですよ。で、そういう女の子に目をつける男性っていうのはいると思いますよ。この子なら無理やりヤっちゃってもいいだろうって。

中村▼よくねーよ（笑）。でも気の弱い女の子っていますもんね。ノーが言えないみたいな。

中塩▼いますいます。そのレイプされた女の子も不登校だった子で、性格的に大声が出せない。そして性格的に助けが呼べない。で、咄嗟にどうしていいかわからない。男性は本当に気の弱い子、小柄な子には目をつけますよね。

中村▼わかる！　私も、こんなに性格がキツイのに、小柄なばかりに男から侮られたな、若い頃はしょっちゅう。黙ってるとわかんないじゃないですか、気が強いか、弱いかは。で、小柄で細くて童顔だったりすると、勝手に気弱でおとなしい子だと思い込まれて、それが結構不愉快でしたね。痴漢にもよく遭ったし。

中塩▼見た目でこの人は拒否できないタイプだと男性はわかると、悪質なお客さんは自分の意のままにコントロールしようとするんですよね。

中村▼うーん、卑怯者めー！

中塩▼デリヘルだとホテルに行くことも多いので、密室で押し倒されて手首を押さえつけられてレイプ寸前というのも、結構何人もの風俗嬢から聞いたんですけど、そういう経験があるのはみんな小柄です。痩せていて小柄で、まぁ押さえつけようと思えば押さえつけれる。

中村▼うーん。それ、弱いものイジメだよね。

中塩▼完璧にそうですよね。

中村▼まぁあんまりね、それを糾弾すると、買う男が悪いみたいなね、フェミニズム的な叩きになっちゃうんだけど、でもこれ、買う男が悪いんじゃなくてレイプする男が悪いんだよ。

中塩▼そうなんですよね、風俗に限らずDVとかも。

中村▼そうそう！　DVだって同じで、男が全員悪いんじゃなくて、DVする男が悪いんじゃないですか。

日本人は「コンドーム教育」からやるべきだ

中村▼セックスワーカーの場合、やっぱり性感染症の問題なんかもあるから、リスキーな仕事というイメージがありますよね。

中塩▼日本は何故か生フェラがスタンダードなんですよね。

中村▼ああ、それはやっぱりプライベート感が欲しいからじゃない？　だってプライベートの恋人同士なら、ゴムつけてフェラってないでしょ？

中塩▼そうですね。

中村▼一時間いくらで金払ってるセックスでも、プライベート感というか恋人気分を味わうのは大事じゃない？　だから生フェラなのかな。

中塩▼うーん。どうなんでしょうね。単に気持ちいいんでしょうね、生が。

中村▼そんなの舐めてるふりすりゃいいんですよ。ローションたっぷりつけて、咥えたふりしてじつは指で亀頭をクニュクニュクニュってやったら、舌なのか指なのかわかんないからあっという間にいっちゃうよ。私、デリヘルの頃、よくやったもん。

中塩▼ふふふ（笑）。

中村▼ローションは神ですよ。

中塩▼でも本当にＳＴＤに関しては、認識が甘い所があると思います。

中村▼ですね。やっぱりそれって性教育の問題だと思うんだよね。

中塩▼だと思いますね。

中村▼男性側の風俗嬢の扱いとかね、そういうのも性教育の至らなさから来てると思うの。日本の性教育って、どうやって赤ちゃんが出来るかっていうところまでしかやらないじゃない？　だから思春期に、リアルでセックスするようになったぐらいの中学生の時に、もう一度ちゃんとセックスの作法を教えるべきだと思う。女性が嫌がることをしちゃいけないとか、お前の幻想を押し付けちゃいけないとか、ゴムつけるのは義務だとかさ、そういう事をきちんと教える性教育っていうのが、されてないじゃない？　そりゃ生の方が男は気持ちいいかもしれないけど、でも、それは相手に対するマナー違反なんだっていうことを教えてやんなきゃ。

中塩▼やっぱり性教育は必要ですよね。中絶件数も17万を超えていますからね（２０１５年）。先進国でエイズ患者が増えているのは日本だけですし。異性愛者、同性愛者ともにゴムの使い方をちゃんと教えないと。

中村▼ずっと以前、ツイッターでハッシュタグつけて「コンドーム問題」っていうのをやったんだよね、私。やっぱ女の子はつけて欲しいじゃない？　妊娠すると困るのは自分だし。だけど男の子がさ、やっぱりつけたがらない子が多くて、しかもあんまりしつこくつけてって言ったら、「俺のこと愛してないのかよ！」みたいなさ、愛の問題にすり替えるっていう……。

中塩▼ははは（笑）。

中村▼で、そう言われちゃうと女の子は何も言えなくなっちゃうみたいな。でもね、それは愛の問題じゃないよ、エチケットの問題だよ！　コンドームしてセックスする方が「愛」なんだよ！

中塩▼場がシラケるっていう人もいますもんね、つけてって言われると。

中村▼そうそうそうそう。シラケるとか気持ちよくないとか面倒くさいとか、それって結局、全部、男側のエゴじゃん。自分のことしか考えてない。セックスは二人でやるもので、互いに相手を気遣いながらやる行為なんだから、相手が後で大変な思いをしないようにゴムつけるのは当たり前なんだってことを大人が教えなきゃいけない。だからそういう、男子の意識教育みたいなのがちゃんとおこなわれないと。あと、女の子も、自分の守り方を教えてもらった方がいい。

中塩▼大事ですね。

中村▼ね。でも、どうしてもつけないほうが気持ちいいって言い張るんならさ、「つけたほうが気持ちいいコンドーム」っていうのを、テンガが開発したらどうなんだろうか。

中塩▼それ、すごいですね（笑）。

中村▼テンガでも岡本理研でも相模ゴムでもいいからさ、コンドームのメーカーとかに「生よりもずっと感触がいいコンドーム」を提案しようって思いついたの。そしたら男子も積極的にゴムしてくれるでしょ。そこでツイッターで、「じゃあ、こんなのどう？　イボイボ付きコンドームってあるじゃない？　そのイボイボが内側についてて、チンコを刺激して気持ちいいコンドームってのを開発したらどうなんだろ」みたいなことを呟いたら、吉田豪さんから速攻、「それ、すぐ抜けますから」ってダメ出しされちゃった（笑）。

中塩▼えー、そうなんですね。

中村▼だからイボイボじゃなくてね、テンガみたいに密着感があるといいのかな、と。コンドームの内側がテンガ風にグニュグニュってチンコに張り付いてきて、ピストン運動してると女の子のあそこより気持ちいい、みたいな。

中塩▼いいですね。それはぜひ開発してほしいですね、テンガに（笑）。

中村▼でしょでしょ！　コンドームが薄い薄いみたいな広告見てるとさ、使用感なしとかよりも、もっと、つけてると快感二倍みたいなのが発売されて、男子がコンドームつけることに抵抗しなくなればいいなって、私、本気で思うんだ。けど、そしたら女性の方から「つけてるほうが気持ちいいって言われたら傷つきます」みたいなツッコミもあって（笑）。

中塩▼あはは。それよりも、つけた瞬間にいっちゃったりして（笑）。まぁ、でも、つけたほうがいいですよね。

中村▼安全にこしたことはないですよねぇ。

中塩▼妊娠する可能性もあるし。まぁ子供欲しいなら別ですけど、そうじゃないなら。

中村▼やっぱり若い時に妊娠しちゃうとね、人生が変わっちゃうので。

中塩▼シングルマザーで風俗やっている人も多いのでね。

中村▼そうそうそうそう。男の子は逃げちゃうから、結局シングルマザーになっちゃうしね。まだ10代でシングルマザーなんて大変過ぎるよ。だからって中絶もあんまりお勧めできないし。負担が大きいからね。

中塩▼事実、中絶手術は身体に負担をかけてしまうので。

中村▼そう。ろくなことないんでね。

中塩▼女性のためにも性教育は必要ですよね。

中村▼性教育とテンガ風コンドームを！ いやぁ、今日はありがとうございました！

対談を終えて

男性優位社会の一番の被害者が男性である限り、セックスワーカー差別はなくならないのかもしれない

中村うさぎ

救うべきは「女」ではなく「男」なのか

中塩智恵子さんは大勢の風俗嬢を取材してらした方である。彼女たちの悩み、喜び、迷い、怒りや悲しみに寄り添って、その声を丁寧に拾い上げてきた。そんな中塩さんと対談させていただき、さらに寄稿もしていただいたのは、この本に説得力が欲しかっ

たからだ。

風俗の是非を問うのではなく、セックスワーカーたちの本音に触れることで、その良き部分も悪しき部分も包み隠さず読者に提供したかった。

このあたりは、１３０ページに掲載する中塩さんの原稿、および46ページの風俗嬢座談会をお読みいただきたい。


ところで、中塩さんとの対談で浮かび上がってきたのは、「性を売る女性たちに対する男性側の差別」だ。風俗嬢を侮蔑するのなら買わなければいいだけの話だが、買っておいてマウンティングする男たちのさもしさには唖然とする。

風俗嬢が売っているのは性的サービスであり、人間の尊厳ではない。

金を払って得られるのは性的快感や一時的な恋人気分であり、相手を見下して自分の優越感を満たすなどという快感は売買の対象外ではないか。

そんなの当たり前でしょ？

いい年してそんなこともわかってない男たちは、社会でどんな生き方をしているのだろう？

意味なく威張り散らす上司か？　上の顔色を窺いな

がら不満と鬱屈を溜め込んでいるヘタレ会社員か？

いずれにせよ、社会的弱者にマウンティングすることでしか己の優越性を確認できない人間など、ろくなもんじゃあるまい。


それにしても、一部の男たちは何故、そうまでして己の優位性を確認せずにはいられないのか？

中塩さんがおっしゃるとおり、それは「男性優位社会」の産物であろう。

とはいえ、ここで私の言う「男性優位社会」の被害者は、女性ではなく、むしろ男性たちである。

彼らは「男性優位社会」において、無意識に「他者にマウンティングする強いオスであれ」というメッセージを受け取り続けているわけだが、実際に頂点に立ってマウンティングできるオスは群れの中の少数だ。

残りのオスは劣位に置かれ、他のオスからマウンティングされる立場に甘んじる羽目になる。

そうなると、彼らは強迫的に己の優位性を求め、より弱く低い立場にある（と、彼らが考える）相手にマウンティングしなければ「男らしさ」を維持できない。

結果、家庭で妻や子どもにマウンティングする男たちもいれば、ネットで他人を叩いて優越感に浸る者もおり、どこにもマウンティングする相手のいないオスは金で買った女を相手に鬱憤を晴らす、と、こういう流れなのかもしれない。

しかし、繰り返して言うが、風俗はあくまで性的サービスの場であって、優越感の誇示や鬱憤晴らしの場ではないのである。

そこ、くれぐれも間違えないでいただきたい。


私は「男性優位社会」において「男らしさ」の名のもとに抑圧され続ける男性たちに対して同情の念を禁じ得ないが、だからといって彼らが筋違いの相手にマウンティングする行為を正当化する気持ちはさらさらない。

世の中には「男らしさ」の欺瞞に気づき、そこから解放されている男性たちも多数存在する。

君たちも自力で己を解放しなさい。

それが君の尊厳を回復する唯一の手段ではないのか？

かつて女たちは、フェミニズムという意識革命によって社会的抑圧から己を解放した。

その後のフェミニズムが辿った道を必ずしも私は全

肯定しないが、少なくとも彼女たちの遺産の一部は受け継いでいるつもりである。

そして、次に解放されるべきは男性たちだと思っている。

諸君は他者にマウンティングしなくても、ちゃんと「男」なんですよ。

それを認めてくれる存在が誰かひとりでもいればいいんだけどねぇ。


差別の構造は、基本的にイジメの構造である。

要するに「ツツキの順位」だ。

鳥が自分より弱い個体をツツき、ツツかれた個体はさらに弱い個体をツツく。

最終的にしわ寄せが行くのは、群れ（社会）の中の一番の弱者だ。

ここでは、セックスワーカーの女性たちが、その立場に立たされる。


中塩さんとの対談で「風俗嬢にはイジメられ経験者が多い」と聞いた時には、何か胸の締めつけられるような思いがした。

幼い頃から謂われなく他者にツツかれてきた彼女たちが心の奥底に対人恐怖や人間不信を抱え、いわゆる一般社会に馴染めないままに、セックスワークという或る種の治外法権的な場所に己の居場所を確保する。

一時間いくらの限定で、他者との永続的な関係性を築くこともなく、一期一会の性的サービスを提供するビジネス……それが彼女たちの苛酷な半生が導き出した選択であるのなら、そして彼女たちがこのビジネスでこそ自己肯定感を得られると言うのであれば、誰がそこに差し出がましく口出しできるだろうか？


イジメはなくなって欲しいと私も考える。

ツツキの連鎖などというものがなくなってしまえば、男も女もどんなに楽であろうか。

だが、弱者をツツくのが人間の本質である限り、本能のままに行動する獣のような子どもたちのイジメを阻止することは難しい。

我々にできるのは、せめて「弱い者イジメがどれだけ卑怯な行為であるか」を教えることだが、そう言う大人たちが社会で相も変らぬマウンティングやイジメを続けているのであるから説得力がないにも程がある。

ただ、彼らにこれだけは教えることができる。

イジメられた者や屈辱的なマウンティング行為を受けた者が、その痛みを他者への攻撃に転じず、同じ痛みを抱えた者への共感やいたわりといった形で昇華できれば、その負の連鎖を多少なりとも断ち切ることができるのだ、と。

社会で自己肯定感を得られない男たちの一部が、自己肯定感を必死で求める風俗嬢相手に力づくでマウンティングすることで自己回復を図る……この構図さえ壊せれば、セックスワークはより安全かつ健全なものとなるだろう。

そして、男たちにその自覚を一方的に迫るのではなく、彼らの敗北感や屈辱感を癒す方法を実現することこそが、対セックスワーカーだけでなく社会のありとあらゆる差別やヘイトを解決する道に繋がるのではないか。

「性の目覚め」と「イジメ」の関連性

「小1の時に神社裏で複数男子にパンツを脱がされた」と言っていた女性の知人がいる。

男子にとってはイタズラなのだろうが、やられた女子はトラウマものである。

「イジメはイジメられる方にも責任がある」などと嘯く者もいるが、こういうイジメに関して、彼ら彼女らは同じように感じるのだろうか？

これは単に男子たちの性的暴走ではないか。

そして、男子の女子イジメの裏には、こうした性的事情が絡んでいることも少なくない。

中塩さんとの対談にもちらりと出てきたが、他の生徒たちより少し大人びていたりエロかったりする女子を、男子たちが寄ってたかってイジメたりからかったりする現象は、誰でも目にした覚えがあるだろう。

私自身は大人びてもいなかったしエロくもない鼻タレ女児だったのでそんな目には遭わなかったが、小3の頃、同じクラスの女子が男子たちから執拗にからかわれたり囃し立てられたりして泣いているのを見て「どうしてあの子は男子にイジメられてるんだろう？」と不思議に思っていた。

デブやブスは男子から容赦なく罵声を浴びせられていたが、彼女は容貌が醜かったわけでもないし、同性からも嫌われていなかったし、特別にイジメを受けるような要素は見当たらなかったからだ。

が、今にして思えば、確かに彼女はちょっとエロかったのである。

常に半開きの唇や伏し目がちに漂う視線は、雑誌のグラビアアイドルの表情に似ていた。

おそらく本人はそれを意識していたわけではなく、半開きの唇は単なる癖だったのだろうし、伏し目がちの視線はイジメをかわすために必然的に身につけた所作だったのかもしれない。

しかし、その記号は紛れもなくエロであり、男子たちはそこに挑発されていたのだと思う。

とはいえ、これは大人になった今だからわかることで、当時は私もその子も男子たちも、そのことに気づいてはいなかった。

おそらく先生も気づいてなかったのではないかと思われる。

このように、男子を性的に挑発するエロの記号をうっかり身につけてしまった女子は、男子たちの性的関心の的となり、しかもそれをどう表現していいかわからない男子たちはイジメや嫌がらせといった行為で彼女をいたぶる。

それは明らかに彼女の責任ではないのだが、男子たちのその衝動を看破するほど炯眼なる大人もおらず、イジメられる側もイジメる側も見ている周囲もその理由がわかっていないという不思議な野放し状態であった。

「好きな女の子をイジメちゃうのは男子の習性」などと言う人もいるが、「好きだからという理由で女子をイジメてはならない」という礼儀作法くらいは小学生のうちに教えておくべきであろう。

が、前記のケースの問題点は、彼女をイジメていた男子たちには「好き」という感情すらなかったことなのだ。

性的に刺激されてはいただろうが、それはいわゆる「好き」とは違う感情だ。

彼らは「性」という自分でも形容しようのない未知の感情に突き動かされており、それを「好意」とか「性的関心」とは認識していなかったと思う。

そのように認識するには、彼らはあまりに幼稚であった。

彼らはただただ彼女の放つ異質なオーラを獣のように嗅ぎ付け、周りを取り巻いて吠え立てながらちょっかいを出していたのだ。

標的にされた彼女の辛さを思うと、彼らのその「性の芽生え」を微笑ましいなどとは1ミクロンも思えない私であるが、だからといって彼らにその感情をどう説明し納得させ別の方法で処理させるべきかと問われると自信がない。

私には男子の気持ちがわからないからだ。

分析はできても、リアルには共有しようのない衝動だ。

どうして男の子たちは、「性的関心」を「攻撃」という形で表現するのか。

私にはそこがどうしても理解できない。

理解できないから、適切な指導方法も思いつかない。

ただ、この問題がゆくゆくは「女性蔑視」や「性的嫌がらせ」、ひいては痴漢やレイプといった性的犯罪の快感に繋がるであろうことは明白である。

子どもの頃にエロい女子をイジメたり攻撃したりした男子たちがレイプ魔や痴漢になっているとは思わないが、彼女をイジメた時の快感はその淡い「性の目覚め」とセットになって彼らの深層心理に刻まれている可能性は大だと思う。

言っておくが私は、男たちの性的衝動が攻撃性と繋がっていること自体を責めるつもりはない。

だからといって、もちろんそれを正当化するつもりもない。

それが生来的なものであるのなら、どうやってリアル他者にぶつけることなく処理するべきかを、男たちのためにも女たちのためにも考えたいと思うのだ。

それには、幼い頃に感じた「性的関心」、そしてそれを「攻撃」という形で表現した理由、さらに攻撃することで得た「快感」の意味を、徹底的に解剖する必要があると思う。

一方的に彼らの性欲や攻撃欲求を責めたって問題解決には程遠いんだよ。

それを目くじら立てて責める一部の女性たちにも、このことは言っておきたい。

女が悪いわけでも男が悪いわけでもない。

悪いのは「エロ」と「攻撃欲求」を、もろとも他者にぶつける行為である。そこは本人がよく自覚して、攻撃的エロ欲求はフィクションの枠内で満たすような作法を身につけるべきだと私は考える。

それはもう小学校低学年くらいのうちに、女子への性的関心をイジメという攻撃で満たさないよう、大人が上手に導いてやれれば理想的である。

小学校低学年といえば、既にフィクションと現実の違いは理解しているはずだ。

アニメで観たドラゴンや怪獣が現実には存在しないこともわかっているし、ゲームでバタバタと敵を倒したとしてもリアルで人殺しをしてはいけないくらいの分別はついている。

ならば、エロい女子を寄ってたかってイジメたり、神社の裏で無理やりパンツ脱がせたりしてはいけないことくらい、大人が教えれば理解するはずだ。

このようなことも含めて、私は「性教育」と考えるのである。

セックスは単なる生殖行為ではない。

互いを知り、思いやり、喜ばせようとするコミュニケーションだ。

そこを教えずに生殖の仕組みだけ教えるのでは、ただの「生物の授業」ではないか。

セックスの相手を「便所」や「排泄道具」などと思わずに「人間」として扱うこと、相手を心身ともに傷つけないことなど、セックスを「コミュニケーション」の視点で見れば当たり前のことである。

それができない人間が少なからずいるということは、教えなければわからない、ということだ。

男性たちがそれを倫理として体得しない限り、女性差別はなくならないのではないだろうか。

「売春は男が女を物として扱うビジネスだから女性差別だ」と言う人もいるが、それは性的ビジネス自体が差別的なのではなく、男性のセックス観の問題ではないか。

売買春などなくたって、男性が性的に奔放な女性を「排泄道具」呼ばわりする限り、女性差別はなくならない。

売春を女性差別と考える人々は、「誰とでもやる女」を「便所」と考えている男性目線と変わらないのである。

寄稿

レイプに中絶。風俗の犯罪化が風俗嬢を危険に晒す

中塩智恵子

中村うさぎさんが『セックスワーク非犯罪化本』の制作を始動させたとき、真っ先に私は、自分が過去に発表した女性の原稿を思い出した。そしてその原稿を、本に掲載してほしいと思った。

2016年2月に私は初著書となる『風俗嬢という生き方』を上梓した。おもに現役風俗嬢から感想メールをもらうことが多かった。ライター業同様、風俗業も〝隣の人は何をする人ぞ〟といった節があり、じっさいのところ、同業者が何を考えどれぐらい稼いでどう生きているかといった生態を知る機会は、そうそうになかった。そういうこともあり拙著に登場する女性たちの生き方を知り、多くの現役風俗嬢は、仕事への肯定感や安心感などを得られた人が多かったようだ。引退後の女性たちの章への感想も多かった。またマイナンバーや確定申告と、これまで公で語られる機会が少なかった風俗嬢の税金問題についての反響もあった。納税について語ることは、『性風俗＝アンダーグラウンド』という枠から抜け出すきっかけになるといえよう。

非犯罪化を語るときに無視できないのが売春防止法（1956年成立、公布）の存在だ。『保護更生の対象』としてセックスワーカーは憐みの存在に追い

やられ、社会から負の烙印を押され、長いこと沈黙を強いられてきた。守られるべき人権はなぜか利用者のほう、利用者（客）に非があっても我慢をするのは従業者、といった不思議な現象も起きていた。約60年前に制定されたこの法律が、現状にそぐわないと全国婦人保護施設等連絡協議会などが近年改正への動きを見せているが、この瞬間も現場でよからぬ何かが起きていても、セックスワーカー本人の自衛という古典的手段にすべてが委ねられている状況だ。呼べば駆けつけてくれるスタッフがいた店舗型が2006年風営法施行以降激減し、派遣型風俗が主流の現在は、さらにセックスワーカーの裁量に委ねられている。

じっさいにセックスワーカーはどんな危険にさらされているのか

セックスワーカーが犯罪に巻き込まれたときに起きるのは殺人ばかりではない。では、セックスワーカーが日常的に遭遇する利用者からの危険行為とは何なのか？　一部でしかないが、複数の風俗嬢の証言より、具体的に明示していきたい。

Nさんの場合

店舗型・無店舗型デリヘルで勤務／風俗歴10年

●デリヘルでホテルのスイートに呼ばれて行ったら男が2人か3人くらいいた。ドアを少し開けたら寝ているのが見えたのでそのまま部屋に入らずにホテルを出た。

解説▼デリヘルは1対1が基本サービス。複数の利用者という時点でルール違反であるし、性暴力にあう可能性がとても高くなる

●完全に違法なおクスリをやっている人が遊びに来るのは当たり前。怪しくてもサービスができる状態ならば接客をする。

解説▼キメセク〈薬物を服用しセックスもしくはヘルスプレイを〉勧めてくる利用者もいるので、そこは従業者が即座に判断しなければならない。キメセクが好きな利用者は、特定の従業者を指名するので、指名が続くうちに従業者が依存症に陥っている可能性もないとは言えない

●睡眠薬を飲まされ、寝ている間に本番をされていた。銀行のカードが財布から抜かれており、19万

円引き落とされていた。お店の常連客で、お店を通さずに会い始めた人（ヤミケン／裏引き→全額が自分の懐に入る）だったので油断してしまった。最初の数回は普通に接客していたが、ある日、『サプリメントだよ』と手渡され、疑いもせずにそのまま飲んでしまった。意識がぼんやりしていき、目が覚めたときには男性は部屋にいなかった。コンドームはつけていなかった気がするが、中出しされた風でもなく、その後妊娠もしなかった。カードの暗証番号はＡＴＭへ行ったときに背後から見られていたのだと思う。警察へ行ったが、そのときに大きな事件が発生していたこともあり親身になってもらえなかった。結局は泣き寝入りになったが、妊娠もせずＳＴＤにもかかっていなかったので、高い勉強代と思うことに。以降、警戒心がすごく強くなった。

解説▼睡眠薬強盗など睡眠薬を使用した犯罪は性風俗以外でもよく起きているが、この場合、『強姦』、『強盗』と、2つの犯罪が重なったかなり悪質なケース。目的が殺人ではないので死には至らないが、妊娠やSTD感染の危険性も高く孕んでおり、セックスワーカーが利用者から進められる飲み物には、細心の注意を払わなければならないことがわかる

Mさんの場合

無店舗型デリヘル・マッサージ勤務／風俗歴5年

派遣型風俗は、箱やソープより身の危険はありますよね。私もやばい目に何回かあいましたよ。派遣型の危険リスクは、『レイプ』、『薬』、『盗撮』、『ストーカー』などでしょうか。

よく『お客さんの自宅へ行くのは怖くない？』って聞かれたけど、騒がれたら客もそこに住めないから、大丈夫でした。ただ、超絶汚部屋だとダニやホコリでアレルギーが出る。極めて不衛生な環境でペットを飼っているお客さんの家も恐怖。手コキの最中に、ネコがお客さんの頭の上でオゲーって毛玉を吐いたり、地獄絵図です。本当、何か病気をもらいそうで……。若い女の子の高級系風俗は、ヒ〇ズのヤリ部屋なんかに呼ばれたら怖いかもしれませんね。

私も2回、レイプ寸前までの経験があります。どちらも出張サラリーマンで酩酊状態でした。中間管理職クラスがタチ悪いです。お偉いさん系は強引なプレイはしない。アルコールで理性が失われているから、偉い目にあいました。押し倒され、脱がされるわ、キスしてくるから口を塞がれ、声が出せない。

アダルトビデオのマッサージモノに影響されているのかも。『意外とヤレるマッサージおばさん』みたいな。酩酊状態だと勃たないので2回とも最後はセーフだったけど、『出禁にして』と店に頼みました。

もう一つは、スピリチュアル系。デリヘルでも、マッサージでも経験しました。どちらの人も『話をしよう、僕は君に何もしない』と言う。途中から、『悩みあるでしょ？』とか、『ふだん肩が凝らない？』とか聞いてくる。『ありません』と言えば、『潜在意識の中に』云々と言い出す。

そして、いきなり手をかざし、ヒューとか息を吐き出し『気を送ってる』と言い出して、マジ不気味。『肩の痛み無くなった？』って、最初から痛みなんか無いけど、怖いので『楽になった気がします』と話を合わせました。

2人だけの空間で手かざしされたり、気を送ってこられたり、憑依した憑き物を払うとか変なアクションされ続けると、催眠術にかかりそうで真剣に怖かったです。最後に変なツボやブレスレット買わされたらどうしようと考えてました。リアルな話、『新興宗教を拡大したいから、君、関東支部の責任者になる？』みたいな話もされたんだけど、あれって保証人とかにされて自分の名前で借金してくれ的な話に向かわせる危険もある。

スピリチュアル系のお客さんは目的がわからないぶん、とても不気味です。熟女風俗は、足元を見られますからね。〝ババアになっても風俗やるなんて、悩みとかあるみたいな？　狙い目だよねw〟みたいな。それと、風俗のベテランで、業界どっぷりで、仕事や客を舐めきってるババアは、1番カモにしやすいかな？　と。売れなくなってきている現実を受け入れられない女性は、スピリチュアリズムの犯罪に合いやすいと思います。

盗撮については、ガチで動画が流出していますよね。身元特定には至らないとしても犯罪でしかありません。掲示板の風俗スレッドをたどっていくと、セラピストが殺されたとかたまに殺人のスレッドがあったりします。ライト風俗と言われる『さんない（舐めない、脱がない、さわられない）派遣マッサージ』って、ソープやヘルスの嬢にはヌルい風俗とか、甘い仕事みたいにバカにされるけど、かなり危険リスク高いと思います。

解説▼Mさんは小柄な女性。中肉中背の男性であれば、容易に身体を押さえつけられることが可能。小柄な体格の女性は、とかく性暴力のターゲットに選ばれやすい。押さえつけられない体位でプレイを工夫する、逃げる、すぐに店に連絡をする等、防衛《自衛》手段がとにかく必要となる。

スピリチュアル系の男性客だが、『お金を払っているのにプレイをしない客』というのは以前から存在しており、のちに厄介な存在になる人が多いので要注意。特別な客の〝オレ〟を演出し、疑似恋愛がいつからか脳内ひとり恋愛状態になり、ストーカーやネットストーカーになりやすいからだ

その他の体験談

●泥酔客が爪で性器を傷つけてきた。サディスティックなところがある人で、首をしめてきたり。お客さんが休憩しているときにバスタオルを巻いてフロントまで逃げました。［吉原ソープ嬢］

●入店したばかりのころ、体を押さえつけられて入れられそうになった。すぐに店員さんが来てくれたので未遂で済んだ。今なら本強もかわせるようになった。［店舗型ヘルス嬢］

これらが風俗嬢が遭遇する客からの危険行為のごく一部である。多くのワーカーから聞き取りをすれ

ば、より多くの事例が集まるはずだ。

取材から見えてきた現実

セックスワークの非犯罪化本ではあるが、長年風俗嬢を取材してきた資料から明確に提示された事実があるので、ここではそちらにふれてみたい。

２０００年〜２００３年までの取材資料に今回改めて目を通したところ（その多くは破棄してしまったが、手元にあった22人分のテープ起こし原稿）、幼少の頃、または10代に、強姦を含む性暴力被害に遭っている女性が高い割合でいた。22人のうち４人である。５人前後に１人、約２０％の割合となる。この取材は少なくとも90分、通常１２０分ほどの時間をかけ行っていたものではあるが、被害者でも、取材時にカミングアウトをしなかった潜在可能を考慮すると、割合はもっと高くなるといえよう。３〜４歳前後のときに幼なじみのおじいちゃんに数回に渡り性器をいじられた、高校生のときに同級生にレイプされた……そのような内容になる。２００３年以降の取材でも、数人から性暴力被害の話を聞かされることがあった。

『小さい頃から性的な対象に見られやすく、ある意味、自分の女性の部分を疎ましく思ったことはありました』

『知り合いに紹介された男性に初対面なのにいきなり押し倒された。服を脱がされ胸を触られ、下をさわられただけで終わったけど、初めて女として男を怖いと思った』

『抵抗むなしく犯された。傷ついてしばらく落ち込んだ。そのあとも好きだった人に身体だけを求められることが続いて、その後、何かが弾け、男を手玉に取るためだけに遊ぶようになった』

彼女たちはそんな声を残している。

性暴力被害はセックスワーカーにかぎった傾向ではない。セックスワーカー以外の人からも私は性被害の話を聞かされることがよくあった。自分の中で折り合いをつけようとして落としどころをつけられずにいる過去を、加害者たちはまったく知りもしないだろう。だからこそ、他人の尊厳を踏みにじることがたやすくできるのだ。

と、ここおよそ一年で、性暴力について考えるようになり、私自身も突如としてよみがえった記憶がある。たしか10歳前後の頃、50代後半~60代のおじさんに、私自身も性器をいじられそうになった経験があるのだ。ふいによみがえってきた記憶なので、私の中でまったくトラウマにはなっていない。しかし、40を過ぎた私が今でもキスが気持ち悪いと思えてしまうのは、このおじさんに、むりやり口の中に舌をねじこまれた記憶がどこかで無意識に作用しているような気もする。無精ひげのジョリジョリした感触もよみがえってきた。にこにこと笑顔で話しかけてきながら、私の下半身へ手を忍ばせようとしていた。幸いなことに、一緒にいた友人が子供ながらにおじさんの行為を不審に感じ、『逃げるよ!』と私の手を引いて走りだしてくれたのだが、もしあのとき友人がいなかったら、私はあのあとどうなっていたのだろう。

被害者の女性（ときに男性。男性が被害者の場合、事件が表面化してもメディアはなぜか黙殺する傾向がある。これはなぜだろう）ばかりに焦点があてられ、『いたずら』『わいせつ』『みだら』と、被害者をおもんぱかったテイで、加害者の犯罪意識がそがれる表現が現在でもなされているが、性被害の数は今後増加していくだろう。なにも突然、性暴力が増えたのではない。これまでは被害者側が表面化させなかった（警察に届けなかった）だけなのである。しかし時代は変わり、性に関するトピックがタブーでなくなりつつある現代、被害は被害として届け出る人が増えてきた。恥ずべきことではないのだから然るべき現実といえよう。しかし、〝被害〟を〝届け出る〟という発想さえ持てない幼い子たちへの性暴力は、今後も黙殺されていくしかないのだろうか。

私の取材から導き出された『20%』という数字は、おおいに深刻に受け止められるべきだと思う。その後、彼女（彼）たちの人生に『性暴力』がどう影響を及ぼし、彼女（彼）たちはどう受け止めどう生きて行ったか――。その数人分の経験を知ることになった私は、性暴力がひとつでも減ることを心から願う。

しかし加害者が犯行に及んでしまう背景も無視してはならないだろう。被害者が成人であれ、未成年であれ、幼児であれ、事前に自身の性癖や欲望について相談やカウンセリングができる場、病理として扱われるのならば然るべき機関の紹介、それらを含む情報発信など、積極的になされるべきだと思う。

うさぎさん監修のもうひとつの『表現規制に関する』ムックに話は及ぶが、『アダルトビデオ』『児童ポルノに関連するアニメや漫画などの二次元創作物』も、性犯罪加害者の〝犯罪扇動〟面ばかりが強調されているが、〝犯罪抑止〟にも大きな効果があげているのだ。罪を犯すまえに代替の媒体で折り合いをつけている人たちは確実に存在している。この事実は無視できない部分だと思う。（※参考文献「性暴力（中央公論新社）」「欲望のゆくえ　子どもを性の対象とする人たち（朝日新聞出版）」「子どもと性被害（集英社新書）」）。

と、書き、言わせていただく。人権はどんな人にも与えられた平等の権利だ。少数者、多数者すべての人に。しかしその権利を侵害するのは『罪』でしかない。『性』にまつわる権利もその人自身のものだ。『性』にかぎらず、あらゆる『生きる権利』はその人自身のものだ。その人自身のものを許可も得ずに、自分のエゴのために侵害することは、最大の傲慢であり、重罪である。殺人、ＤＶ、いじめ、性暴力……すべてそうだ。

いま『性』について話すことがタブーではなくなっているからこそ、『性暴力』について真正面から真面目に語られ、取り組むべきタイミングが来たと私は考える。

今も記憶に残っている ある風俗嬢との出会い

長い長い前置きになってしまったが、ここからが、『セックスワークの非犯罪化』本にぜひ掲載していただきたいと思った原稿だ。２００２年当時のものではあるが、いまもどこかで泣き寝入りしているセックスワーカーはいることだろう。あらためて目を通してみると自分が訴えたいことは原稿内にあますことなく記述されていたが、問題の本質を見えやすくするため、２００２年掲載時原稿より多少の削除と、プライバシー保護のためにさらにフェイクした部分をいれ、体裁を整えた。取材に協力してくれた女性の経験が、非犯罪化をより強化するものになれば本望である。

風俗嬢Ａさんへのインタビュー

2002年3月取材

この日だけ忙しかった私は、オーダーしたパニーニを半分しか食べ終えていない彼女を残し、次の取材へ向かおうとした。じゃ、私、店を出ますのでゆっくり食べていってくださいね……。

「あ、じゃ、私も一緒に出ます！　店で一人で食べるのって、ほんとすごく苦手なんです」

彼女は突如あわてふためいて、そのかわいらしいコートをわらわらと着始めた。

「この仕事ですか？　金銭の魅力もあるけどそのためだけにしているわけでもないし……。なんだろうなぁ……。あっ、自分との闘いの場みたいなものかな」

＊＊＊

まだまだ肌寒い三月の新宿。モノトーンの世界にパステルピンクのダッフルコートを着た彼女がやってきたとき、『小学生みたい！』と心のなかで叫んでいた。

〝童顔のちびっこでパステルピンクのダッフルコートを着たのが私です〟という彼女からのメールにいつわりはなかった。

間近で彼女を見れば、ファンデーションを塗り、桜色のチークを入れ、淡い黄色のクレージュのニットを着ていたりしてアダルトな雰囲気を少し感じるけども……。でも二十二歳には見えない。小学生が背伸びして化粧しているように見えなくもない。

――高校生じゃないの？　とか、お客さんに言われませんか？　見て驚かれるのでは？

「あー、そうですね。よく言われます」

小さな口で囁くように静かに静かにしゃべる。小鳥がさえずっているようにも思えた。そしてときおり声がまわりにかき消される。クラスに必ずひとりはいた、内気な女の子という印象を強く受けた。

●仕事のことは彼も両親も知っています

「最初はヘルスで働いたんですけど、ぜんぜん指名が取れなかったんです。でも、イメクラに移ってからは指名が取れるようになりました」

その理由が私にはとてもよく分かる。小柄で童顔の女の子を相手にすれば、イメージプレイもさぞ楽しいことだろう。

「あぁそうですか（笑）」

彼女はいま、制服専門店で働いている。

「高校が通信制で私服だったので、制服に対する憧れというのはやはりありました。だからイメクラとはいえ、着ることができてすごくうれしいです」

　彼女は中学の三年間、ずっと不登校だった。学校に足が向かなくなったのは入学して間もないころ。もともと大人しかった彼女は、自分の意に添わないと生徒たちにすぐ手をあげる暴力的な学年主任が怖かった。自分の立場を利用し、個人的なストレスを生徒たちに向ける教師。気の弱い彼女はそれに心を痛め、怒りの矛先が自分に向けられないことを祈り、毎日をビクビクして過ごした。学校から足が遠のくと、クラスの雰囲気に馴染めなくなっていた。勉強にもついていけなくなっていた。不登校の原因となった学年主任は翌年転勤となったが、すでにクラスに居場所はなくなっており、ずっと家に閉じこもるようになる。

　私がよほどそういう顔をしていたのか、彼女がぽつりと言った。

「いま思えば、私のわがままかもしれないんですけどね」

　これじゃいけない、学校に行かなきゃ。そう思ってはいても足が学校へ向かず、自己嫌悪に何度も陥った。そんな悪循環を何度かくり返すと、無意識のうちに手首を切り出すようになる。両親は心療内科へ娘を連れていった。落ち着きを見せ始めると、積極的になれるようにと今度は劇団へ入れることにした。

　劇団で人間関係を学び、やがて人の輪に恐怖を感じなくなった彼女。ただ、もともと静かな性格だったためか文通を好み、この文通を通じて男女一人ずつの友人と知り合う。男性はのちに彼氏となり、女性は風俗の仕事を紹介してきた。

「私のために両親がいろいろとお金をかけすぎていたから、恩返しをしたいなぁって思ったんです。妹も私立の高校に進学が決まっていたから、家計援助もしたいなって」

　そして彼女は風俗嬢になることにした。一九歳のときの話だ。

——両親や彼は、仕事のことを知っているのでしょうか？

「はい、始めるときにどちらにも言いました。彼はやっぱりいい顔をしませんでしたけど、許可してくれました。何度か『辞めてくれ』とも言われてきましたが、家計を援助するのにお金は必要なので。いままでも『体には気をつけてね』とはすごく言われます。親にもすんなりと言えましたね。最初は『えー！』って驚いていたけど、一日体験みたいな感じだったら『社会勉強にもなるしいいんじゃない』って。文通で知り合った、一番仲のいい友達が働いていた安心感もあったかもしれませんね。けっきょく本業になりましたけど、それについては何も言われてません」

仕事を始めるにあたって裸になる抵抗は意外になかったと語る。内気で物静かで人づきあいの苦手な子が風俗へ。百八十度性格が逆の私には、この『内気な子→風俗へ』が、どうしてもうまく結びつかない。きっと彼女のようなタイプには、彼女たちなりの困難と現実があって、それは私のような大雑把な人間とはまったく別の見え方をしているのだろう。

パニーニを食べながら、バナナジュースを飲みながら、静かに穏やかに話す彼女。彼女の温度と速度にあわせて、言葉を待つ。

——三年近く仕事を続けてきて、辞めたいな思った

ことはある？

「この仕事をしていると、一週間に一回ぐらいは言葉の暴力があるから日常茶飯事で慣れるんですけど、やっぱり本番強要はイヤですね。それで二年ぐらい前に大変なことがあって人間不振にまで陥って、そのときはもう、辞めたほうがいいのかなぁと思ったことはありました」

話は前後するが、取材依頼の返信メールに彼女はこう書いていた。

〝私の経験が誰かの役に立つなら、取材をお受けしたいと思います〟

なにか大きな決心を下したような意思を、私は文面から感じていた。

●どこかでいまも普通に平気で生きているのかと思うと、すごく許せない

二年前の出来事になる。彼女のもとに吉原でしか遊んだことがないという男がやってきた。それを聞き、嫌な予感がしたという彼女。案の定男は、小柄な彼女を押さえつけ本番をせまってきた。そして力づくで犯した。現実に混乱し、とっさの声も出せず、

助けを求めることができなかった彼女。それから数日経ち、来るべき生理が来ない彼女は妊娠検査薬を求めてあわてて薬局へ駆けこんだ。結果、陽性反応――。ただの客でしかない男の子供を妊娠していた。

「だからもし、ブランド品が欲しいとかそういう軽い気持ちでこの仕事をやりたいというのであれば、私は反対すると思います。たしかに社会勉強にはなるけれど、性的行為をされるわけだから、いつ乱暴されるか分からない。それで傷ついたらかわいそうだし。事情があって始めるなら、大変かもしれないけど体に気をつけて頑張ってとは言えるんですけど」

中絶後二週間で彼女は仕事に復帰した。

――お金を払って手術して、お客さんに体を傷つけられて、それでまた仕事に復帰しようと思った理由というのは？

彼女の性格をおもんぱかってできるだけ柔らかい口調で聞いているものの、これじゃ彼女を責めているだけだ。

「うーん、なんだろ。やっぱり家族かな。そのとき、家の生活がギリギリの状態だったので、辞めてしまったら悪いなって。でも、いまごろになってそういう自分が怖いし、本当にこの仕事を続けていっていいのかなぁと思うんです。

いまのイメクラのお店に移って三か月が経つんですが、入ったばかりのときに本番強要のお客さんが集中したんですね。で、二年前の出来事が頭に浮かんできちゃって、鬱が入って、お店で泣いてばかりいたんです。仕事もつらかったし、もっと稼いで家計を助けないといけないあせりがあった。親に甘えられている感じもしたし。そういう我慢が爆発して、店長さんだけには（妊娠・中絶のこと）話しておいたほうがいいのか、いま、すごく迷ってるんです。でも、言おうと思っても簡単に言えることじゃないですよね」

手術には母親がついてきてくれた。でもひとつ嘘をついた。彼氏との間にできた子供だと言って。一人で抱えきれずに彼にすべてを打ちあけた。それから彼には何度か仕事を『辞めてほしい』と言われているが、彼女は続けることを選んでいる。『体には気をつけてほしい』と彼は彼女に言い続けている。

「もう二年も経っているので気持ちは落ちついているんですけど、どこかでいまも普通に平気で生きているのかと思うと、すごく許せない。そういうことをするのはひとつの命を宿すことだから、お金を払って、なんで命を絶やさなきゃいけないんだろうって思います」

たぶん私が思っていたことをあなたも思っていることと思う。どうしてそこまでして風俗を続けなければならないのかと――。

こういった風俗でのトラブルでは、なぜか働く女性側ばかりが注目される。風俗嬢はやはりいつの時代も特別な存在のようで、それが問題の本質を曖昧にさせてしまっている。利用する人、サービスを提供する人がいて始めて成り立つ関係で、その商売のルールを無視した男性側にこそ非難を浴びせるべきなのに、いつの間にか問題がすりかわっているという。

東電OL事件を見れば分かる。殺人は重罪だ。許しがたい。なのに容疑者よりも、エリート風俗嬢の背景ばかりが面白おかしく騒ぎ立てられた。

おっと熱くなってしまいました。とにかく彼女は生活を考えて風俗を続けることを選んだ。お小遣い稼ぎのバイト感覚とは違う。選択した時点で彼女は風俗のプロになった。であれば怪我が治れば復帰するのが当然のアスリートのように、彼女もそうしただけだ。ただ、妊娠する性である女性が、性を仕事にするのはリスクが高くなるだけで。

彼女に手落ちがあったとしたらそれは、プロとして防衛手段を持っていなかったという甘さだろう。そしてそれを身につけたときに、彼女は彼女が言う『闘い』に勝ったといえるのかもしれない。

「職業人を相手にし、何をしてもいい、自由に扱っていいという状況になったときに、どれだけその人を思いやれるかでその人の人間性が測れる」

以前取材した女性のセリフを思い出した。

さて、風俗を『闘いの場』と言った彼女は新たな難問と格闘中だ。

「変なお客さんというか、いまちょっと困ったお客さんがいて、顔からして私『Mッ気がある』って言われるんですね。初めて来たときは普通のプレイだったんですけど、だんだんＳＭっぽくハードになってきて、この前は靴べらでバンバン叩かれて、しまいにはオシッコをかけられちゃって（笑）。嫌なんですけど、私、嫌って言えない性格なんです。もう、どう対処していいのか分からなくて。二週間に一度は指名で来るかな。必ず木曜日に来るんです」

『性』という生々しくて美しくもないものと無縁そうな女の子から、『オシッコ』と聞かされどきりとする。

この闘いの幕切れはどうなることやら……。

●夢が叶うように取っておいて

――一番の思い出はやっぱりお客さんに妊娠させられたことになるのかな？

「うん。でもいい思い出もあって、あるお客さんに夢は何かって聞かれて、当時はすごく菜摘ひかるさんのような風俗ライターになりたいと思っていた時期だったんですね。それで自分の本を出したいって言ったんです。そしたらゴソゴソとなにかを取り出したんですけど、それが四葉のクローバーだったんですよ。夢が叶うように取っておいてって」

――あ、それはうれしいですね。

「うん。あれはすごくうれしかったですね。なんかすごくほのぼのとしました。もちろんいまも大事に取ってあります」

悪い客もいればいいお客さんもいて、マイナスをプラスで補いながら彼女は風俗嬢を三年続けてきた。

「まえは週五出勤とかでしたけど、いまは週二ぐらいしか出てません。仕事のない日はおうちでゆっくりしています。お店で体力的にも精神的にも使い果たしているので。

やっぱり大変だと思いますね、この仕事は。イヤなこと言われてもニコニコしてないといけないですから。お客さんも何万も高いお金をかけて来てくれてるわけだから、満足して帰ってもらいたい気持ちもあるので、そういう面で疲れてしまうところがあります」

――これまでＯＬとかほかの仕事をやってみようかなとか思ったことは？

「気持ち的にはあったけど、それを行動に移したことはなかったですね。どうしても高収入のバイトを一回始めちゃうと慣れてきてダメでした」

『高収入』の仕事を始めると『ほかの仕事』ができ

なくなる。この事実を認めていても、口に出来る人は少ない。本音を隠してこの場をしのいでもよさそうなのに、彼女はそうしなかった。

――この仕事は、家計の援助だけでやっている感じなのかしら？

「うーん、それもあるけど、もとからすごい弱虫な性格なんでね。こういう仕事をすることによって少し気持ち的にも強くなれたらなぁと思ってます。だからこの仕事を始めて、すごく照れ屋だったのが少し積極的にしゃべれるようになったので、そういう意味では始めて良かったなと思いますね」

彼女なりの困難がある、と、先に書いた。彼女はその困難を武器にして世の中に甘えることなくここまで歩いてきた。命綱を持たない綱渡り師のように、よろめきながら、周りをひやひやさせながら。

どうせなら、とことんつきつめて、ガッツポーズで過去を笑い飛ばしてほしい。

〝照れと緊張でうまく話せませんでした。まとめやすく話そうと思ったのですが、すいません〟

取材後、数日経ってからこんなメールをもらった。そんなことはなかったのに……。

取材のお礼を告げ、私たちは別れた。

パステルピンクのダッフルコートが似合う彼女。新宿の雑踏のなかへ歩き出すうしろ姿を、私はいつものように、ただ静かに見送った。

対談　神田つばき×中村うさぎ

女としての性的な価値が知りたい！
ママは39歳でAV女優に

夫とふたりの娘とごく平凡な生活を送っていた主婦が、子宮摘出をきっかけに突如、離婚を決意！　そこから神田つばきさんの「性の冒険」が始まった。女として生きること、母として生きること。このふたつは両立できるものなのか？　女であることを確認せずには生きていられない！　そう叫ぶ女たちは、本当に病んでいるのか？　それとも、それが本来の女の自然な欲求なのだろうか？

母親がセックスワーカーである、ということ

中村▼神田さんのご著書（『ゲスママ』）、面白かったです。

神田▼ありがとうございます。

中村▼病気で子宮を摘出したのをきっかけに、ふいに「自分は女としてこのままでいいのか」的な危機感を覚えて、離婚してＳＭの世界に飛び込むという……そのぶっ

飛んだ感じが面白かったし、すごく共感しました。
というのも、私も40代後半くらいで「自分の女としての価値を確かめたい」という思いに駆られてデリヘルをやったんですよ。

神田▼わかります。

中村▼女の人って熟年離婚なんかもあるし、私の友達なんかもそうなんだけど50歳くらいになって夫とはセックスレスだったりするわけですよね。で、ある時急にこのままじゃ……みたいになって。それでSNSで知り合った男の人と恋愛したりとか、傍から見るとバカみたいなんだけどすっごい分かる、みたいな。そういう神田さんの本にもあるような「私これでいいの?」みたいなのが私にも彼女たちにもあるよなぁと思って。
ただ神田さんの場合お子さんがいらっしゃるじゃないですか。私はやっぱり子供いないから、で夫がゲイだったりするので世間的には変わった女が何やってもねみたいなエクスキューズがあるけど、やっぱり普通離婚されててもお子さんがいれば性的な冒険をしたりだとかあるいはＡＶとかセックスワークみたいなことをして「性」を売るみたいな仕事をしてることに対してはものすごく世間は批判的だと思うんですよね。その辺の風当たりとかはやっぱり強かったですか？

神田▼そうですね、世間にアレコレ言われることではないと私も思ってるんです。ただ気になるのは、今セックスワーカーを擁護する人たちの中には「堂々と子どもにも胸張っちゃえ！」という人もいらっしゃって、私はそれはちょっと考えてしまいます。自分が子どもだったらと思うと、お母さんが外で男に引っぱたかれたり、オシッコ飲まされてるのは嫌だろうなぁっていう思いがあるんですね。それを逆手にとって家で全裸で子どもと生活してる人とかもいらっしゃって、それはもう違うだろうと。子供に鞭とかで遊ばせたりするとかも（笑）。だから常識っていうのは子供を傷つくことから守るためにも必要なものなんじゃないですかねえ。

ただ私が歯の治療で歯医者に行ってですよ、私が地味にしてるのでＡＶ女優とは思わないんですよ、医者は。それで「うちの病院は絶対ＨＩＶの感染とかないですよ。ここはね、風俗嬢とかＡＶ嬢も来ないから」って言うんですよ。何てことを言ってるんだこの人は。あなたが今差別してるのは私なのに！と思って言おうと思ったんですけど、口にいろいろ入っててウーウー言ってたら、「そんなに心配しないで落ち着いてください、大丈夫ですからね」って言われて、ああ私もうダメだ、差別される側になっちゃったんだとその時思いましたね。その歯医者、たぶん私と同年代位で40歳位の男性だったんだけど、なんでそんなふうに人を見た目で判断するんだろう、「この人は地味だからセックスワーカーじゃない」とか決めるんだろうと思って愕然とした。怖いことですよ、とっても。

中村▼そうですね。見た目でセックスワーカーかどうかを決めるのも酷いし、セックスワーカーだったらＨＩＶだっていうその理屈も凄いですね。

神田▼その人の言葉はセックスワーカーだったら治療しなくてもいいって理屈につながる。みんなの健康を天秤に掛けてセックスワーカー側は治療しなくていいって言っているようなもので、最大の差別を受けたのはあの時だったんじゃないかしら。しかも新宿でですよ、ちょっとビックリですよね。

中村▼そんなことを言うお医者さんがいるんですね。そのひとはじゃあ男の人だとどうするんですかね。つまり患者がゲイかもしれないじゃないですか（笑）。そうするとこの人はオネエっぽくないからきっとノンケだとか勝手に決めてるのかな？ それも凄いですね。

神田▼それって愚かでしょう。学んでないなぁって思うし、だから差別する人って考えない人なんだなぁとわかりました。

中村▼確かに。差別する人って考えない人なんでしょうね。固定観念に縛られてて、何も見えてないっていうか。固定観念といえば、神田さんはふたりの娘さんを持つ母親じゃないですか。で、母親がそういう性的なことをしちゃいけない、みたいな禁忌がありますよね、世間には。母性に対する一方的な幻想が強い。お母さんは性的であってはいかん、みたいなね。私の知り合いでシングルマザーの人で、まぁ離婚して子ども抱えて大変だけれども、やっぱり恋愛とかもするわけじゃないですか。そういうことに対して世間が「子どもいるのに男と遊んで！」みたいな批判をするわけですよ。「子どもいても人間じゃん！ ひとりの女として恋もセックスもするだろ！」と私は思うんだけど、それを許さない人々がいる。「子どもがかわいそう」とか言ってね。そりゃ、子どもをネグレクトとかしたらまずいけど、ちゃんと誰かに世話してもらって、自分は男と会ってるんならいいじゃん。他人がどうこう言うことじゃない。でも、そういう「お母さん」という存在に対して非常に世間が厳しいなと思ってるんですけど、神田さんとかはやっぱりAVやってるときに何か言われたりしたことありますか？」

神田▼ありますあります。思い出しました、今だんだん記憶が蘇ってきました。子どもが2ちゃんねるに書かれたりとか。その時、子どもが高校生と小学生だったんですけど、神田つばきの娘はSMクラブにいて本番やり放題だよって書かれたりとかして。私も、子どもがネット見たりとかするので、先に見せといたんですよね。こんなこと書かれてるからって。そしたら、なんか相当嫌だったみたいで、すごい私を恨んでるって。ただ、恨んでるって私に向かって言えるだけ良くて、子どもってお母さんを恨むと自分も傷つくし、そういうことを言えないお子さんもいるでしょうね。

中村▼恨んでるって言われた時はどう思ったんですか？

神田▼やっぱり！って思って（笑）。でも自分はやめる気はないんですよ。エロの追求をやめたら自分じゃなくなっちゃうって、また以前のように「我慢は美徳」みたいな我慢ロボットになってしまうって思って。だって癌が転移したら、今度はおっぱいや卵巣を取るかもしれないし。もう。我慢して生きるのは嫌だと思い、「どうしても嫌だったらパパの所に行く？」みたいな変なこと言い出して、「何言ってんの。ママ、頭おかしいんじゃないの？」みたいな。相当反抗期の争いは苛烈なもので、夏の陣、冬の陣、永遠に繰り返すみたいなことになってましたね。

中村▼やっぱりそのことでたびたびお子さんと衝突して、そういう時に自分の仕事をどういうふうに説明されるんですか？

神田▼結局子どもも親の真実の姿を知るのは怖いから、真っすぐ切り込んではこないんですよね。やめろとは言えない。で、嫌がらせみたいな形で「ママなんかにそんなこと言われる筋合いない！」「あなたは子どもにそんなこと言う資格あるのか！」とかってずっと言ってましたね。一番まっすぐに切り込んできたのが「ゲスママ」に書いたけど、上の子にお風呂で「ママ。あれはお金のためにやったの？　どっちだったの？」って訊かれた時があったんですけど……。

中村▼ああ、そのエピソード、私、大好きなんです。「お金のためにやったの？」って娘さんに訊かれて「ううん、ママがやりたくてやったの」って神田さんが答えるシーン。なかなか言えることじゃないと思うんですよ。その時は、お嬢さん、おいくつだったんですか？

神田▼もう専門学校だったか就職してたかでしたね。下の子が大学受験くらいだったから、社会人だったかも。それで「すごく心配してたんだよ」と言われた時に、もう号泣したいくらいに「わー！もうごめんなさい！」と思ったんですけど、今さら誰に謝ったらいいの、みたいな感じでしたよね。それでも辞める気はないですから、これからも傷だらけになるかもしれないし、現に今見せてないけど乳首ないんだよ、ウフフ、みたいな。

中村▼お嬢さんは乳首切り落とした件知らないんですね。

神田▼それは「ゲスママ」読んで初めて知って、もうなんか漫画でよく目が真っ白になってるじゃないですか、あんな感じになってましたね、二人して。

中村▼でも結局は今もう何年も経ってるわけですけど、お嬢さんたちはお母さんのお仕事とかどう

いうふうに思ってらっしゃるんですかね。

神田▼やっぱり正直嫌だ、やってほしくはないと思ってると思うんです。それは彼女たちの中で絶対変わらない。だって事実、私のお母さんは母子家庭だったけど体は売ってないわけじゃないですか。あの大ママ（←神田さんのお母さん）ですらやってなかったのにアンタはっていう気持があるんでしょう。だけどやっぱり嘘は言えないから「ゲスママ」を書いて、彼女たちは勝手に読んだ。ごみ箱の中からゲラ刷りを拾って読んでたんですよ。

その時の彼女の思いって、「自分の経験じゃないけど、自分にとって肉が繋がっている人が経験したことを知らなきゃいけない」っていう使命感もあったみたいです。全部読んだ後で下の子に言われたのは、「これからは覚悟して神田つばきをやってもらいます」って。あなたが神田つばきっていう仕事を選んじゃったのは許せないけれども、これからは覚悟してやってもらいますって。あと人から誇られる様なことはこれまで以上に律してくださいって言われて。「あー、はいはい」みたいな感じでこの話終わらないかな終わらないかなと思ってたら、あなたと同じような人があなたの仕事を見た時に一緒に物笑いの種になるようなことをしないで、SMやっている人たちが「そうか」って納得できる仕事をしてもらわないと困ります、なんかはっきり覚えてないんですけど、そうじゃなかったら殺します、くらいの事を言われてたりしてます。

中村▼へえー、でもそれって自分の仕事に誇りと責任を持てってって言われてるってことですよね。娘が母親にそういうことを言うってのも、なかなかしっかりしたお嬢さんですよね。

神田▼そこまで追い詰められてたんでしょうね、子どもは子どもなりに。やっぱり彼女たち、今でも友達には言えないって言ってるし、言いたくないってのはある。それはいくら私が綺麗事を言っても書いても、彼女たちの友達がどう解釈するかは自由じゃないですか、それを彼女たちは分かってる。だから私から言えることはもしこの先結婚するだの、議員に立候補することがあるだののって思ったときに必要があれば絶縁してもいいんだよってことです。そうでも思わないと、あの子たちしんどいと思うんです。

中村▼もしお嬢さんがこの先ＡＶ女優になろうかと思うとかデリヘルやろうとか言われた時はどう言われますか？

神田▼普通の親の何十倍もアドバイスはできると思うんですよ。たとえばあそこのプロダクションへ行ったら危ないとか、そういう類いのことはね。でも、子どものほうから「お願いだから教えてください」と言われない限り教える気は一切ないからねって、何もかも自分の体で痛んで学ばないと駄目なことだよって言うと思います。頭で予習しておけば安全だなんてことはないですから、それはアダルト産業以外でもそうですけど。

中村▼反対するとかではなくってということですね。

神田▼彼女たちは、私がやったことに対してあれだけ反抗しながら辞めろとは一回も言わなかったんですよ。それはたぶん、どっかで自分も女だしママも女だしっていうことを身体感覚でわかっていて、何か自分が反対してもダメな何かがあるんだろうなと、尊重してくれたんだろうなと思うわけなんですよ。なので私も反対とは言えないですよね。

中村▼なるほどね。心情的にはやってほしくないとかいう気持ちはありますか。

神田▼どっちでもないです。少し悟りに近い感情があるかもしれないです。

中村▼お好きなようにという感じですね。

神田▼もしかしたら私が本に書いた中の男たちが恨んでて娘のデリヘルに行って刺すかもしれないじゃないですか、最悪の場合。でもそれが心配だから辞めなさいとは言えないなあ……。

中村▼うーん、ＡＶとデリヘルは全く違うと思うんですけど、ＡＶ

はいいけどデリヘルはちょっとやめて欲しいみたいなのはありますか?

神田▼ないです。それぞれの危険が全然別なので。

東電OLは何に駆られて夜の街に立ったのか

神田▼私がセックスワークらしいことをしたのってAVが最初じゃなかったんですよ。ライターになって、童貞雑誌の企画物で、心ならずもセックスしなくちゃいけないような仕事もあって。童貞雑誌って知ってますか?

中村▼知ってます。筆おろし企画みたいな。

神田▼そうそう。それを三年間やったんですよ。で、読者も自分で選んでいいって言われたので一生懸命イケメンを選んで、二人で一日デートして編集部の経費でボウリングに行ったり食事したりしてホテル行って……そんな感じのことをやってまして。

中村▼童貞かぁ。うーん、厳しいなぁ。

神田▼でも、私やっぱり博打打ちなのかもしれないんですけど、予想外のショックも受けるじゃないですか。うわぁ、こんな人来ちゃった、みたいな。でも次の企画ではきっと素敵な人が来るって思っちゃうんですよね。

中村▼いやいや。何を根拠に(笑)。

神田▼まったく根拠ないんですよね。でも、数打ったらきっとどっかに素敵過ぎて女に相手にされてない人がいるかもしれないって思うんですよ。で、確かに、そういう人はいるんです。だけど、それなりに余裕があって顔も良いのに女に相手にされないっていうのは、やっぱ変なんですよ。言ってることとか仕草とか物腰とか、何もかもが変。

中村▼顔が良ければ童貞捨てられそうな気がするけど。

神田▼でも、まったくもってやっぱりコミュニケーションができてないんですよね。普通に女の人と付き合えてないんですよ。話がつまんないの。人の話聞いてないし、興味があるところに引っ掛かって来ないし、自分からも提供しないし。そういう男性も多いんだなぁって。

中村▼そういう筆おろし企画みたいなのをやって面白かったこととかありました?

神田▼やっぱりその時に得た一番大きなことは、私にはセックスワークできないなっていうことでした。

中村▼ほほう、それは何故?

神田▼一番辛かったのは、自分の

身体に異物が入ってくることですかね。「これか〜！」って毎回しげしげ見ちゃって。もう、予想外の色、形、見た目、触感、長さ、太さ……。

中村▼やっぱり気持ち悪いって感じました？

神田▼べつに気持ち悪い持ち主が来たとか気持ち悪いモノが来たんじゃないんですよ？　それなのに、自分の身体にないものを挿れるって、すごくハードルの高いことなんだなって処女のように直面してしまった。

中村▼まぁ、それは個人差あるでしょうね。挿入が気持ち悪い人もいれば、舐めるくらいなら挿入のほうが平気って人も。神田さんの場合、やっぱり自分にとってはSMの世界が一番合ってるって思われたわけですか？

神田▼思いましたね。最初のアレを挿れるしんどさっていうのをSMは芝居の中で乗り越えさせてくれるので。本当は私、嫌だって言いたいわけなんですよ。うわ〜鬱陶しいなぁ、これ挿れなきゃ駄目？みたいなことを言いたくても言えないんですけど、SMだと言っていいんです。「やだぁ〜、やめてぇ〜、堪忍してください、今日はそんなつもりじゃありませんでした」とか言うと、怒ってくれて、「お仕置きだ！」って。

中村▼SMって挿入はあるんですか？

神田▼ありますあります。その時も思いっきり嫌がっていいんです。

中村▼でもそれ、本気で嫌がってるんですか？

神田▼ほんとに嫌がってるんですよ（笑）！　ところが、そこがおいしいことに、嫌がってると「まったく手の掛かる子だ」って急に先生みたいになっちゃって。バイブとかいっぱい鞄から出してきて、「もっと恐いお仕置きをしてやる」とか言ってね。「やったぁ！　バイブだぁ〜！」と私も内心喜んじゃって（笑）。

中村▼じゃあ、生チンよりバイブの方が良いわけですね。やっぱり生チンだと気持ち悪いんですか？

神田▼気持ち悪いですね。生理的に。

中村▼なるほど。私、てっきりSMってのは挿入しないもんだと思ってました。

神田▼SMクラブではね、絶対挿入しちゃいけないんですけど、現実はやっぱりしますね。

中村▼挿入しないで楽しむのが美学かと思ってたら、そういうわけでもないんですね。

神田▼そう標榜してる人もいますけどね。そういう人もいますけど「主従」って言い出す人は大体やりますね。縛りだけって言ってる人はしない前提なんじゃないでしょうかね。しない前提で、男の方が縛って見てる、じーっと見てる。その時に女の方が縛ると気持ちよくなっちゃって挿れて欲しいって言わざるを得なくなっちゃうっていう状態を楽しむ人もいますよね。

中村▼そこは本当にね、つばきさんの本を読んでて最も分からなかったのは、私には縛られて気持ちいいって感覚が全然ないの。

神田▼それはね、私分かった。うさぎさんは正直な人だからですよ。

中村▼え、意味が分かりません。何でですか？

神田▼たぶんね、セックスって、正直に自分の感想を出して言うと、なかなか気持ちよくなれないんですよ。今話してて気がついたんですけど、SMって嘘ばっかついてるんですよね、考えてみたら。嘘ついてる中でお互いの虚構のカードを次々と出していって、何かそこで感じるものが出てきたりした時に濡れてきたりイキたくなってたりすると思うんですけど、それを正直にやろうとすると難しいですよね。

中村▼なるほどね。正直にやってるとセックスは楽しくないって、面白いかもしれない。だってみんな、セックスは正直にやるべきだと思ってるわけじゃないですか。愛がなきゃいけないとか、演技しちゃいけないとかさ。でもセックスって、非日常だから楽しいってところもあると思うんですよ。いつもの自分じゃない私、みたいな。そういうコスプレ感というか、ある程度のフィクション性がないと、素の自分だと照れちゃってダメなんですよね、私は。

神田▼そうそう。SMって概念自体がフィクションですから。

中村▼風俗だって、結局はフィクションなんですよね。私、日常では、フェラとか大嫌いなんですよ。もしかしたらセックスもたいして好きじゃないかも。だからそんな自分がセックスワークなんかできるのかって心配したんだけど、全然大丈夫だった。というのも、あれって素の自分じゃないから。私、お店では「セレブ妻」って設定で、源氏名も「叶恭子」で、とにかくそれって私じゃない別の女なのよ。だから逆に楽しめた。素の自分でやれって言われたら厳しかったかも。東電ＯＬなんかも、ある種のコスプレだったんじゃないかと思うんです。会社帰りに渋谷駅のトイレで着替えて、昼間とはまるで違う濃いメイクをして、別の自分になってセックスを売る女になる。

神田▼ああ、東電ＯＬのお話をしたかったんです、うさぎさんと。「私という病」の中で東電ＯＬの話を書いてらっしゃったじゃないですか。私、東電ＯＬ本っていろ

いろ読んだし女性が書いた本も中にはあったんですけど、一番腑に落ちたのがうさぎさんの書いたあのストーリーだったんですよ。

中村▼あれはもう私の妄想ですけどね。東電ＯＬが読んだら怒るかもしれない。全然ちげーよ、って（笑）。

神田▼うさぎさんがブランド物にハマった最初のきっかけがシャネルのコートを買った時で、その時の高揚感はその後二度と味わえなかったと昔の本で書いてらっしゃって、「ああそれか！」って思ったんですよ。私がＳＭでエスカレートしていったのもそこだし、依存症っちゃ依存症なんだけど、それでバランスをとって頑張れたという言い方もできて、ああこれだから止められなかったんだなぁと納得するんですよね。きっと東電ＯＬさんも最初の一回にそれを求めていって、得られたか得られなかったのかは分からないですけど、その後も繰り返さざるを得なかったんじゃないかなぁと思って。私も乳首を切るまで繰り返さざるを得ない何かっていうのがあって、それは何なんだろうと考えると、性の主体性がこっちにはないじゃないですか。いつまで経っても主体性を渡してくれないので、私は繰り返さなきゃならないんですよね、結局。その挙句、たまたまああいう事故になっちゃって殺されちゃった可能性もあるなと思うと、物凄い悲しくて嫌なんですよ。で、男の人がわかったような顔していろいろ言ってるのがまた物凄く気持ち悪くて、えーって思っちゃうんですよね。

中村▼東電ＯＬの気持ちは男の人にはわからないだろうなぁ。

神田▼私、前に彼氏に言ったんです。「女の人って顔見せ願望があるんだよ」って。

中村▼顔見せ願望？

神田▼花魁が顔見せしてるじゃないですか。夕方、桟敷に座って外を通る男に美貌や媚態を見せつけるの。あんなふうに自分の価値を確認したいって言う女の子がＡＶ女優の面接にいっぱい来るんですよ、うちみたいな小さい会社にも。私も面接とかで色んな人に品定めされたい気持ちがあるって。女は自分の性的な価値が知りたい、それでどれくらい男の人が自分に投げ出してくるかを見てみたいっていう所までがセットになってる。それを彼氏に言ったら、どうしても分かってくれなくて、「女はみんな売春願望があるんだね。いろんな男のチンポを挿れたい願望があるんだね」って言われて。

中村▼わははは！　いかにも男が言いそうな（笑）。

神田▼そうなの。で、「私、そんなこと今言った！？」って言ったら「言ったじゃん」って言うんですよ。そのギクシャク感を東電ＯＬさんの話でいつも思い出すんです。彼女の確かめたいものはコンドームの中には無いんだよなと思うんです。そういうことが言いたかった。ただ、それが周りの人から見たときに素敵な話かっていうと素敵な話じゃなくて。

中村▼イタい話ですよね。バケモノみたいな話だと思うし、そういう女にならない方がいいと思うんですけど、私はそこに共感しちゃう。

神田▼彼女はその中で何か女として手応えみたいなものを必死に掴んでたのかなとは思いますね。

中村▼そうですね。だから結局、最後は五千円だったわけじゃないですか。しかもお金を持っていない外国人不法滞在者相手に、それでもお金を五千円でももらってするっていうのが、依存症じゃなかったら考えられない行為っていうか、とにかく合理的じゃない。合理性みたいなものを超えてしまうのが依存症なので、私は物凄いわかるっていうか。ＳＭなんかもたぶん、最初の「これだ！」と思った瞬間のめくるめく快感を、もう一回もう一回って何度もやってるうちにエスカレートしていって、でも結局手に入らないんですよね。

神田▼そう、そうなんです！　好きでもない先生に縛られて腕が痺れてもいいやと思った、生まれて初めての吊りのあのぶっちぎれ方は二度とないですね。

中村▼それってやっぱり麻薬みたいなもんだとは思うんですけど、

神田さんみたいな生き方をしている人とか私みたいな生き方をしている人は、まあ特殊な例だと思うので、すべての女性にこういうふうに生きたら楽しいよなんて言う気はさらさら無くて、いやもうちょっと地道に生きた方がいいよって思うんですけど、ある種我慢のできない人たちっていうのかな、たまたま脳内麻薬が出ちゃったばかりに暴走してしまう人々が居ないと、それはそれでそこの実態が明らかにならないっていうか。そういう意味では神田さんも私も自分の体でいろいろ実験しちゃったタイプだと思うんですよね。

神田▼そう言ったら失礼かなって思ってたんですけど、そっか、うさぎさんは整形とか買い物とかホストとかで自分を使って物凄く真面目に確かめてるって、私と似てるかもって思ってしまったんですね。だって誰にも迷惑かけてないんだからいいじゃんと、いう思いもあったし。その当時は。

中村▼まあ、夫には多大な迷惑かけましたけどね（笑）。

神田▼私も子供にはちょっと嫌がられてますけど（笑）。

競りクラにハマる主婦たちの欲望

中村▼さっきの「顔見せ願望」じゃないけど、結局私がデリヘルやったのも、自分の性的な価値みたいなのを確認したいという動機があったわけです。たとえば男の人ってデブでもハゲでもジジイでも、地位と金があれば女が寄ってくるわけじゃないですか。ところが女の人って年取ってそれなりの地位とか金とか手に入れるにつれて、どんどん男が去っていくっていう。それはもう男の人とはまったく反比例する価値の暴落があって、たぶん東電ＯＬなんかも総合職で東電に入った時は「やったー！」みたいに思ったんだろうけど、その一方で自分がどんどん女として見られなくなっていくことに焦りがあったんだろうなって思うんですよね。だから彼女の売春は、自分が捨ててきたものをもう一度回収しようとする行為だったんじゃないかなと。たぶん彼女は、こんなことやってたら自分いつか破滅するって思ってたでしょうね。そんな会社帰りに円山町で相手構わず客を取ってたら、絶対自分は破滅するって。でもその危機感もまた彼女の中で快感にすり替わっていって、ああいうことになっちゃったんだろうなって。私の買い物も破滅のスリルあってこその快感だったから。

神田▼スリルあってこそなんです

よね、なぜか。女性はこんな危ない形でないと性的価値を確かめられないのかなって、若い女性や人妻さんの話を聞いてて思います。私がそういった性的冒険をしていることを記事に書くようになったら、主婦の人が来るようになっちゃって。「出させてください」って言ってセリクラに体験取材に行ったりしたのね。それでハマっちゃって……「セリクラ」って知ってます？

中村▼セリクラ？　何ですか、それ？

神田▼男の人に値段を付けてもらうんです。

中村▼ああ！「競り」ですか？

神田▼「競り」なんですよ。ただ売春まではしなくてよくて、一時間デート権いくらみたいな。千円とか三千円とかで競り落として、一時間お茶飲みに行こうみたいな。それ以上求められた時は、もう一回店に戻るか自分で交渉してお金貰ってくださいねって運営スタッフから言われるんですよ。これはデートですからね、売春じゃないんですよってこと。でも、その時結構やりたいからやっちゃうの、奥さんたち。

中村▼面白い！　競りって、どんなシステムなんですか？

神田▼普通の格好で「こんにちは、神田つばきと申します」みたいなのを、別室で男たちが見てるんですよ。ブースで仕切られてて、「僕は千円」「僕はノーベット」とか書いて、お店の人が回収して、「こうなってますけどどうします？」って持って来るので、モニターで相手の男の人を品定めして「じゃあ五番の三千円の人とデートしてきます」って。

中村▼あ、じゃあ一番高い入札をした人とデートするわけじゃないんですね。女の人が選べるんだ。

神田▼選べるの。それが凄く楽しくて、主婦たちが皆ハマっちゃって。3人くらいいたんですけど、「もう取材ないから行かないよ」って言っても「あの店また行きたいから電話番号教えてよ」って。つくづく思ったのは、男の人は遊べる場所があるのに女の人の遊べる場所は知らされてないということ。皆に聞いたらお金払ってでも行きたいって言うのね。お金貰って我慢するんだったら、お金払ってでも好きな男とやりたいって。

中村▼自分が競る側になりたいってことですかね？

神田▼でも、競られることにも満足感はあるんだって。「認められた、モテちゃった」っていう喜びが。自分の方に最終的な選択権があるから「五番は嫌、三番がいい」ってのは言えるし、そこの加減がちょうどよくて、「これだったらお金払ってでも行きたいわね」って言ってた。

中村▼それは興味あるなぁ。私も行ってみたかった。

神田▼今もあるんだけど廃れてきちゃったみたいで。

中村▼何で廃れちゃったんですかね？　男客が集まらなくなったのか、女の人が来なくなったのか。

神田▼玄人さんがいっぱい入ってきちゃって、素人の女の人がいなくなっちゃったのかな。いつもその循環で業態が無くなっていくので、女の人が堂々と男と遊べる場っていうか、あんな場所を開ける能力があればいいのにって話をいろんな所でするると、女は男にお金を出さないからって言われるんですけど、そんなことないんですよ。シルクラブっていう女性向けの男優さんのAVメーカーなんか、男優さんが来るイベントっていうのをやってるんです。女のお客がDVD買って参加券を買ってお金払って来るんですね。

中村▼それは男優さんと何かできるんですか？

神田▼性行為はできないんですよ、だけど最後にチェキが撮れるの、二人で。その時にお姫様抱っこしてもらえる。それだけのために新幹線に乗って来るわけですよ。これがもっと握手ができるキスができるデートができるだと、もっとたくさん来ると思うんですよ。でも、そこがないから、仕方なく売る方に回るしかないっていうのは、ちょっとある。

中村▼そういう人は新宿二丁目行けばいいのに。ウリセンがあるじゃないですかー。

神田▼ウリセンって女の人は禁止じゃないの？

中村▼表向きはね。そこはほら、デートクラブと一緒で、一時間いくらでデートするって建前なんだけど、じつはセックスもOK。

神田▼そうなんですね。

中村▼ただ面白いのは、たとえば男が女を買った場合、やらずぼったくりなんて許されないじゃないですか。金払ってるんだから、ちゃんとチンコしゃぶって帰れ、何なら本番やらせろっていう。ところが女が男を買った場合、何故か女からはホテル行こうって言い出せなくて、「結局、今日もやれなかった～」みたいなことがあるんです。そこって、男が求め女は求められるものであるっていうジェンダー的な刷り込みなのか、あるいはそういう社会学的なことではなく、そもそも女は求められることに快感が発生する生き物なのかな、と。ある意味、フェミニストなんかは物凄く怒る構造だと思うんだけど、「男に買われて喜んでんじゃねーよ」みたいにね。でも、そもそも女にはナルシシズムと密接に結びついた「選ばれる快感」が強くあるんじゃないかと思うの。

神田▼競りクラにハマる主婦たちは、まさにその快感ですね。

中村▼でしょ！　で、そういう快感が女の側に深く存在するとしたら、それをフェミニズムが怒ったところでしょうがないよ、と。それより、その男女の非対称性をもっと掘り下げたほうが面白いじゃん。だって、そこって「女とは何か」みたいな核心にちょっと触れるような気がするんですよね。

神田▼うんうん。

中村▼だから、どうして女の人は痛い思いをしてまでこんなに確認しなきゃいけないのっていうのは、男がやりたい女を金で買うのと女がやりたい男をお金で買うのでは痛みが全然違うからですよ、本人の。やりたい男から求められない、求められないから金で買う、ということへの痛みが。たぶん女の側にその痛みがあるから、どうしても自傷行為的な確認になってしまう、みたいなことになるんじゃないかなぁ。

神田▼男は平気なんですね。

中村▼男は平気な人が多いですよね。

神田▼なんでだろう。

中村▼男には自己を映す鏡がないからだと思うな。女はいつも脳内の鏡を通して自己を確認する。私は素の自分じゃ照れちゃってセックスが気持ちよくないけど、コスプレのような虚構の装置があると、自意識から解放されて楽しめる。脳内で自分にツッコミ入れてくる小人が黙ってくれるんです。男で脳内ツッコミ小人のいる人は少ないですね。「ツッコミ小人＝自己を映す鏡」ですから。

神田▼女の人の方が何かと苦しいんでしょうね。

中村▼でも、競りクラみたいなところがあると、そういう欲望を手軽に満たせて楽しそうですね。今度、私も連れてってください！

神田▼行きましょう、新しいところ探しておきますよ！（笑）。

中村▼いやぁ、いろいろ面白いお話をたくさん聞かせていただいて。ありがとうございました！

対談を終えて

母が女を取り戻すと、社会の制裁が下る！

中村うさぎ

女たちが「自分の性」と向き合う時

神田つばきさんの著書「ゲスママ」は、とても面白い本だった。女として共感できる部分もたくさんあって、「うん、わかるわかる」と何度も頷きながら読んだ。

ごくごく普通に結婚して二人の子どもを産んだ神田さんは、39歳の時に病気で子宮を摘出したのをきっかけに離婚を決意し、SMの世界に身を投じる。そして、そこから様々な経験を経た後にAV制作会社を立ち上げ、自ら脚本を書いて主演するシリーズ作品を売り出すようになるのだ。

ふたりの娘のいる身でありながらセックスワークを選んだ彼女を非難する人々は多いだろう。世間は「母親」という存在が性的であることを嫌うからだ。彼女自身、そんな自分を自虐的に「ゲスママ」と呼ぶわけだが、私は彼女がゲスだとは思わない。むしろ、それまで何事もなく主婦として母親として生きてきた彼女が中年になって疑問を抱き、自分の性に向き合おうとする姿勢はまっすぐで潔いほどだ。

中高年に差しかかってから、不意に自分の生き方に疑問を抱く女性は多い。

神田さんの場合はそのきっかけが「子宮摘出」だったが、私の場合は「閉経」であったと思う。私がデリヘルをやったのは「女としての価値を確かめたい」という動機であったが、その後しばらくして閉経したところをみると、今にして思えばあれは「女でなくなってしまう危機感」みたいなものを無意識に感じていたのかもしれないとも解釈できるのだ。

生殖機能がなくなったからといって、女でなくなるわけではない。そんなことは重々承知であるが、しかし「もう若くない」という焦りがそこで表面化するのは事実であり、その危機感が一部の女たちを、今までやり過ごしてきた「性」という問題に否応なく直面させるのである。

私はこのままでいいの？

このまま女として終わってしまって本当にいいの？

今まで懸命に果たしてきた「妻」や「母」という役割は、私の中の「女」を削っていく作業であったのか。

私はもう二度と「女」を取り戻せないのだろうか。

だとしたら、今後の人生に心残りはないか？

このまま「女」を諦める覚悟はあるのか？

このような自問自答が彼女たちの心をざわつかせる。

不安と焦燥に駆り立てられて、彼女たちは叫ぶ。

「私は何が欲しかったの？」

熟年離婚や熟年不倫に走る女たちもいれば、更年期障害と考えて抗鬱剤を飲むことでしのごうとする女たちもいる。

だが、私の知る限り、どちらの道にも彼女たちの望むアイデンティティの安定はない。

恋愛やセックスに走っても傷つくことのほうが多くて、彼女たちの欠落感や不全感を埋めるような奇跡は滅多に起こらない。

薬で安定させても、根本的な問題は何ひとつ解決しない。

このような迷走の先に「セックスワーク」を選ぶ女たちも存在する。

神田さんや私のような女たちだ。

そんなのは特殊な例だ、頭のおかしい一部の女たちの愚行だ、と決めつけることも可能だが、その根本的なアイデンティティ・クライシスの問題は多くの女たちが共有しているものなのである。

では、「セックスワーク」は解決策になり得るのか？

それは人による、と、私は思う。

神田さんが対談の中でおっしゃっているように、そのような行為によってギリギリのバランスを取れる人もいれば、逆に罪悪感や自責の念で壊れてしまう人もいるだろう。

それはもう本人の性格や価値観次第であり、この問題には万人向きの処方箋などそもそも存在しないのだ。ひとりひとりが自力で答を模索するしかないのである。

そして、どんな解決法を選ぶにしても、それはとても苦しく険しい道なのだということを理解していただきたい。

彼女たちの死に物狂いの迷走を非難したり侮蔑したりする人々は、ぜひとも目の醒めるような鮮やかな解決策を提示して欲しいものだ。

具体的な案も提示できないくせに、ただただ高みに立って他人を批判するのは、あまりにも安易ではないか。

子どもを持つ
セックスワーカーたちの苦しみ

神田さんは自らの性癖をとことん突き詰めたいがた

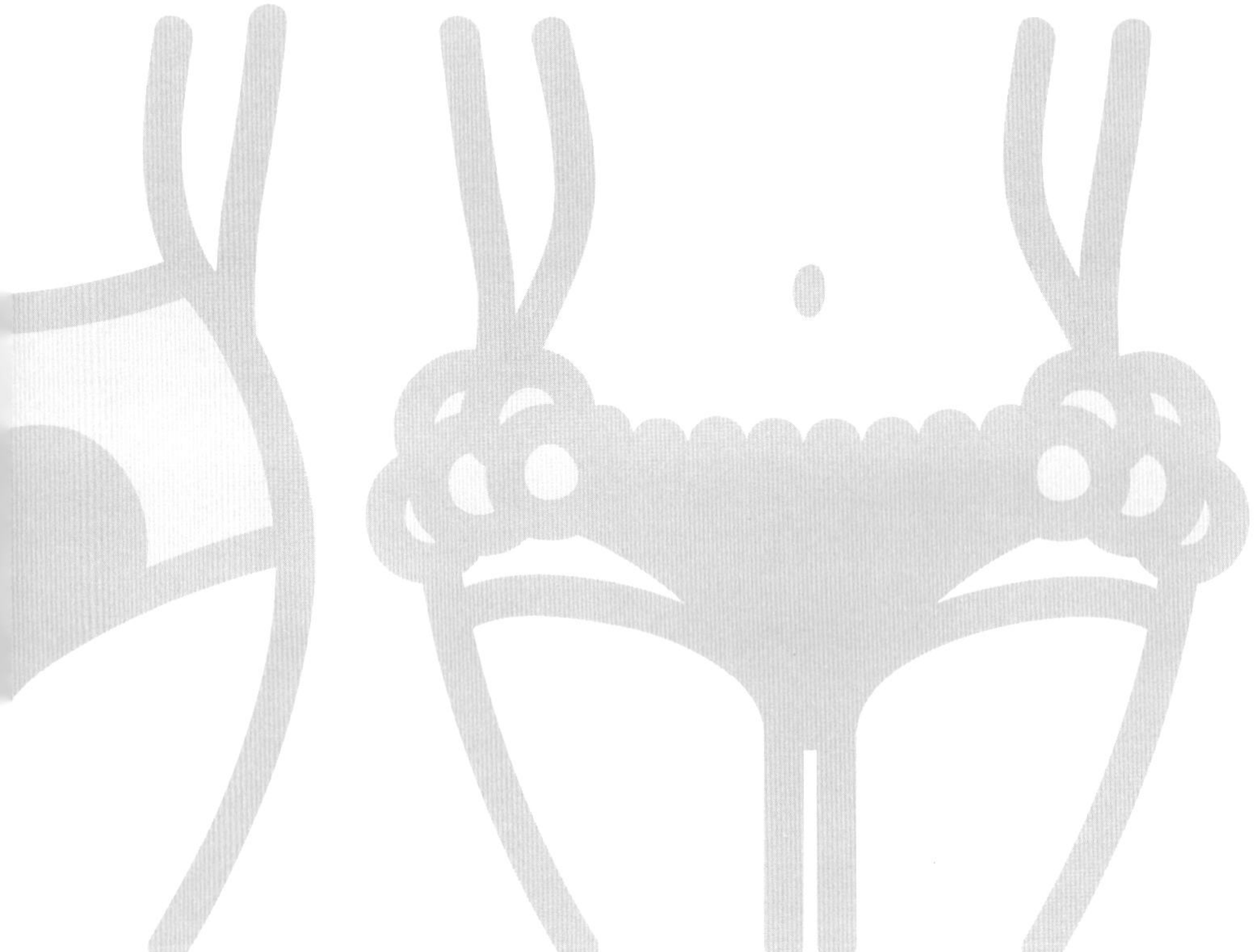

めにSM界に飛び込み、その流れでAV女優となった。「生活のためではなく、自分のため」とご本人もおっしゃっている。だが、その一方で、生活のためにセックスワーカーを選ぶシングルマザーたちも、私は何人か知っている。

世間の格差社会と同様に、シングルマザーにも思いきり格差が存在する。私の周りでも作家や漫画家や会社の社長など経済力のある女性たちが余裕（↑経済的に）で子育てをしているかたわら、仕事の掛け持ちやセックスワークでギリギリの子育てをしている女性たちも多い。

それは日本社会の経済政策や福祉の問題であり、そのシワ寄せを食らっているのは何も彼女たちばかりではないのだが、特にシングルマザーに対するケアは手薄で、子どもを預ける場所を探すだけでも四苦八苦、そのうえ何かあった時にはすぐ駆けつけられるような職場などほとんど存在せず、「子どものそばにいてやれない」という自責の念や世間の冷たい視線に苦しみ、精神的にも経済的にも追い詰められていく。

特にセックスワークを選んだシングルマザーたちは、

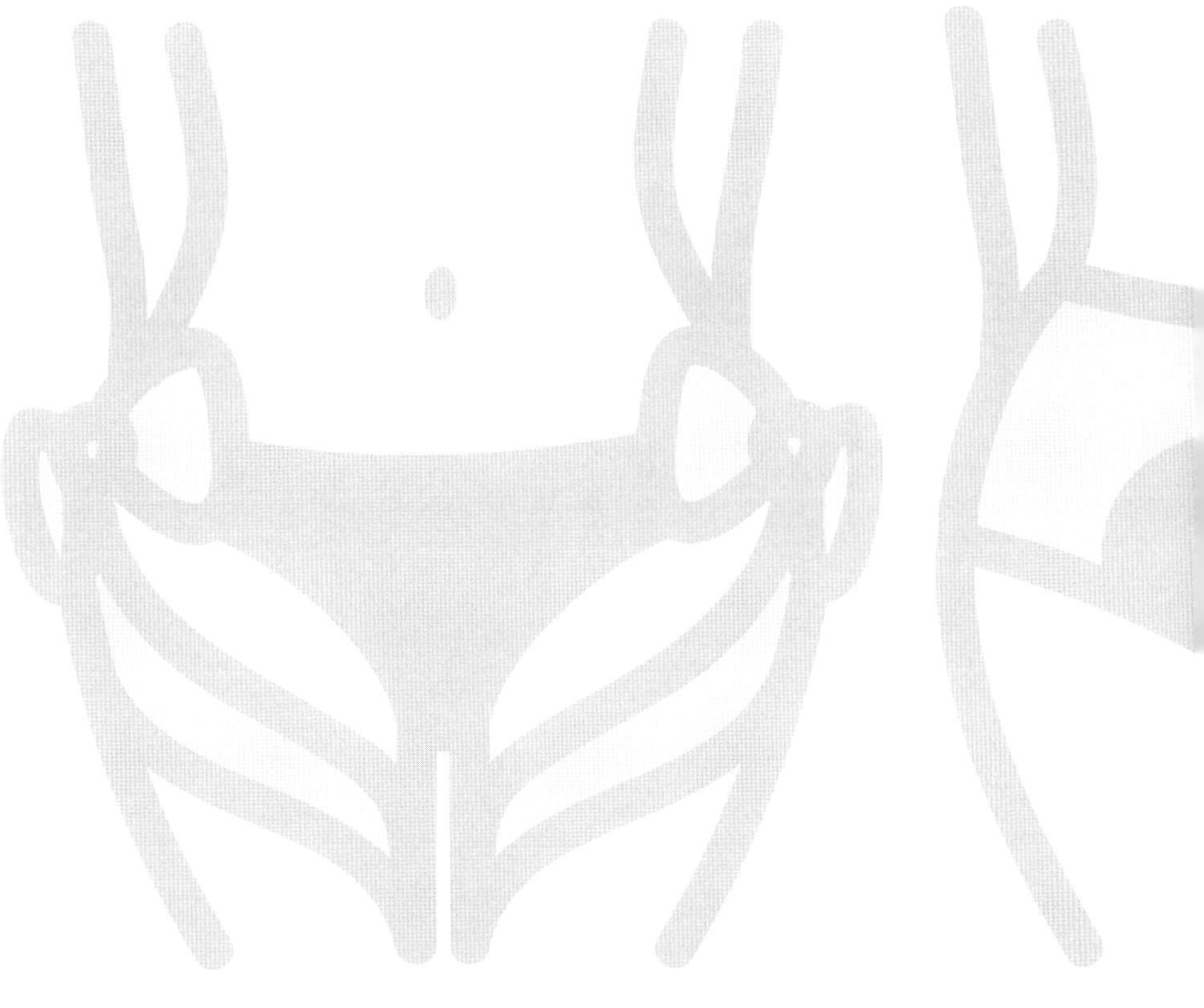

それに加えて、世間の偏見にも脅えなくてはならない。神田さんが二人の娘たちに対して拭いきれない罪悪感を抱いているように、彼女たちもまた「もし自分の仕事がバレたら、子どもたちがイジメを受けるのではないか」という恐怖に常時晒され、自分ひとりが差別されることよりも我が子にまでその差別が及ぶことにより激しい心の痛みを感じるのだ。

こういったシングルマザーたちに「子どものためを考えれば、セックスワーカーなんかやるべきじゃない」と言うのは簡単である。しかし「では、彼女たちに何をしてあげればいいのか？」と問いかけると、皆、「行政が何とかすればいいんじゃない？」的な話でお茶を濁し、具体的な策や自分でもできる身近なケアなど考えようともしない。先ほども申し上げたとおり、「具体的な策も提示できないくせに、ただただ高みに立って他人を批判する」という安易な立場に自分を置いて知らんぷりを決め込むのである。託児所問題や経済政策などは無理でも、少なくとも「セックスワーカーに対する己の偏見を見つめ直す」ことくらいは誰にでもできることではないか。たとえば自分の子どもの遊び友達の母親がセックスワーカーだと知った時、あなたは眉をひそめないでいられるか？　ママ友同士で彼女の陰口を言ったり、我が子に悪い影響があるのではないかと心配して「〇〇ちゃんと遊ばないように」などと忠告したりせずにいられるか？　親からそういった情報を吹き込まれると、子どもは必ずその子に偏見を持ち、イジメたり仲間はずれにしたりするようになる。そしてあなたたちは自分がイジメを誘発していることなど意にも介さず、「母親があんな仕事をしてるのだから自業自得」と決めつけるのではないか？

私は風俗で働くシングルマザーたちの苦境を救うような福祉策や経済策も思いつけないが、非力ながらもこの本の中で、彼女たちに対する偏見に疑問を呈したいと思っている。それでなくともシングルマザーという困難な立場に身を置き、子どものそばにいてやりたくてもそれができない苦しみを抱えているというのに、周囲がそれに同情するどころか無関心あるいは批判的（片親であるというだけで白い目で見る人々はいまだに少なからず存在する）であり、そのうえセックスワーカーという仕事を蔑視しているとなれば、彼女たちとその子どもたちの身の置き所はこの世界のどこにあるのか。

る「差別」に他ならず、彼らが恐れたのはその行為によって「貴族の価値」が下がってしまうことであった。ユダヤ人に対するヨーロッパ人の根深い差別意識もまた、「血筋の価値」に由来する。貴族の血筋でもないくせに一部のユダヤ人が貴族並みの財力を誇ったことに「脅威」を感じたせいである。

それは、奴隷の身分から解放されて社会に台頭してきた黒人たちに脅威を感じ、彼らを貧困層に押し込めようとした白人たちの人種差別にも共通する。人間を血筋や肌の色で差別するなんて、ただただ己の優越性を盲目的に信じたいがための根拠なき偏見だと思うが、人間というのは他者を謂われなく踏みつけてまで己の優越性を信じたがる生き物なのだ。そして人間は、己の優越性を揺るがす「脅威」を「差別」という形で抑圧しようとする。

ということは、だ。

「性を売る女たち」への差別意識は、彼女たちが我々にとって「脅威」であるからか、という問いが出てくる。

もしかしたら、そうなのかもしれない。

セックスワーカーへの嫌悪と差別は、彼女たちが我々の「根拠なき優越性」を根底から揺るがす存在であることを示唆しているのかもしれないのだ。では、「性の売買」は我々の何を揺るがすのか。

女性にとっての「脅威」は明白だ。

それが自身の「性的価値」の下落に繋がるからだ。貴族の称号が金で売買されると貴族の価値が下がるように、性を金で売買されると「女の性」の相場が下落する。

男が女を性的に求める限り、女の「優位性」は約束されている。もちろん、男の性欲の強さがレイプやセクハラといった不快な行為に繋がるわけだが、男たちに比べて女たちの方が「性的強者」ゆえの恩恵を日常的に受けている事実も否めない。イケメンに鼻の下を伸ばす女よりも、美人に鼻の下を伸ばす男の方が圧倒的に多いのだ。

「性的魅力」が女にとって「男を操る最大の武器」である以上、これを安易に売買されると困るわけである。

一方、男は女の性的優位性に支配されることを脅威と感じ、女たちの影響力を極力封じようとしてきた。白人が黒人に脅威を感じて抑圧したように、差別という形で己の優位性を維持しようとしたのである。いわゆる「男性優位社会」は、こうした女の性的優位性に対する男たちの不安と抵抗から生まれたのではないかと私は考える。

男にとって女の「性」は、抗えない誘惑力を持つがゆえに大きな脅威なのである。

男がセックスワーカーを侮蔑するのは、おそらくそこに原因がありそうだ。

女の性的支配力を恐れるあまりに女性全般を劣位とみなし支配下に置こうとした彼らは、とりわけ「性」を武器にする女たちを脅威と感じる。

女を支配するには、女が貞淑さや処女性の価値を信じてくれないと困るわけで、できれば女が全員自分のものとなって脇目もふらず従順に性を提供して欲しい。

ところが「性を売る女たち」は「貞淑さ」や「処女性」とは対極にいて、不特定多数の男と性交渉を持つ。すなわち、男たちは妻を支配するようには彼女たちの性を支配も制限もできないのである。

これが「脅威」でなくて何であろうか？

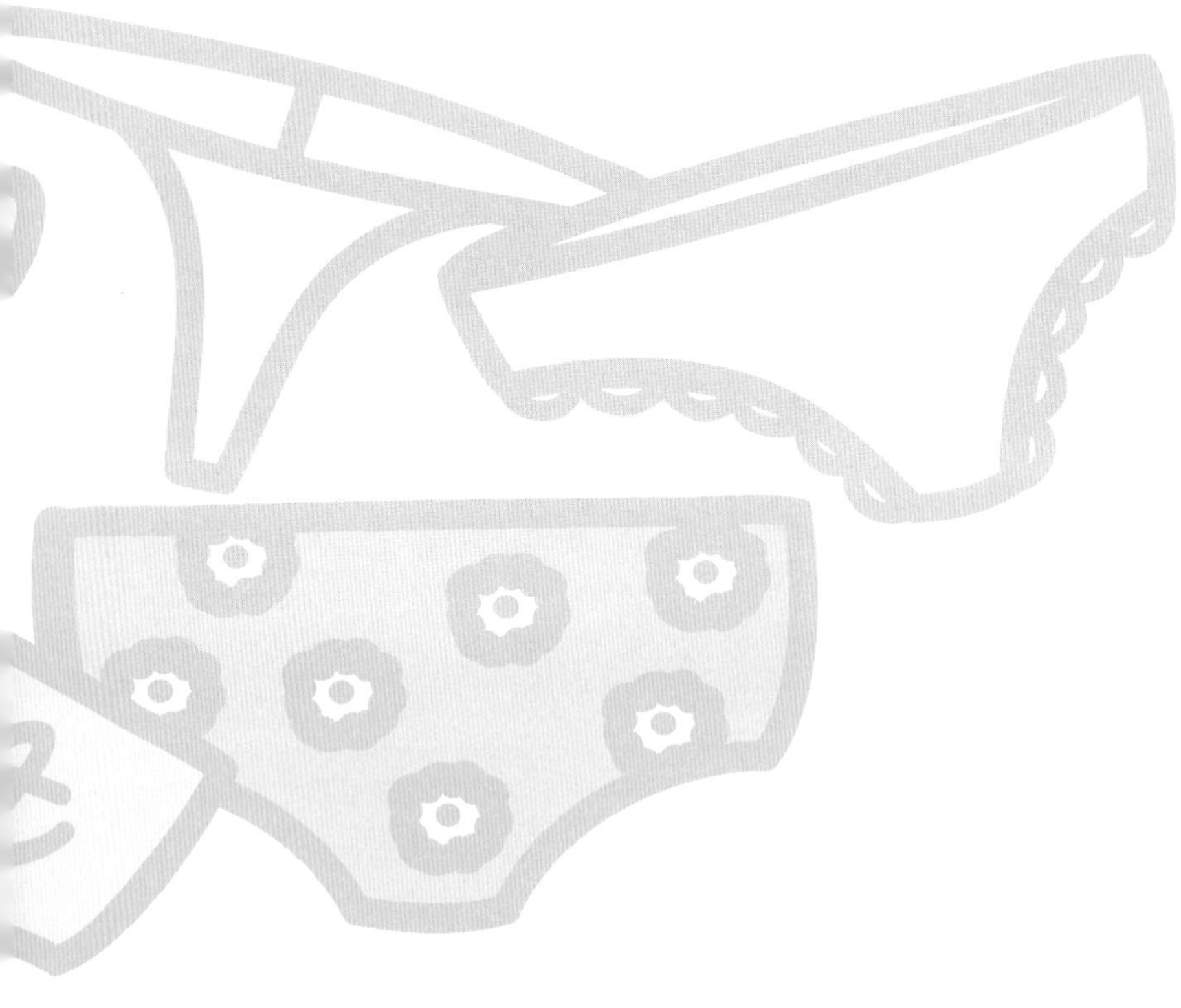

女が女を差別する構図は壊せるのか

売春に反対するフェミニストたちは、それが「男性優位社会」の賜物であるからだと言う。

しかし私は、まったくその逆ではないかと考えている。

男性が優位性を維持しようとする時、もっとも脅威となるのは「自分が支配できない女」である。金と引き換えに不特定多数と寝る売春婦は、ひとりの男に「専属」しない。ゆえに男たちは彼女たちを「所有」できないのだ。

フェミニストは「性の売買」において「買う側」が「売る側」に対して優位だと決めつけるが、他の商売を見ても、必ずしも「買う側」優位とは限らない。買う側の欲求が強ければ強いほど、売る側が優位になっていくのは、どんな商売でも同じである。

フェミニストは売春を語る時、しばしば「買う側」「買われる側」といった言葉を使う。仁藤夢乃氏の「私たちは買われた展」などはその典型だ。

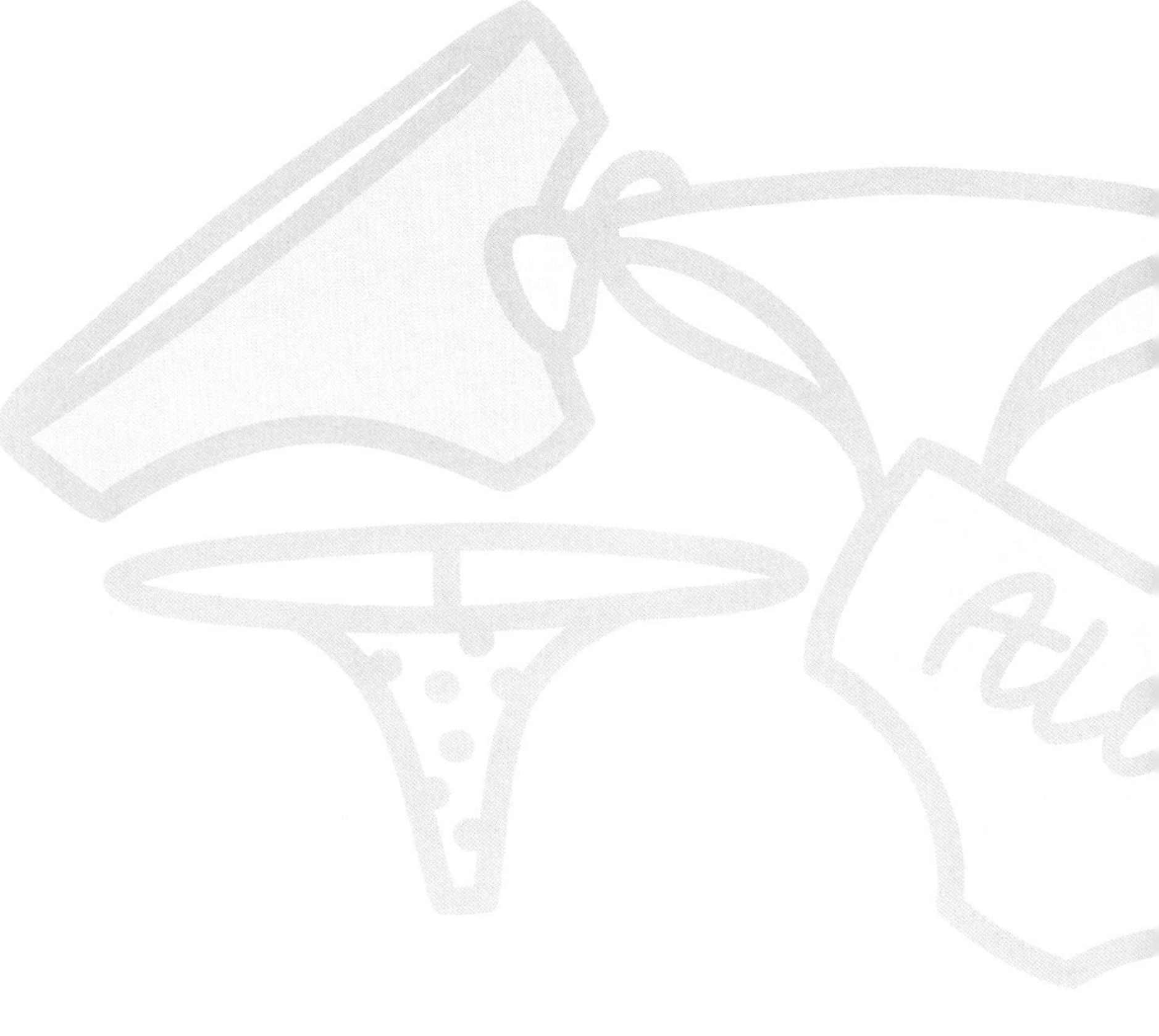

何故、「売った」ではなく「買われた」なのか？まるで売る側には主体性がないとでも言わんばかりの表現だが、彼女たちが自分の意思で性を売ったとは考えられないのか？

それが「強制売春」であれば「買われた」「売られた」という言葉も当てはまるだろうが、援助交際ははたして「強制売春」なのか？

このような言葉の使い方は、常に女性を「社会の犠牲者」と考える被害者意識の表れであると同時に、「売る女」の主体性を認めない鼻持ちならぬパターナリズムだと私は感じる。

フェミニストの視点はセックスワーカー差別であり、ひいては女性差別なのではないか。

何故なら、それは男たちのセックスワーカーに対する嫌悪と脅威をそのまま内面化しているように、私には見えるからだ。

売春婦を「男性優位社会の犠牲者」という視点でしか見ないフェミニズムも、売春婦に生理的な嫌悪と侮蔑を抱く一般女性たちも、ともに「性を売る女は愚かで淫らで間違っている」という男性目線を刷り込まれ、それをそれぞれの立場から正当化しているように思える。

そして、女が同じ女たちの痛みや苦しみに共感することもせず、上から目線で断罪したり軽蔑したりすることに、私は心からの悲しみを覚える。

男が女を理解できなくても仕方ないが、女には女の気持ちがわかるはずではないか。

東電ＯＬ事件に世の女たちが反応したのは、男たちとはまったく違う視点であった。

「昼間は一流企業の総合職キャリアウーマン、夜は渋谷の街で立ちんぼ売春」という彼女に、男たちはそれこそ佐野眞一氏の言葉どおり「欲情した」が、女たちはそこに「女であることの痛みと苦しみ」を読み取った。

セックスワークなどしたこともなく考えたことさえない一般女性たちが「東電ＯＬは私だ！」と戦慄した気持ちは、おそらく男たちには一生わからないだろう。

だが、あの時に「東電ＯＬは私だ！」と思った女たちは、自己確認のために、あるいは自己発見のためにセックスワークに飛び込む神田さんや私のような女の気持ちが、多少なりとも理解できるはずだ。

そこには「女として生きること」の痛みや快感が集約されているからである。

まずは女たちがセックスワーカーへの偏見を振り捨て、彼女たちに寄り添える日が来ればと私は願っている。

旧態依然とした「男が女を搾取する」という構図でしかセックスワークを観ることができないフェミニストよりも、夫とのセックスレスに悩む主婦や、社会で「女であること」と葛藤しながら働く女性たち、すなわち「すぐ隣にいる普通の女たち」こそが、セックスワーカーの気持ちを共有することができると思うからだ。

そうやって女たちが偏見や差別を捨てて彼女たちに寄り添えば、セックスワーカーたちはどんなに心強いことだろうか。

女が女を見下し差別する構図なんて、私は好きじゃない。

男と違って女は、他者にマウンティングすることで優越性を誇示するような習性を生来的に持ち合わせないと思うからだ。

異論はあるだろうが、私はそう確信しているし、女たちの共感力に期待している。

女たちよ、あなたがたは子を生み育てる性として、生まれながらに優れた「共感力」を持っているはずだ。ヒエラルキーによる縦社会よりもよりも並列的なコミュニティを好み、攻撃や支配よりも平和と共存を指向する。

その能力を、どうかあなたの人生に、そして社会に活かして欲しい。

もし「愛」というものがあるとしたら（私はあると思うけど）、それは決して攻撃や支配やマウンティング行為からは生まれない。

平和と共感と寛容の精神から生まれるのである。

男と肩を並べるな、などと言っているのではない。

男社会においては競うことも戦うことも必要だろう。

しかし、女の能力を手放してしまう必要はない。

他者への攻撃ばかりに没頭し、同性に上から目線でマウンティングして悦に入り、弱者への共感やいたわりを忘れているように見える女性たちを、私はとても残念に思う。

女が男の武器で戦っても、この世界は何も変わらないからである。

寄稿

セックスワーカーは女だけじゃない！ トランスジェンダー風俗嬢の現場レポート

畑野とまと

セックスワークというと一般的な感覚では女性の仕事と思う人が多いでしょうが、男性やトランスジェンダーのセックスワークもあったりするのです。私自身も現在はライターの仕事をしていますが、だいたい10年間くらいセックスワークを生業としていました。

日本のトランスジェンダー女性が従事するセックスワークは『ニューハーフヘルス』と呼ばれるジャンルがもっともポピュラーです。80年代半ばに日本

はエイズパニックで、本番行為が無い『ファッションヘルス』が脚光を浴び店舗数も爆発的に増加しまして、その頃社会的にも広まりつつあった『ニューハーフ』を看板にしたファッションヘルスがオープンして、これが全国的に広がっていきました。

初期のニューハーフヘルスはマンションなどに店舗を構えた個室型の営業形態で、働いている子はホルモンだけの子から、美容整形や豊胸している子、玉だけ抜いている子、性器の手術をしている子とバリエーションも豊富。基本のサービスはフェラチオとアナルセックスで、する事は女性のファッションヘルスと大差は無いのですが、一番違うのはペニスを持っている女性がいること。つまり、お客様が求めるなら、お客様のアナルなどに挿入するというサービスがあることです。ニューハーフの風俗にやってくるお客様の大半はいわゆる男性のノンケで、ゲイでは無く女性が性対象の人が殆どです。でも、SMクラブや性感マッサージなどでアナルを攻められた人などが、アナルの快楽を覚えて、そして思うわけです『本物のペニスを入れてもらったらどんな感じだろう?』と…。でも、ゲイでは無いので男性にお願いする訳にもいかず、そこで、ペニスを持っ

た女性にしてもらいたい！　という願望を叶えてくれる場がニューハーフヘルスとなって行った訳です。また、ペニスのある女性に対するフェティッシュを持つ人達もけっこういて、フタナリや、トラニー、シーメールなど、世界中でも一定のファン層がいるジャンルだったりもします。なので、入店した子が『将来は性転換したいですぅ〜』とか言うと大抵は『あら、もったいない』といった声が返ってくる業界だったりもします。90年代前半にニューハーフブームが到来し、ニューハーフのショーパブなどが多くでき、彼女達がＴＶを賑わせることも多くなり、その中から少なからずセックスワークを生業とする子も増えていきました。シーメール白書、シーメールラブＧＯＬＤなどの専門誌も登場し、ニューハーフヘルスを中心としたセックスワークが風俗のジャンルとして定着した感じです。

そんなニューハーフヘルス嬢としてデビューしたのが29歳の時で、右も左もまったくわからない状態で、最初のころは本当に無我夢中でお仕事していたので、接客中のことはあまり覚えて無かったりします。それでも、ビックリしたことがいくつか在りました。まずは『男性だからといって、ペニスの扱いには慣れていない』ということ。最初はお客様の楽しんでいる雰囲気を壊しちゃ悪いからと『痛い』という言葉を我慢していたのです。多少痛くたってたいしたこと無いだろうと思っていたのですが、3週間も『痛い』を言わないでいたらペニスが腫れて内出血を起こしている状態に！　これはマズイ！　これを放置していたら、もっと大けがしてしまうかもしれない…。そんな訳で少しでも痛みを感じた時には『痛い』とハッキリ声を出すようにしまして、それ以後は怪我をすることもほぼ無くなり、サービスの関係とは言え言葉によるコミュニケーションの大事さを痛感しました。あと、これもビックリしたのですが、殆どのお客さんが『舐めていい？』と聞いて、ペニスにしゃぶりつくのです。前記した通り、お客様の殆どはゲイなどではなく女性にリビドーを感じるタイプの人達なのですが、目の前にいる子が女性だという認識になれば性器の形はどうでも良い、むしろその性器が目の前にあることに興奮するといった人が多くてビックリしたのです。

数年して最初に入店した店をやめて、パートナーと一緒にニューハーフのデリヘルをオープンするのですが…。この当時は都内にもニューハーフのデリヘルは殆ど無かったので、シロウト同然で始めた店舗でもなんとか8年も営業することができました。しかし、この間に世間では『性同一性障害』という疾患名が有名になり、２００３年には条件付きですが性別の変更も可能になったので、勢いに乗って性別を変えようとするひとが一気に増加。それでも、現実は厳しく就職がむずかしかったり、ホルモンや手術など何かとお金が必要になる中で資格など無く付ける仕事としてセックスワークを選ぶ人が多くなりました。また、アニメなどの影響で男の娘ブームが起こり、ニューハーフなどのトランス女性のセックスワークが激増したのですが…ここで変化が起こるのです。それまでは顔だけで無く、ホルモンや美容整形によってより女性らしい体を持った子が人気を集めていたのですが、男の娘ブームからはホルモンなどは使っていない、『見た目は女の子に見えるけど中身は普通に男性』というタイプに人気が集まるようになったのです。さらに、店舗が増えて競争も激化。ブームとは言え客の総数が激増したという訳でもないので、料金も下がり入店したからといって食べていくのもやっとと言った子が増える結果に。男の娘ブームはさておき、世界的にみてもトランスジェンダーの女性は一般的な仕事に就くことが難しく、セックスワークを選ぶ人が多かったりしますが、これほど急激に増えたのは世界的にも珍しい現象かもしれません。また、ニューハーフなどのトランス女性だけでなく、トランスジェンダーの男性の数も多くなりました。トランス男性が使う男性ホルモンは、女性ホルモン剤よりも高価でよりお金が必要になり、この人達もまたセックスワークを選ぶことになります。しかし、ニューハーフの様な市場ができあがって無く、店舗なども一切ありません。そこで、彼らが見つけたのが出会い系の掲示板です。ニューハーフヘルスでは、見た目が女性でペニスがあるという特殊な体型が需要を生みましたが、トランス男性にも同じ意味で見た目は男性に近いのに、ヴァギナがあって挿入も可能。これはBLなどで言われるヤオイ穴がある男性という訳で、ゲイやバイセクシャル、さらにトランスした体にフェティシズムを感じる人などの需要とマッチしてそれなりに商売が確立しているわけです。ただ、掲示板で多くの人が個人売春の形を取っているので、危険も多くその実態もつかみにくいのが懸念される所です。

男の娘ブームは風俗店だけでなく、ＡＶ業界にもその波はやってきています。特に近年のニューハーフは、生まれた時からインターネットがあった世代なので、女性としての見せかたはもちろん、ホルモンの情報まで10代のうちに得られる環境で育っています。なので、ほぼ女性にしか見えないタイプの若い子がどんどん出現するようになり、このタイプの子がＡＶ女優として続々とデビューしていきます。ニューハーフ専門レーベルができるほどに、人気のいちジャンルになっています。人気の理由はなんと言っても、可愛い女優さんに立派なペニスがついていること…。日本のＡＶですからモザイクは入っていますが、ペニスの形はモザイクが入ってもほぼそのまま判るんですよねぇ。なので、その女優さんが攻められている状況とかもしっかり判っちゃうわけです。さらに、アナルにはモザイクがかからないので、よりリアルな感じの表現が楽しめるという訳です。もっとも、可愛いニューハーフも人数がとても増えちゃいましたので、やっぱり競争も激しくピンのＡＶ女優さんの様に稼げるわけでもないのが実情

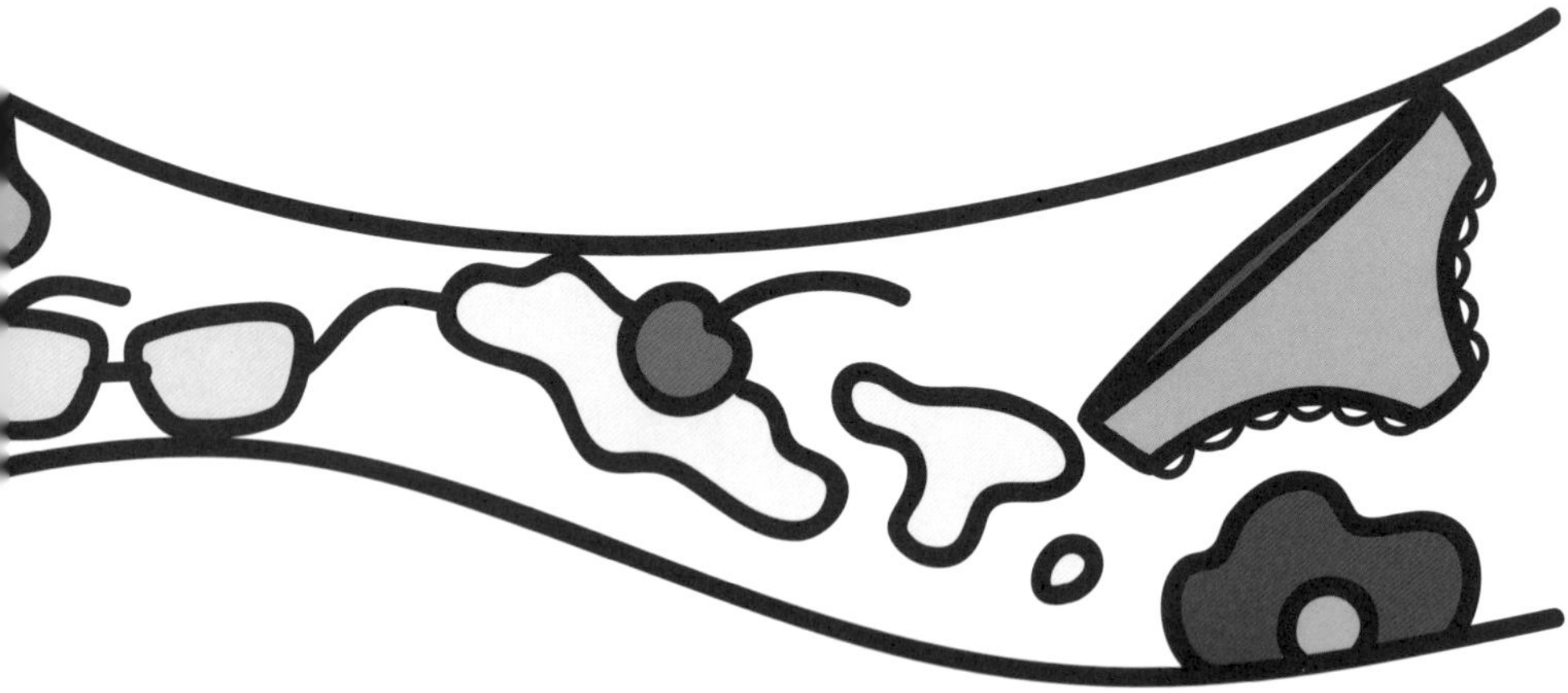

です。

インターネットの時代になり、世界中のポルノビデオがお手軽に見られる時代になりました。ポルノビデオのサーチエンジンでTransgenderやTranssexualを検索すると、トランスジェンダーが登場するAVを大量に見ることができます。トランスジェンダーの人権が世界的に話されるようになったのはこの10年くらいのことで、それまでは性別の変更など基礎的な部分の整備は進んだものの、学校や就職などでの差別は後を立たず、世界的にセックスワークを選ぶ人が多かったのです。また、トランスジェンダーの活動家なども、セックスワーカーや元セックスワーカーが多く、これは、一般業務に就いているると活動をする時間が取れない、むしろ、ある程度時間が自由にできるセックスワークをあえて選んで活動をしている人も多く見られます。

日本の性同一性障害の治療が始まった直後、これらのセックスワーカーを排除する動きがありました。それは、自分の体に違和感があるはずの者が、その性器などを売りにするセックスワークにつくはずが

ない。そんな考えからニューハーフはいきなり除外する傾向があったりしました。さすがに、最近はそんなことは無いはずですが…。その頃の名残なのか先日ビックリする話を聞きました。『トランスジェンダーがアナルセックスなんて普通しないから、セックスの話とかされても中々集まらないのよねぇ～』この人が何を言っているのか理解するのに少し時間がかかりました。つまり、性同一性障害としてトランスするはずの人たちは、手術で自分たちの性を変えるまでセックスなんかする訳は無いと、本気で言っているわけです。これにはかなりビックリで、とにかくサポートする立場の人間がそんなことを言ったら、だれも『自分はしています』とは言えなくなっちゃうでしょと話しましたが、これだけ『多様性が大事だ！』なんて言っている人達がそんなに狭い考え方をしていることに愕然としたわけです。

近年ＬＧＢＴブームが到来し、トランスジェンダーという言葉も少しずつ広まるようになってきました。でも、ＬＧＢＴは性と性別の話なのに、ブームになってもあまり性のことが公で語られることがありません。それだけじゃなく、性表現をどんどん規制しようという声まで上がっています。こんな状態で性のありようがどんどん見えなくなっていくと、性と性別の多様性などは夢のまた夢といったところだと思うのです。日本のトランスジェンダーは、性同一性障害という疾病としての認知が広まってしまいましたが、それでも、ショーパブやセックスワークなど、トランスジェンダー独自の文化を作ってきていて、その結果として、それが今の若いトランスジェンダー達の受け皿にもなっているわけです。『体の性別が違っていたからとても苦しんで、やっと本来の性別になりました！』といった、おきまりの感動ストーリーの方が今の社会には受けが良く、自分たちの在りようを肯定したなかでたくましく生きている人にはあまり目が行っていないのが実情です。社会が多様性を受け入れ、ＬＧＢＴなどが問題なく生きられる社会は当然重要です。その多様性の中には、いままで作ってきたニューハーフなどの文化もまたあるわけで、そこに蓋をしてしまう社会には多様性があるとはとても言えないと思うのです。

私は女性にトランスして10年セックスワークを生業として生きてきました。この時間と経験があったからこそ、今の自分があって多くの仲間たちに出会ったと思っています。私はセックスワーカーであったことにプライドを持っています。なんせ、私みたいな身長１８５ｃｍもある大女が、お客様を喜ばせることで生きていくことができたという自負があるのです。すでにセックスワークをやめた人も、また今セックスワークをしている人も、そしてこれからセックスワークを選ぶ人も、なんら後ろ指を指されずに楽しく仕事ができる社会こそが多様性を受け入れた差別の無い社会だと思うのです！

PART
2

セックスワークをなくせば女たちは救われるのか？

対談 坂爪真吾×中村うさぎ

障碍者の「性」に向き合うことで売春を福祉の言葉で書き換える

「ホワイトハンズ」の代表・坂爪真吾氏は、障碍者のための性的サービスという新分野を切り拓いた。社会の外に置かれた「売春」を「福祉」の枠で語ることで、社会の中に呼び込むという試みは成功したのか？今なお根強く残る「売春」への偏見に、まったく別の角度から一石を投じた氏の活動は、やがて「風テラス」という風俗嬢支援活動に広がっていく。彼女たちの法的問題、経済的問題を解決するために、弁護士やソーシャルワーカーたちが立ち上がる！

性風俗の世界と障碍者をつなぐ事業

中村▼えっと、坂爪さんはあの、

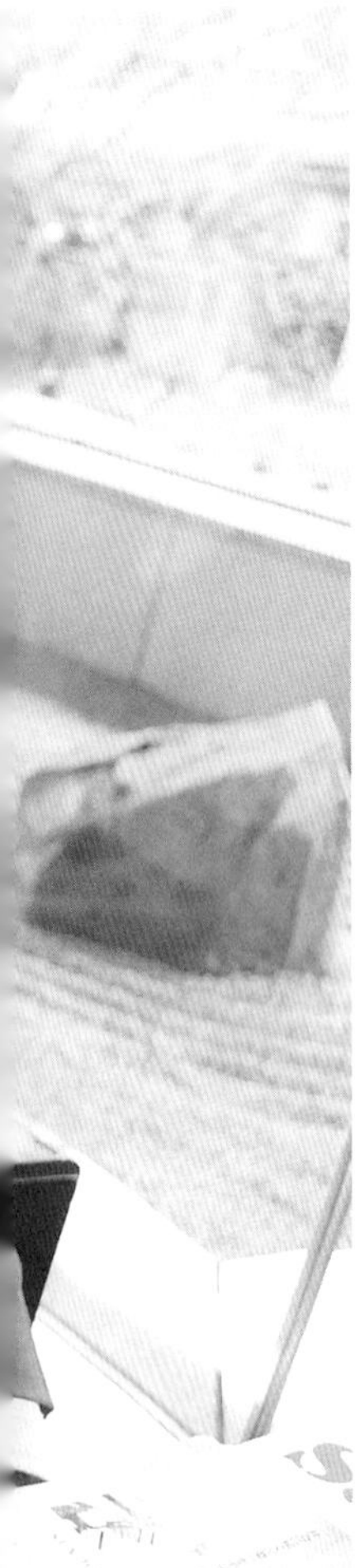

もともとは障害者用の性的介助のお仕事を。

坂爪▼そうですね。主に男性の重度身体障害者の方の性介助を9年程行ってきました。

中村▼それはどういうきっかけで？

坂爪▼大学の時に、新宿歌舞伎町や池袋の風俗研究をやっていたんです。

中村▼はいはい。

坂爪▼風俗の世界で働いている方々にお話を伺っていく中で、性風俗の世界で行われていることを「社会化」＝もう少し社会の表舞台に出せるような形に改良すれば、業界の中で働いている人、そして外側の人もどちらも幸せになれるのでは、という仮説を思いつきました。

中村▼なるほど、なるほど。性風俗の世界をもっと表舞台に出そうじゃないか、と。

坂爪▼性に関するサービスって、

アンダーグラウンドなものばかりですよね。

中村▼そうですね。

坂爪▼いわゆる「ハンドサービス」を、介護の枠組みに置き換えて「性介助」という形でパッケージング化して障害者の方にサービスを提供すれば、社会性のあるサービスとして成立するのでは、と思って始めました。

中村▼なるほど、じゃあ最初っから障害者にかかわってたっていうよりも……。

坂爪▼風俗側の人間ですね。

中村▼性風俗自体はやっぱりこう、みんなから白眼視されてる職業ですけど、まぁ、例えば障害者の性的介助っていうと、みんなもちょっと受け入れやすいというか。

坂爪▼まぁ、ちょっとですけどね。そんなに大きな差はないと思いますけど。

中村▼そうですか？ なんか、でも、やっぱり乙武さんとか見てると、手が不自由なのにオナニーしたくなったらどうすんだろ、とか思うじゃないですか。

坂爪▼思いますよね。

中村▼やっぱり障害者の人だって、そういう問題を抱えるじゃないですか。みんな障害者の話って綺麗な話しか聞きたがらないけど。

坂爪▼一般的にはどうしてもそうですよね。

中村▼けど、やっぱりねえ、乙武さんみたいな人は、自分で出来ないっていうのはすごいつらいことだと思うんですよ。私なんかは女なんでそこまでね、溜まって困るみたいなのはないんだけど、男性って大変じゃないですか、やっぱり。

坂爪▼そうですね。

中村▼ねぇ。だから坂爪さんのなさってる障碍者の性的介助って、ものすごく彼らを救ってると思うんですよ。世間の反応は、どうでしたか？

坂爪▼最初は完全に風俗扱いみたいな感じでしたね（笑）。

中村▼あー。

坂爪▼批判もあったんですけど、9年もやっていればさすがに少なくなりました。それなりに普通のケアとして浸透してる感はありますね。

中村▼障害者の人からはやっぱり感謝の言葉とかありますか？

坂爪▼「こういうサービスがあって助かった」と言われることは結構ありますね。

中村▼障害者の方って例えばその、ホワイトハンズが無かった頃は、どうしてたんです？風俗にいってたんですかね。

坂爪▼お母さんがやっちゃうとか。あんまり良くないと思うんですけど。

中村▼お母さんが！ うーん、仕

方ないとはいえ……うーん、そうか、お母さんが。

坂爪▼あとはひたすら我慢する。

中村▼それ大変ですよねぇ。

坂爪▼夢精する時まで待つ…みたいな感じになるとは思うんですけど。それはやっぱり健康的じゃないと思うんですよ。

中村▼そうですよねぇ！　だって、刺激がないと射精しないわけでしょ？

坂爪▼そうですね、何かしらの。

中村▼何かの拍子でちょっと興奮しちゃったりすると、それでしばらくもうおさまるまで待ってなきゃいけないわけ？

坂爪▼そうですね。それも不自由ですよね。

中村▼地獄じゃないですか、それ！

坂爪▼そこはちゃんと介護で対応できるようにするべきだと思うんですよね。人として生きていく上で最低ラインだと思うので。

中村▼うんうん。

坂爪▼障害者にセックスの相手をあてがえ、とかいう話では全くなくて、生理現象の一つとしてケアできるようになればと。

中村▼ですよね。生理現象と捉えれば、排尿や排便の介助をしてもらうのと同じことだし、何も射精だけが特別なわけじゃないですよね。それでも世間的には批判があったっていうのは、どういう批判なんですか。

坂爪▼「風俗とどう違うんだ」や「性は介護の枠内で扱うべきではない」とかですね。

中村▼うーん。なんで性だけ特別扱いなのかなぁ。

坂爪▼あとは料金が高すぎるとか。まぁ、あれこれ言われたんですけども。

中村▼料金はねぇ……そりゃ安いに越したことはないけど、介助者へのギャラも発生するわけですから、それなりになりますよね。そう、介助者といえば、こういう性的介助をしてくれる人を募集するのはどうやって？　普通の風俗の人から募集を？

坂爪▼いや、基本的にネットで求人募集をします。介護の資格を持っている方や看護師さんがほとんどですね。風俗関係者はほとんど来ないです。

中村▼へぇ、そうなんですか！　なんか看護師さんとか介護の人は、まぁ、うんこの世話とかそういうのはするけどそこはちょっとねぇ、みたいな抵抗感があるのかと思った。

坂爪▼そういう線引きはあると思うのですが、それでもやっていいという人もいらっしゃると思うんです。そういう方に立候補をしてもらってケアをお願いしているという状況です。

売春とフェミニズム

中村▼ご著書（『性風俗のいびつな現場』）を拝読したんですけど、坂爪さんは上野千鶴子さんのゼミにいらしたんですね。

坂爪▼大学の時、2年間だけなんですけど。

中村▼上野ゼミでは、ああいう性風俗の研究みたいなのは、どうなんですか？　上野さん的には。

坂爪▼上野さん的には……そうですね、あそこほぼ女性だらけのゼミだったので。

中村▼ですよねぇ（笑）。フェミニズムだもんね。

坂爪▼自分がほぼ唯一の男性という中で風俗研究をしていたので、顰蹙は随分買いました。

中村▼いじめられたりして？（笑）

坂爪▼いじめられたりとかはないですけど（笑）。でも先生は、学生のテーマの選び方については口を出さなかったですね。

中村▼ああ、そうなんですね。

坂爪▼そこは全然口を出さなかったですね。

中村▼うーん、しかし上野さんとかは性風俗に対して反対の立場だと思うんですが。

坂爪▼どちらかと言えばそうですよね。「売春は臓器売買と同じだ」とか、たまにポロっと言ったりしますからね。

中村▼性を売るのと臓器売るのとは全然違うと思うけどね（笑）。マンコを切り取って売るわけじゃなし。しかしまぁ、上野ゼミにいらした坂爪さんとしては、ご自分が今のような活動をやってるのをどう考えてらっしゃるのか……つまり、なんかちょっとフェミニズム的にどうか、と。

坂爪▼うーん。

中村▼性風俗を男性優位社会の産物みたいに言うフェミニストがいるじゃないですか。

坂爪▼そうですね。

中村▼フェミニズム的にはやっぱり、男が女を買うっていうのはもう女性蔑視であり性的搾取である、みたいな意見がありますよね。私はあの、何回聞いてもフェミニズムの人の性的搾取ってのがわからないんですよ。そりゃ、昔は違いますよ？　昔はやっぱり人身売買みたいなのもあっただろうし、まぁ親が借金のかたに娘を遊郭に売ったりとかありましたからね。そういうのとか従軍慰安婦みたいな話を持ってこられると、そりゃ搾取だなって私も思う。さすがの私もそう思うんですけど、今の時代の性風俗をその視点で語るのは違うっていうか。そうじゃない人達も沢山いる中で、いまだにそういう性的搾取みたいにフェミニズムが言ってるのは、あれはどういうことなんですかね？

坂爪▼ちょうど今日の朝日新聞に、AVの強要問題がどーんと出ていました。

中村▼あー、今問題になってますね、AV強要問題。こういう方たちの主張っていうのは、まぁ売春に関して言うと、女の人はこう一方的に犠牲者っていう。

坂爪▼基本的に「AV＝全て性差別」という捉え方ですよね。記事中では、大阪電気通信大学教授の中里見博さんがこうおっしゃってます。「『若いほど良い』というAVでの（女性の）扱われ方は性差別の実践に他なりません」と……つまり男の消費者がAVという搾取のシステムを支えているのだと。そういう発想ですよね。

中村▼そりゃAVにしろ風俗にしろ「強要」は論外ですが、女の人が自分の意志でAV出たりとか風俗やったりすることもあるわけじゃないですか。

坂爪▼もちろんあると思うんですけど、そういうのも含めて搾取になるんじゃないかという議論になっている。

中村▼そういう女性たちは、女性差別的な男権社会の構造に気づいてなくて、洗脳されてて、乗せられてるだけだっていう考え方なんですかね。

坂爪▼「職業とは言えない」という趣旨のことをおっしゃっているのでしょう。そもそもセックスワーカー自体の存在を認めない、と。でもこうした方は現在少数派だと思います。

中村▼ああ、少数派なんですね。

坂爪▼大多数ではないと思います。

スティグマは法によって解消するか？

中村▼ご著書の中で坂爪さんは、風俗という仕事を否認でもなく黙認でもなく容認にっておっしゃってて。

坂爪▼そうですね。

中村▼上手いことおっしゃるなと思って。

坂爪▼座布団一枚頂ければ（笑）。

中村▼はは（笑）。うまいこと言うなと思って読んでたんですけど、やっぱりその容認っていう形もね、まぁ結局ずっとセックスワーカーが差別されてるっていうのは、容認されないっていうのは、やっぱり非合法だからじゃないかと思うんですよ。売春防止法で、売春は公序良俗に反する行為なんで、これは取り締まるべきであると。で、売春してる女子は処罰しないで……。

坂爪▼保護ですね。

中村▼保護ですね、保護観察みたいな、少年院みたいなところに、更生施設に入れて更生させて、まぁ、売春させた人や組織を罰するっていうのが売春防止法ですよね。

坂爪▼はい。

中村▼でもまぁ、要するに売春は違法ってことじゃないですか。

坂爪▼違法です。

中村▼うん。で、90年代にデリヘルが事実上合法と言われてるけど、あれでも黙認で別に合法じゃないですよね。

坂爪▼いや、届け出制になっているので完全に合法です。

中村▼あぁ、でもやっぱりあの、つまり無店舗型だから、見えない所でまぁ本番やってても……。

坂爪▼確かに監視はできない。

中村▼当局は関知しませんよっていう形で、それは合法って言っていいのかなって思うんですよ。

坂爪▼風営法には、届け出制と許可制という仕組みがあるんですけど。

中村▼はいはい。

坂爪▼風俗は不健全な存在だから許可は出せない。でも勝手にやられても困るから届け出を出しておけというスタンスです。厳密に言えば、国がお墨付きを出してるわけじゃない。あくまでも犯罪者の予備軍ぐらいの曖昧な位置づけになってる部分がある。

中村▼うん、そういう曖昧さがまた差別の元凶になってるというか。売春について議論すると必ず最後に言われるのが「だって違法じゃん、犯罪じゃん」って。やっぱ、そういうふうに思っている人はものすごく多いと思う。

坂爪▼でも風俗は違法じゃないですけどね。議論の大前提として、風俗の存在自体は違法ではない。

中村▼デリヘルも……。

坂爪▼全く違法ではありません。

中村▼違法じゃない。合法なんだけど、でもやっぱりデリヘルったって身体売ってるんでしょ、売春は違法でしょ、みたいな一般人の通念もあるのかなと私は思ってるんです。そういう気持ちが彼女たちへの差別や偏見に繋がって、スティグマを作っている。

坂爪▼スティグマは問題ですね、

中村▼結局、合法だろうと非犯罪だろうと、スティグマは消えないんでしょうか？ セックスワーカーが世間から偏見を持たれる一番の原因は何だと思いますか？

坂爪▼「性は本来売るべきじゃないのに、それを売っている人達だから」という風に思われているからではないでしょうか。

中村▼なんで本来売るべきじゃないんですかね？

坂爪▼そこは多くの議論があると思いますが、大多数の人は性を売るべきじゃないと思っている。もしくは、性を売ってしまうと何か大事なものを失ってしまうのではないかと思っている。

中村▼よく聞きますよね、それ。

坂爪▼もちろんそれは事実であるかもしれないし、そうじゃないかもしれない。でも、そういう風にやっぱり見えてしまっているんですよね。性と人格は一緒になっていて「性を売る」ということは「人格を売る」という話になっちゃうんですね。

中村▼うーん。

坂爪▼昔援助交際が議論になった時も、「援助交際すると魂が汚れる」と言われていたじゃないですか。

中村▼そうそうそう。その心が壊れるとかね、魂が穢れるとかいう問題について、私はどうしても納得いかないんですよ。魂の穢れなんてものすごい抽象的なこと言われても、ほら、こんなに汚れましたなんてね、洗剤のCMみたいに出して見せられるものじゃないんだし、何を根拠に「穢れた」なんて言ってるのか、と。そもそも魂って何だよ、みたいな。

坂爪▼ですよね。

中村▼まぁ、売春で心が壊れるっていう人は、だいたい根拠として、風俗嬢にはメンヘラが多いと言う。でもまぁ、私は統計を知らないけど、もしかすると本当にメンヘラ率は高いのかもしれない、リスカする人も多いのかもしれないけど、それが売春のせいだと実際に検証されたわけじゃないでしょ。逆に精神疾患や発達障害を持ってるからこそ、どこでも働けるってわけにはいかなくて、セックスワークに流れていくっていう面もあるので、これって卵と鶏、みたいなもんじゃないかと。

坂爪▼どっちが先かは分からない。

中村▼だから、そういう偏見を一度まっさらにして、一から論じたいんですよね。セックスを売ること=人格を売ることなのか。セックスを売ると心や魂がどう壊れるのか。坂爪さんは、実際にそういうセックスワーカーの再就職とか、そういうのを支援してらっしゃいますよね。彼女たちの心のケアとかもやってらっしゃる。

坂爪▼臨床心理士さんも風テラスのメンバーにいるので、心理面での話も聞くことはあります。

中村▼で、実際に接してどういう風に思われますか？ やっぱりセックスワーカーはメンヘラ率が高いって思われます？

私はね、メンヘラって今の時代どこの職でもメンヘラ率って高いと思うんです。こないだ電通の女の子が自殺したじゃないですか、あぁいうのだって、完璧に心を病んじゃってるわけですよね。ああいう一流の企業に勤めててメンヘラになってしまう人もいるし、ブラック企業でメンヘラになる人もいるだろうし。で、セックスワーカーだけがメンヘラになるっていうのもまた、どうなのかなと思うんですけど。

坂爪▼自分の印象としては、風俗で働いたからメンヘラになったというのはまずないんじゃないかと思っています。逆に精神を病んでしまって他の職場で働きづらくなった人が来るというのが正解なのではと。あくまで自分が見た範囲での話になるんですけど。逆に風俗で働いて金を稼げるようになって元気が出たとかいう人もいるので、そこから自信になったとかいう人もいるので、「風俗で働いたら病む」というのはちょっと単純すぎるかなとは思います。

中村▼性を売ったら心が壊れちゃうんだっていう根拠によくみんなそれを使うんですけどね。

坂爪▼それは単純すぎるストーリーかなという気がします。

中村▼セックスを売ると人間はダメになるっていう神話を、どうしてみんな、こんなに大事にしてるんだろうって、すごく不思議に思うんですけど。

坂爪▼近代社会を歴史的に見ると、性欲を過剰に崇拝するというか、性に過剰に重きをおいてしまう社会だと思います。性犯罪にしても「魂の殺人」という言葉で語られるじゃないですか。性と人格が過剰に結びついている社会だと思うんですよね。その反動として、性を売る人に対するスティグマが生じる。そこまで性を過剰に崇め奉らなくてもいいのではと思う時はありますね。

中村▼性の過剰な重要視って、近代以降なんですかね。

坂爪▼そうですね。日本も昔はゆるゆるな感じで、婚外セックスもOKとかだったりしたのですが、明治以降近代化が進められた過程で性に関する規範がガチガチになっていったという歴史はあると思うんです。

中村▼明治以降とかだとと、やっぱりキリスト教っていうか欧米文化……。

坂爪▼それもありますね。

中村▼そうですね、欧米文化ってやっぱりキリスト教が土台になってて、キリスト教ってやっぱり売春とかは……。

坂爪▼ダメですよね。

中村▼あとまぁ、ヤリマンもダメだし、とにかく貞淑であれっていうのが教義なんで、だからそういうのもやっぱり関係してんのかなとか思うんですけども、みんなキリスト教徒でもないのに変じゃん！

坂爪▼そうですね（笑）。

中村▼それでね、私なんか幼稚園くらいからキリスト教で育てられてるわりにはデリヘルやったりとか全然平気なんだけど。

坂爪▼ははは（笑）。

中村▼この、なんかみんなのタブー感覚が私にはちょっとわからなくって、でもやっぱり、みんなが快く思わないのはどこに原因があって、そしてこのセックスワーカー達が偏見を持たれずに受け入れられてもらうにはどうすればいいのかっていうのを模索してらっしゃるかと思うんですけども、どういうことをお考えですか？

坂爪▼自分としては偏見はどんどん無くなればいいなと思うのですが、完璧に無くすことは無理だと思うんですよ。そのため偏見はあったとしても、本人の生命の危険に繋がらないレベルまで薄めることが必要です。その上で一部の理解ある人にはうまくつながってもらう必要がある。自分が書いた「性風俗のいびつな現場」という本も、風俗の世界で起こっていることを社会福祉の言葉で置き換えて書いた本なんですよね。そういう言葉で書くと、社会福祉系の人にも理解してもらえる。

中村▼あぁ、言語を変えるのか。

坂爪▼ソーシャルワークが必要だよねとか、弁護士さんも必要だよね、というように理解して、この世界に入ってきてもらえる。風俗の世界で起こっていることを違う分野の言葉で言い換えて伝えることが大切だと思いました。

中村▼なるほどねぇ。

坂爪▼ただ「私たちのことを分かってほしい!」という書き方では、なかなか分かってくれないじゃないですか。できるだけ社会のみんなが使っている言葉で言い換えれば、スッと受け入れてくれると思いました。

セックスワークと貧困と。

坂爪▼そもそも風俗で働いている人たちの大半は、自分を「セックスワーカー」だと思ってないと思います。

中村▼え、じゃあどう思ってるんですか？　風俗嬢?

坂爪▼専業ではなく、副業でやってる人たちも多い。学生や会社員の合間に風俗で働いてる人たちには、「自分はセックスワーカーだ」という当事者意識はほぼない。

中村▼ああー、なるほど!　たとえば主婦がパートでスーパーのレジやってても、自分の本職がレジ打ちだと思ってないわけで……。

坂爪▼そう。「私はスーパーのレジ打ちだ」とは思ってない。

中村▼そうかそうか。パートでレジは打ってるけど、あくまで主婦であるというアイデンティティですね。学生やりながら風俗で働いてる人も、自分は学生であるというアイデンティティであって、セックスワーカーってイメージが自分にないんですね。

坂爪▼「セックスワーカー」というセルフイメージを持たないから気楽に働けるという反面、当事者意識がないことによって仕事のリスクが上がってしまうこともある。当事者意識のない状態で働くというメリット、デメリット、それぞれあると思います。

中村▼当事者意識のあるメリットデメリットっていうのはなんなんですか?

坂爪▼メリットは、性感染症の予防や検査を行って病気にかからないようにしようとか、接客やサービスをきちんとできるようになって、指名を増やして稼げるようにしたいとか、そういう意識ですね。

中村▼前向きに、はいはい。

坂爪▼でもそういう意識を持てない人は、何も考えないでただ年をとるだけになってしまう。

中村▼うん、まさにそれを聞こうと思ってたんですけど、こう書かれてますよね。「もちろんセックスワークの世界は福祉ではないのでそもそも稼ぐ能力や資格のない人を稼げるようにすることは不可能である。そういった人に対する参入障壁を築きつつ、稼ぐ能力のある人がきちんと稼ぐことができる仕組みを作り上げることが重要」だと。

坂爪▼はい。

中村▼それはよくわかるんですけども、風俗以外の仕事でなかなか働けない人にとってのセーフティネットみたいな存在の仕方を考えた場合、そうやってこう、なんていうのかな、ある程度意識が高くてはっきり言って頭も良くてですね、で、容姿もそれなり以上で、やっぱりそうじゃないと稼げないとなったら……。

坂爪▼稼げないです。

中村▼だから容姿がそれなり以上で、頭もよく、弁も立ち、気も回り……そういう人って別に風俗やらなくても……。

坂爪▼そうなりますよね（笑）。

中村▼何の仕事してってもある程度いけるんじゃないかって思うんですけど、まぁその人が自ら風俗を選んだとして、まぁそういう人もいると思うんで、そういう人ばかりが風俗嬢として職を得て……そうするとやっぱり風俗嬢の印象も良くなると、私は確かに思いますよ。それに危険な生本番みたいなのはちゃんときっぱり断れるような風俗嬢がいたほうが風俗業界だっていいのかもしれない。が、その一方で、社会が切り捨てていった人々を拾う鶯谷デッドボールみたいな店が……。切り捨てられた女性達を受け入れるセーフティネットっていう意識は、あの店自体にはないかもしれないけど、とりあえずああやって受け入れてくれる器があるっていうのは、すごく私はいいなと思ってたんだけど、そういうエリート主義みたいになっちゃうと、どうなんですかね、そうすると、じゃあ風俗業界もそういう人たちを切り捨ててしまうのかってちょっと悲しかったんです。

坂爪▼それはすごい重要な論点ですよね、ただ今は風俗もセーフティネットにならない時代になってしまってる部分があるので。

中村▼ああ、稼げないっていう問題ですよね。

坂爪▼一日待機部屋で電話を待っていても1人しかつかないとか、ついてもバックは4000円とか、これでは生活できないですよね。そういう意味でも風俗自体がセーフティーネットになるというよりは、福祉と連携していった上で、女性を支援する仕組みがあればいいんじゃないかなって思います。

中村▼ただあの、稼げる稼げないの問題もそうなんですけど、あと、なんか居場所問題っていうのがあるじゃないですか。それはセックスワーカーに限らず、会社に居場所がない、家に帰っても居場所がない、「どこにも居場所がない私」みたいな孤独や心許なさは、ツイッターなんかでもよくみんなつぶやいてる。まぁ現代人みんなの悩みみたいな。特に女性は関係性にアイデンティティを見出す人が多いから、なんかどっかに所属してれば満足するわけではなくて、やっぱり誰かとの人間関係の中にポジショニングを求めている人が多いと思うんです。たとえば待機場所にいるだけでアットホームな気分になれるみたいなね。

坂爪▼それは確実にありますね。

中村▼私がデリヘルやってた時も、待機所ってなんかシェアハウスみたいな感じだった。誰とも喋らずに携帯見てる人もいたり、ぼーっとテレビ観てたりするんだけど、なんか無言の繋がりを感じるというか。会社とかだと無理にでも一緒にランチ行ったりお喋りしたりしなくちゃいけない雰囲気があって、その中でイジメられたりハブられたりすると苦しかったりするんだけど、あの待機所は誰も無理せず好きにやってる感じが良かった。干渉もしないけど無関心でもない、ああいう関係性がラクな人もきっといると思うんです。発達障害の人とか、特にね。「あ、自分はここにいても大丈夫なんだな」と思えるような、そんな場所が社会のどこにもないような人たち。

でもエリート風俗嬢だけが生き残れるような環境になったら、その人たちはどこに行くんだろう。福祉が何かしてくれるわけじゃないし。

坂爪▼先ほど売春防止法の話が出ましたが、あれは売春する女性を保護して施設に入れるという政策だった。でも失敗したんですよね。売春の世界から引き離しても、みんな元に戻ってしまう。だったら風俗を居場所にしてもらって、その上で色々な支援を同時進行的に提供した方が、明らかに合理的だと思うんですよね。

中村▼そうなんですよ。でも、それが居場所であるために、そこから抜け出せないみたいな。

坂爪▼それもありますね。

中村▼そうすると、やっぱりいつかは引退して別の仕事に就くとかね、していかなきゃいけないのか、と。でも、よく考えたら、それってスポーツ選手とかでもそうじゃないですか。現役でやってられる期間が短い。モデルさんとかもそうだし、まぁ、そりゃ年配用のモデルが出来るって言ったって、需要は少なくなるわけだし。それは、セックスワーク間に限らず……。

坂爪▼どこにでもある問題ですよね。

中村▼だからまぁ、どの仕事でも賞味期限っていうか働ける期間っていうのがあるわけだけど。やっぱり、どうなんでしょう、ハッキリ言ってセックスワーカーやってる女の人一部の意識の高い人は別として、やっぱり50過ぎて引退しなくちゃいけなくなった時にまったく何も考えてないとか、こう言っちゃなんだけどだらしない人が多いみたいな印象をお持ちですか？

坂爪▼だらしない人が多い……うーん、たぶん個人の性格の問題とかもあると思うんですけど、それまでの人生の色々な出来事の影響もあるとは思うんですよね。風テラスと連携してくださっている熟女風俗店の方は、以前、女性を採用する際には「何歳までにいくら貯めて風俗を卒業しましょう」という目標と期限を事前に話し合った上で採用していたそうです。でも5〜6年やってみて、実際に卒業できた人はほぼいない状態だった。だからもう「卒業しよう」ということはやめて、出来るだけ長く働いてもらえるような形に切り替えていったそうです。

中村▼はぁはぁ。

坂爪▼重たい話だなと思ったんですけど、なかなか辞められないんですよ、40歳を過ぎると。だったらもう、ずっと働いてもらえる環境を作る方向に行くしかない。

中村▼あぁ、店員みたいな。

坂爪▼引退後の職場自体を風俗側が用意してあげるくらいの形にしないと、多分もう無理なんじゃないかと。すごく身につまされました。

中村▼なるほどねぇ。だって普通にセックスワーカーしてなくたって、50過ぎたら就職口なんかないですもんね。

坂爪▼ないですよ。

中村▼私だって、この年でどこの面接行っても、まぁ車椅子だから無理だけど、それは別としてですよ、多分コンビニも無理だし、よっぽど人手に困ってないと、やっぱり若くて体力ある子を雇うじゃないですか。そんなビールケースも運べないようなババアを雇ってもねぇ。それで、やっぱマックとかでも、年取ると立ち仕事とか大変だし。それで、やっぱり若い子のスマイルゼロ円のほうが、60のババアにスマイルされたって客も嬉しくねーよ、的な。そういうこともやっぱりあって50過ぎるとやっぱり激減するじゃないですか。

坂爪▼確実に下がりますよね。

中村▼だからセックスワーカーに限らず、みんなね、なかなか50歳までに、それなりのキャリアを積み上げて、ひとつの会社に勤めたって、そこでいくつまで働き続けられるかわからなかったりするじゃないですか。会社が潰れたりするし、リストラとかもあるし。そうすると、セックスワーカーの抱えてる問題だけじゃなく、みん

なの問題だったりするんですよね。

坂爪▼そうですね、普遍的な問題です。

中村▼でも、やっぱり、これがセックスワーカーだと、「そういう仕事やってると抜け出せないんだろ」みたいな話になっちゃう。そういうのに対して、国は何もしてくれないじゃないですか。

坂爪▼政治の問題になってしまうんですよね、最終的には。

中村▼昔、漫画家のくらたまと飛田新地に取材に行ったんですよ。その当時、くらたまは30代でシングルマザーで、私は40代でホストにハマってるみたいな最低の二人が飛田新地を歩きながら、でもまぁ、仕事はとりあえず彼女は漫画家として私は物書きとして順調だったんだけど、なんか奥のほうに行ったらさ、かなり高齢の人たちが売春してるわけですよ。そしたら、くらたまが私に、「ねぇ、私たちの商売もさぁ、いつまで続くかわかんないじゃん、人気商売だから。でも、そうなったら飛田があるよね」って（笑）。

坂爪▼……そうですね（笑）。

中村▼私も本当だねって言って、女はいくつになっても身体売れるんだぁって思って、ものすごく心強かったんですけど、

坂爪▼最近読んだ「高齢者風俗嬢」（中山美里）という本が面白かったです。70代になっても働ける、という人もいます。

中村▼だから、女ってみんな口には出さないけど、心の底では思ったことあるはずなんですよね。やっぱり何かあった時に風俗とか

愛人とかいう選択肢が頭をよぎらない女はいないと思うんです。もちろん頭をよぎっても「そんなの絶対イヤだ」っていう人もいるし、そういう人はやらなくていいんですけどね。これって男にはない選択肢じゃないですか。男のセックスワーカーもいるけど、圧倒的に少ないし。女の人って、なんかそこで、やっぱり性を売ることができるっていう、なんていうか、担保があると思うんですよね。

坂爪▼担保としての風俗。

中村▼そう、だからそれって、悪く言うと堕落かもしれないけど、人によってはね、よく言えばね、心の支えだと思うんですよ。何とか生きていけるよみたいな、身体売れば食ってけるさみたいな。それは破れかぶれで言ってるんじゃなくて、とにかく生き抜くための方法として、絶望しないで踏ん張るサバイバーとしての支え。そういう選択肢がまだあるみたいに思うことで、人って頑張れると思うんですよね。で、実際にセックスワーカーになる人もいるし、ならない人もいるけど、なってもならなくても私いいと思うんですけど、なんかこう、つっかえ棒みたいなね、そうじゃないと折れちゃうじゃないですか。

坂爪▼それはあるかもしれませんね。

中村▼本当に死にたくなっちゃうっていうか、私やっぱり病気になって車椅子になって、もうデリヘルもできないんだなと思ったら、結構絶望しました。その頃ちょうど仕事もバタバタとなくなって、どうやって食ってくんだ、私みたいな人間がって。だからやっぱり、なんていうのかな、そういうとこも含め、セックスワークっていう仕事がもっと社会に認められて、差別もなくなって、私もう最終的には身体売るからアハハ、みたいなことを気軽にみんなが言っちゃうような世の中になるといいなって。でも、そうなったら価格競争になって、素人が大量に参入するわけじゃない？　今やっぱり、みんなに差別されたくないとか白い目で見られたくないとか、親に知られたくないとか、そういう事でストッパーかかってる人多いのに、それがものすごく平等になっちゃうとさ、ある意味、平気で、もう今の会社つまんないから風俗やるわ、みたいな人がどんどん増えてったら、価格競争というか、トップのものだけが生き残るという、まぁどんな仕事だってそうなんですけど、そうなるとセーフティネットじゃなくなっていくっていうね、そのジレンマが……。

坂爪▼価格競争はすでに起こっています。デリヘルが爆発的に増えた分、働く女性も増えた。自分が学生の頃に比べると価格はガタ落ちしてますね。

中村▼そうすると、やっぱりもう、風俗じゃ食えなくなるっていう。

坂爪▼身体を売っても食えなくなった。じゃあどうしよう、というのが今だと思います。

中村▼しかし、風俗でも食えない社会って、ものすごい貧困じゃないですか。

坂爪▼貧困以外の何物でもないですよね。

中村▼やっぱ格差の問題ですかね。

坂爪▼最低限度の生活がそもそも維持できないような社会になってしまってるんだと思うんです。東京だったら家賃が異様に高いとかですね。

中村▼ああ、家賃ねぇ。

坂爪▼例えば家賃が半分くらいになれば、結構な人が風俗で働かなくても済むと思うんですよ。月数万円のお金が足りないから働くという方はすごく多いので、東京の家賃が半分になったら風俗で働く人は数が減ると思います。

彼女たちを守るのは、法なのか、人なのか？

中村▼風俗の仕事を否定する理由に「リスキーだから」っていうのがあって、それは確かに女の子が怖い目に遭うことはある。ここはなんとかしなくちゃいけない問題ですよね。

坂爪▼男性客がストーカーになったりすることはありますね。

中村▼そうなんですよ、私も本当に男性客の暴力の話を聞くと腹が立つんですけど。だからといって買春客を処罰せよみたいな、そういうことは思わない。買う男だってちゃんとルール守って遊んでる男はいますしね。たいていの客はちゃんとルールを守ってくれてるわけですけど、たまにね、まぁいるわけですよね、そういう人が。暴力をふるったりとか、ストーカーしたりとか、挙句の果てに殺しちゃったりとか。

坂爪▼そういったことを防ぐ法律は絶対必要だと思うんですよ。性労働の世界で働く人達の最低限度の健康と権利を守る法律。

中村▼でも今はやっぱりこう、もぐりみたいな扱いだから、そういう所まで行政が首を突っ込まないですよね。

坂爪▼そうですね。福祉の世界でも、風俗の世界には福祉的支援が必要な人がいっぱいいるというのはずっと前からみんな知ってるけど、誰も手を出さなかった。壁がある。

中村▼そこはやっぱり、性を売っ

てるやつらだから、自業自得みたいな、

坂爪▼それもありますね。

中村▼あるんですか。

坂爪▼大手メディアに風テラスを取り上げてもらった時の裏話なのですが、風テラスを取材するかどうかで、会社の内部でも結構揉めたそうです。ある女性ディレクターが取材に反対する側に回った。なぜ反対したかというと「風俗に落ちた時点でもう終わりじゃないか。落ちる前に救わないと意味がない。落ちた人に支援しても仕方ないだろう」と。そういう目線がまだ残ってる。

中村▼落ちるってイメージなんですね、やっぱり。

坂爪▼それはちょっと違うよなと思いますが。

中村▼やっぱりそれは彼女からすると堕落なわけですかね。

坂爪▼性労働の世界はだらしない人が行く世界だと思っていらっしゃるのかもしれない。

中村▼思いっきり差別だなぁ。あと、ご著書を読んでて、あぁ、これはやっぱりちょっと問題だなって思ったのは、知的障害、発達障害の問題ですよ。

坂爪▼結構いらっしゃいますからね。

中村▼そういう人達ってさぁ、会社で働けないじゃない。

坂爪▼一般就労は難しいです。

中村▼やっぱり肉体労働するしかないし、肉体労働って言ったって、やっぱりねぇ、どこでも雇ってくれるわけじゃないと思えば、そういうこう、ハンディを抱えてる人には、この風俗ってところではとりあえず対人スキルを使わなくてすむっていうね。

坂爪▼風俗やキャバクラは客と1対1の関係なので、集団行動ができなくても働けるメリットはあります。

中村▼そうですよね。

坂爪▼重度の人を支える制度はあるのですが、軽度の人、グレーゾーンの人には何の支援もない場合がある。

中村▼発達障害にしても、ハッキリと自閉症ってわかりやすければ……。

坂爪▼軽度の人は本当にわからないです。

中村▼あとアスペルガーもわかんないですよね、知的障害がないから。

坂爪▼わかりづらいですね。

中村▼まぁ、普通の社会に適用しにくいじゃないですか、そういう人たちは。で、そういう人が、まぁ、風俗でだったら働ける、と。風俗はそういう人を救う場所でもあるのかなぁってちょっと思ってたんですが。どうなんでしょう? もう福祉の手が届かない人たち、坂爪さんは「見えにくい弱者」とおっしゃってましたけど、本当にその通りで、見えにくい弱者が見えにくい風俗で働くから、ますます見えにくくなるっていうことで、そこに潜む問題が社会の目から覆い隠されてしまう。そうなると、その人達の行き場所は……という風に思っちゃうんですよね。

坂爪▼いろんな選択肢があった上で、自分の意志で風俗を選ぶのであればいいと思うのですが、風俗しかないという状態はよくない。だから風テラスのような仕組みをちゃんと作っておいて、なんかあったら対応できるようにしておくことがすごく大事だと思うんですね。

でも軽度の知的障害があっても、風俗の内勤で働いてる人もいらっしゃるんです。広報とか事務みたいな、色んな働き方はできると思うんです。一般の人が働きづらい職場ではあると思うんですけど。

中村▼飛田新地とかだと、あの、やり手ばばぁみたいな人がいるじゃないですか、客引きばぁさんみたいな。ああいう人たちはたぶんあそこで働いてた人が、ある程度の年齢になって引退せざるを得ず、そしたら今度は客引きばばぁとして、そこで、まぁ、なんか、うまく循環してんじゃん、みたいな。なんていうか終身雇用じゃないけどさ。

坂爪▼私はセックスワーク＝チームワークだと思っています。性労働は、基本的にチームでやるべきだと思うんですよ。個人ではなく。それこそ飛田新地みたいな感じで、いろんな人と連携して、いろんな役割をしていくっていうのが一番安全です。個人でやるのはすごい危険ですね。知的障害の人が一般の風俗で働く分にはまだいいと思うんですけど、路上の立ちんぼと

かになるとすごく危ないですね。

中村▼それは危ないですね

坂爪▼何が起こるか分からない。

中村▼そうなんです。だからそういうのも、ぜひ、坂爪さんにね、それじゃあいったいどうすればいいんだろうと、お訊きしたくて。私は軽い気持ちで、最終的には身体を売れば女は大丈夫、みたいな風に思ってたけど、そういう人たちが、本当にそこしかなくって働いてるっていう現実は、まずいんだろうか?

坂爪▼少なくとも健全な形ではないと思います。もちろん風俗を差別するとかじゃなくて。風俗で働くことの良し悪しは別にして、風俗しか働き口がないというのはよくない。

中村▼でも男の人だって、たとえばハードな肉体労働とか、あとほら、原発のあそこでしか働き口がないっていう人も。いろんなところで働いてもうまくいかず、みたいな人いるじゃないですか、やっぱり。そういう汚れ仕事っていうんですか、みんながやりたがらないような仕事に最終的に行き着く男の人もいるんだから、女の人もそういうことなんじゃないの、みたいな。もちろん、原発だって風俗だって、やりたくてやってる人もいれば、そこしかなくてやってる人もいる。仕事ってそういうもんじゃん。違うのかな?

坂爪▼『震災風俗嬢』(小野一光)という被災地の風俗嬢を取材した本があります。地震が起こって仕事も家族もなくなった人が風俗で働いて救われたという話がいくつかある。

中村▼やっぱり、じゃあ発達障害や軽い知的障害、シングルマザーといった問題を、国がやっぱり救えない、福祉の谷間みたいにおっしゃってましたけど、そこに落ち

た人達は、どうすればいいんだろう。

坂爪▼谷間に落ちるということは、制度に不備があるということです。今の福祉制度は申告制みたいな感じで、全部自分で窓口に行って、これこれこういうことで悩んでますから、こういう制度を使わせてくださいって言わないと使えない。向こうから来てくれることはまずない。だからある意味すごい使いづらい。

中村▼そうですね。

坂爪▼そういった福祉の世界を変えていくような制度がこれからはもっと必要になってくる。だからたとえばソーシャルワーカーが風俗の世界にどんどん入っていって、支援を必要としている人を見つけて、積極的にアプローチして福祉につなげていくっていう、それをまず仕事としてしっかりできればと思って風テラスをやっています。

中村▼あと、それこそセックスワーカーって職業として認められてないから、組合作る権利もないし、労災もないとか、いろいろあるじゃないですか。そういう問題っていうのは、なんかもう、そういう法律云々では解決できない？

坂爪▼業界の中の連携で解決できることがあると思っています。たとえば新潟には新潟の風俗情報サイトがあって、新潟のデリヘルがほぼ全部広告を出している。そういったところでは当然ネットワークがあるので、そことうまく連携していろんなお店とネットワークを作った上で、働いてる女性に支援を届けるということは十分出来ると思うんですよ。法律を変えなくても、やろうと思えばできる。保険や共済的なものも作れなくはないと思うんです。もうちょっと業界の中の人がしっかりやってくれれば、無理に法律を変えなくても、できることはいっぱいあると思うんですよね。

中村▼法に頼らない、自治的な互助制度みたいな。そうなると合法化とか非犯罪化みたいな話ではなくなりますね。

坂爪▼風俗に関しては国も管理したくないんですよ。できるだけ近づきたくない。管理したがっているわけでは全くないと思います。

必要なのは「客の教育」。

中村▼じゃあ、たとえば、セックスワーカーたちが普通の企業とおんなじような、社会保険であるとか、まぁ、失業保険とかね、なんかそういう手当をちゃんと受けられる方法っていうのは……。

坂爪▼そこはシンプルに風俗店を法人化して、女性を社員として雇って、社会保険をつければいいだけの話です。本番のあるソープは雇用契約を結んでしまうと法的にアウトですが、デリヘルだったら大丈夫。

中村▼うーん、でもね、私は女の子たちを守る意味で、やっぱり店舗型を認めて欲しいんですよ。絶対店舗型のほうが安全だと思うの。

坂爪▼そこは自分も全く同感です。

中村▼私が働いてた店ね、デリヘルだったじゃないですか。でもその店って店舗型なんですよ。カラオケボックスみたいなところ買い取ってて、個室がいっぱいあるとこなんです。そこに無理矢理シャワーブースみたいなところ作ってて、だから本当にカラオケボックスなんだよね、インターホンみたいな電話があってさ。で、番台みたいなところがあって、おっさんが一人、むっすり座ってるわけ。で、なんかあったらそのインターホンで助けを求められるわけですよ。で、まぁ、そういうおっさんが一人いるのといないのとでは、ものすごい気分が違うっていうのを……。

坂爪▼ですよね、確実に。

中村▼そうですね、もしなんかされた時に飛び出してったって、そこに誰もいなかったら髪の毛つかんでひきずり戻されたら終わりだけど、おっさんがいてくれれば。

坂爪▼安心ですね。

中村▼うん。そのおっさんのおかげでだいぶ心の支えになってたんだけど、けど本当は法律的にアウトなんですよね、それって。デリヘルとして届け出てるから無店舗じゃなくちゃいけない。だけどそれがアウトだと、本当にセックスワーカーの安全が守られない。やっぱり店舗型のタイプを認めてくれるような、社会というか法律にならないと、困るじゃないかって私は思うんです。

坂爪▼理想的には、店舗型の新規開店が法的に認められるのがベストですが、多分無理だと思います。なぜ店舗型がダメになったかというと、完全に業界が悪いんですよ。届出を出さずに違法で営業してて、当初は警察も黙認してたんですけど、２００４年の浄化作戦で一斉摘発されて都内の店舗型は壊滅した。結果論ですが、黙認されてるうちにちゃんと運動をおこして、法律を変えておかなくてはいけなかった。でも、誰もやろうとしなかった。これに関しては明らかに業界が悪いと自分は思ってます。

中村▼ああ、もうここから先は店舗型ってあり得ないんですかね？

坂爪▼たぶん無理だと思います。

もちろんできればベストですけど、今残ってるのはソープや一部のヘルスだけで、後から作ろうとするのは無理ですね。だからデリヘルのままで、いかにこれ以上規制されないように踏ん張るかっていうのが大事だと思います。

中村▼うーん。デリヘルのままだとやっぱり、女の子のリスクが高すぎて、私だってね、ホテルとか人の家に行くとかだったら、ちょっと二の足を踏んだかもしれないんですよね。

坂爪▼自宅出張は盗撮のリスクがあります。事前にチェックもできないので、基本はホテルが安全。

中村▼ホテルも結構危ないっていうじゃないですか。

坂爪▼ある地域では、男性客全員に身分証明書を出させてチェックしているところもありますね。そうすれば安全なんですけど、ある県の中でそういうルールを作って営業していても、県外から身分証ノーチェックで遊べる店が入ってきて、客をさらっていってしまう。

中村▼やっぱりめんどくさいですよね、客としては。

坂爪▼仮に法律を改正して、客の身分証明書の確認を義務付けたとしても、そういった問題は起きる。

中村▼そう、そのお客さんの「教育」っていうのも必要って、本で書いてたけど、それ一番難しいんじゃないですか？

坂爪▼できませんよね。事前審査も難しい。

中村▼女性はね、自分のところにいるから、講習でもなんでも、そんなんやって教育できるけど、客って教育できないですよね。

坂爪▼お客さんが性病検査を受けてくれたら割引するという店もあるんですよ。

中村▼ほほう！

坂爪▼そういうのを普遍化すれば罹患率も落ちると思うんですけど。

中村▼まぁ性病はそうだけど、なんていうのかな、つまりその、嫌がることをしないとかね、そういう最低限の人間としてのルールを守れるかどうかっていうのは、客見ただけじゃわかんないし。

坂爪▼わからないですね。

中村▼でしょ？ 身分証明書見たってわかんないし、すごい堅い公務員でも、そこらへんがちょっとネジが緩んでる人もいるからさ。で、やっぱり私はやっぱりそこに差別があるんだと思うんだけど、奥さんに出来ないけど、風俗嬢にはやってもいいって思ってる人絶対いると思うんですよ。

坂爪▼それはいますね。奥さんに出来ないことをしたいっていう人は確実にいる。

中村▼まぁ、それが「ごっこ遊び」だったらね、別にいいと思うんですよ。合意の上でね。奥さんには言えないようなレイプごっこでも痴漢ごっこでも、風俗嬢と合意の上で安全に遊ぶなら全然オッケーだと思うんだけど、本当に心の底から風俗嬢には何してもいいと思ってるんじゃないかって男がいて、そこはやっぱり「性を売る女への侮蔑」といった差別や偏見が無くならないかぎり、やっぱりそういう男性客は減らない、と。でも、それはどうやって教育してけばいいんですかね。

坂爪▼うーん。一番難しいですね、客側の教育は。

中村▼そうですよね。

坂爪▼法律を作るのはある程度の効果があると思うんですね。もちろん合法化とか非犯罪化といった論点はあると思うんですけど、それらは少し置いておいて、「性労働基本法」みたいな感じの基本法を作って、性労働で働いてる人の権利は守られる必要がありますよっていう必要最低ラインのルールを決めておけば、少なくとも今のような犯罪者予備軍扱いではなくなると思います。そうすれば客側の意識もちょっとは変わるんじゃないかと。

一番理想的なのは「飛田新地」？

中村▼世間の差別意識を変えていくのは難しいのかなぁ。

坂爪▼一番シンプルな方法は、実際に働いてる人に会ってもらう。働いてる現場を見てもらうことですね。風テラスに取材に来たメディアの人たちは、みんなすごいビックリするんですよ。なぜかというと、現場で働いてる人がみんな普通の人だから。風俗で働いてる女性に対して、「派手でギラギ

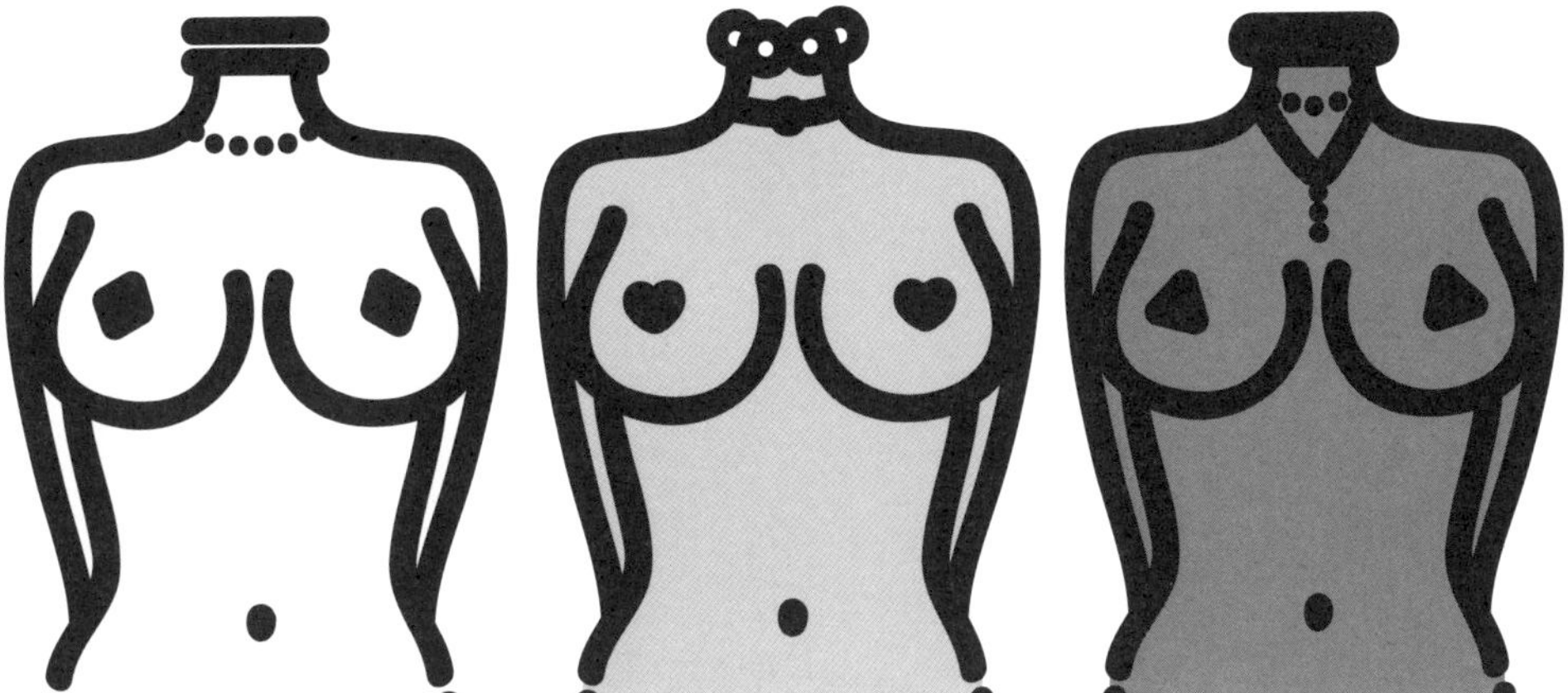

ラした女性」みたいなイメージを持ってる人が多いんですけど、本当に普通の、近所のスーパーでレジを打っていそうな容姿の人たちが働いていることに、みんな驚くんですよね。こんなに普通なのかと。こうした現場との接点があると、随分違うと思います。

中村▼なるほど。

坂爪▼風俗は社会との接点を持ちづらい商売だと思うのですが、福祉という切り口からアプローチすることで、今まで全く接点のなかった人に触れる機会が確実に増える。そういった接点を増やしていけば、差別や偏見もある程度軽減できるんじゃないかなと思ってます。ほとんどの人は、まず風俗の現場を知らないし、風俗で働く人には会ったこともないし、見たこともないって場合が多いじゃないですか。

中村▼あとやっぱりあれですよね、さっき私ちょっとあの、エリート風俗嬢だけが生き残る世界はみたいなことを批判的に言ったけれども、ある意味そういった人にアイコンになってもらうっていうのもあるんですよね。やっぱAVって飯島愛で変わったと思うんですよ、私。

坂爪▼確かに、よく言われますね。

中村▼ある意味、飯島愛みたいなアイコンがギャルたちの憧れになったことで、あ、AVからこんな風になれるんだぁみたいな。あれで、ものすごいAVの敷居が低くなったと思うんですよね。そんな感じで風俗嬢のアイコンみたいな人が出て来て、風俗ってそんなに特殊な世界じゃないですよみたいなアプローチもありなのかなぁ、と。でもそれはエリート風俗嬢じゃないとできないことですよね。

坂爪▼でも、アイコンになった人の予後は結構悪いですよね。アイコンになった後、病んでしまったり。飯島愛さんもそうですけど、本人の負担が重くなってしまう。

中村▼あぁー。それこそスティグマを一身に背負ってしまうのか。

坂爪▼だから誰かをアイコンに祭り上げるやり方は危険だと思います。

中村▼なるほど、昔フードルっていうのが……。

坂爪▼いましたね。90年代ぐらいに。

中村▼今どうなってるんですかね。

坂爪▼今はあまり使われていません。特定の風俗嬢がメディアに出ること自体少ない。深夜番組も含めて、出れないし、語れない。個人にそういった負担をかけるんじゃなくって、できるだけチーム、組織でやる方がいいと思います。

中村▼なんかアイコンが現れることで、社会の目が変わるみたいなことがあるのかな、なんて思うんですが。ゲイなんか確実にそうだったと思うし。

坂爪▼今回のＡＶ強要問題では川奈まり子さんが大活躍してくださって、本当に素晴らしいと思いました。

中村▼そうですね。

坂爪▼でも、みんなが川奈さんのように行動できるわけではない。

中村▼確かにねぇ。ダメか、アイコン説は。じゃあ、やっぱり非犯罪化を目指すのが最善なのかなぁ。

坂爪▼非犯罪化に関してはもちろんすごく重要な論点だと思ってるんですけど、現場レベルではほとんど浸透していない論点と思います。実際に風俗の現場で働いてる人に非犯罪化について語ったとしても、おそらく伝わらない。自分がセックスワーカーだと思って働いている人もほぼいない。そういう当事者意識のない人たちにどう伝えるか、というのが課題だと思います。

中村▼当事者の人達って、自分のやってる仕事が危険とか、あんまり保護を受けてないみたいな意識はあるんですかね。

坂爪▼多分あると思うのですが、それよりもお金の問題の方が大事だという人の方が多いはず。性感染症の検査についても「面倒くさいからしたくない」という人もたくさんいらっしゃいます。だからみんながみんなスティグマや性感染症で悩んでるというわけでは全くない。いかに指名を取るか、お金を稼ぐかが最優先になっている感はありますね。

中村▼そうか。アムネスティとかは「売春の非犯罪化」を謳ってますけど……。

坂爪▼アムネスティはずっと非犯罪化を主張していましたね。ただ、海外のセックスワークは基本的に個人営業なんですよ。個人でやると危ないから非犯罪化しようってことになったんですけど、日本はお店があるじゃないですか。だから海外とはちょっと事情が違うと思うんですよね。

中村▼そうですね。海外危なそうですもんね。

坂爪▼向こうは売春が違法の状態の中で個人で営業してるから、すごく危ない。

中村▼なんかアメリカのドラマとか見てると、普通に街で立ってて車走らせてる男の人に声かけたりね。

坂爪▼あれは危ないですよね。

中村▼あんた、どこに連れて行かれるかわかんないじゃん、みたいに思っちゃうけど。

坂爪▼そうですよね。

中村▼だからやっぱりある種、守ってくれる店があるっていう、そういう組織売春のほうが……。

坂爪▼安全と言えば安全だと思います。日本で個人売春と言うと、出会い系サイトでの売春、路上の立ちんぼ、愛人契約の三グループぐらいに分かれる。

中村▼まぁ、愛人契約なんかは、やっぱりある程度金がある人じゃないと出来ないわけで。

坂爪▼安全と言えば安全なんですよね。女性側も男性側もみんな社会的立場があって、一応どちらもお金持っているので。

中村▼やっぱりお金がないとできないから、普通の男の人は風俗行きますよね。

坂爪▼そういう意味でも、売春を仮に合法化しても、一体誰が得するかという問題が出てきます。個人売春は既に非犯罪化されている。その上で売春全体を合法化してしまうと、逆に管理売春をやっている悪質な業者が増えてしまうかもしれない。

中村▼なるほど。悪質なやつらを国がそれこそ管理するべきじゃないんですかね。

坂爪▼国がお墨付きをつけるのはマズいですよ。

中村▼そうか、そういうことね。

坂爪▼ソープでも本番がありますが、一応あれは客と女の子の自由恋愛という建前でやっている。どうみても無理がある主張なのですが、法律的には捕まらない。

中村▼まぁ、言い逃れっていうかね。

坂爪▼飛田新地も2階で自由恋愛が起こっているということになる。

中村▼あれは自由恋愛なんですね、ちょんの間の恋（笑）。

坂爪▼そんなわけないだろう、と思いますけど、それでもやっぱり警察は立ち入れない。

中村▼建前が。でもやっぱり、飛田新地なんかだったら、女の子がひどい目に合う事なんかないですよね、2階で。

坂爪▼おばあさんがすぐそばにいますから。

中村▼周りもね、そういう業種の人たちが、こう並んでるわけだから。

坂爪▼それに飛田はプレイ時間が短いじゃないですか。だからそんなにトラブルは起こらないと思います。

中村▼女の子は安全に働けるし、引退したら客引きババアという再就職もあるし、一番理想的なのは飛田新地なのかもしれないなぁ(笑)。そして、やっぱりデリヘルが一番危険なんじゃないかしら。

坂爪▼そうですね。

中村▼それをなんとか防ぐ方法はないのかと、やっぱり社会保障の問題と、あとセーフティネットの問題と……そういう話をぜひ坂爪さんに語っていただきたくて、今日お願いしたんですよね。

坂爪▼参考になれば幸いです。

中村▼いやいや、本当に参考になりました。ありがとうございました。

対談を終えて

この社会からこぼれ落ちた人々をセックスワークが救う、という可能性

中村うさぎ

風俗嬢が誰かを救うことはあり得るか？

坂爪氏が主宰している「ホワイトハンズ」は、障碍者の性処理を請け負う団体である。ご本人もおっしゃっているように「要は風俗じゃないか」という批判の声もあったようだ。

そう、確かに風俗だ。だが、風俗がいけないのか？

世の中には、自分の手でマスタベーションのできない身体の人がいる。その人たちのことを少し想像してみて欲しい。あなたに手がなかったら、溜まっていく性欲をどうやって発散させるのだ？　どこかに擦り付ける？　でも、身体が麻痺して思うように動かなかったら？　夢精するまで悶々と日々を過ごすのは、どれほどの地獄であろうか？　女の私にだって、その苦しみは容易に想像できる。

「ホワイトハンズ」によって地獄から救われている障碍者がいたとしても、それでも「風俗はいけない」などと杓子定規なことを言う人は、よほど他人の苦しみに鈍感な人だと思う。障碍者にだって性欲

はあるのだ。当たり前ではないか。

ならば障碍者に限っては特別に性的サービスを容認しよう、という人もいるかもしれない。では、その仕事に従事する人間は当然「セックスワーカー」なわけだが、彼女たちの仕事をあなたは蔑むことができるか？

障碍者であっても、女性に性的サービスを受けるということは、それが「性欲の発散」行為であることに変わりはない。

ならば彼女たちは「障碍者の排泄の道具」であり「好きでもない相手とセックスすることで魂が穢れたり人間の尊厳が毀損される人々」であり「障碍者に性的に搾取されている犠牲者たち」なのだろうか？

多くの障碍者たちを救っている彼女たちが、そのように決めつけられ、差別や偏見に晒されても当然だと言い切れるのか？

だって、あなた方がセックスワーカーを侮蔑し非難する根拠は、主に上記の三点でしょう？　相手が誰であろうと、その法則は変わらないはずだよね？

それとも障碍者相手のセックスワーカーに限っては「排泄道具」ではなく「魂も穢れず、尊厳も毀損されず」「性的に搾取されてない」特別な人々なのか？だとしたら、どうして彼女たちは「特別」なのか？不幸な他者を救っているから？　でも、健常者相手のセックスワーカーだって、不幸な男たちを救っているのかもしれない。

あるいは、彼女たちが「障碍者を助けたい」という崇高な意志の元にその職業を選んでいるから？　ならば健常者相手のセックスワーカーが「お客さんを癒してあげたい」などと言うと、どうして信じなかったり鼻で笑ったりするのか？　風俗に来る客は、「ただやりたいだけの男」ばかりではないかもしれないのに。

私は「ホワイトハンズ」の活動を、大変有意義なものだと思っている。少なくとも彼ら彼女らは、社会福祉の手の届かない部分に手を差し伸べ、苦しむ人々を救っているのだ。

そして同時に、その仕事に従事する女性たちをリスペクトするし、「性を売買する職業それ自体が不潔で下劣である」などという世間の偏見がいかに根拠薄弱なものかを痛感する。

障碍者の性的苦痛を和らげる彼女たちがある種の天使だとしたら、同じ「手コキ」をやってる女性たちは何故蔑まれなくてはならないのか？

風俗はセーフティネットとなり得るか？

坂爪氏との対談でも出てきたように、セックスワーカーの中にも「この仕事しかできない」人々がいる。軽度の知的障害を抱える人、精神障害を患っている人、シングルマザーなど、社会福祉の網からこぼれ落ちた弱者たちである。

たとえば中程度から重度の知的障害であれば福祉の手も届くが、軽度の知的障碍者の場合は認定も受けられず、周囲も本人も気づいてない場合がある。そういう人たちは一般の会社の面接で落とされやすいし、職場でも「とろい」などと言われて苛めを受けたりクビになったりする。バックアップしてくれる家族もいない場合、当然のように困窮する。

その点、風俗の現場では「とろい」ことが必ずしもデメリットにはならない。むしろ「天然」とか「癒し系」などと捉えられて、テキパキした女性よりも好まれる可能性も高い。それまで学校でも職場でも「とろい」の「バカ」だのと蔑まれ苛められてきた彼女たちが、ここで初めて自己肯定感を味わったとしたら？ それが女性差別的であるとか搾取的であるとか言って糾弾するあなたは、彼女たちに同様の「自己肯定感」を与えることができるのか？ 「売春防止法」の名の元に彼女たちを更生施設に送ったら、彼女たちは救われるのか？ 「私はここにいていいんだ」と施設で幸せになれるのか？

また、「精神障害を抱えている人」や「シングルマザー」にとっては、時間の融通のきく仕事が望ましい。

パニック障害や鬱の人は調子が悪いと出勤できないし、シングルマザーは子どもの送迎や急病などの都合で急に欠勤したり短時間しか働けない場合があるからだ。毎日出勤が当たり前の会社勤めはもちろん、シフトで決められた時間を守らなくてはならないパートなども、彼女たちには難しかったりする。

その点、いつ出勤してもよくて遅刻も早退も欠勤も

咎められないセックスワークは、彼女たちにとって非常に助かる職場なのである。はっきり言って、こんなゆるい職場って、他にはないと思う。

普通の仕事でもパニック障害の発作が起きたとか子どもの急病などといった理由で仕事は休めるだろうが、あまりに頻繁だと職場に居づらくなっていくのだ。そうなると発作を持つ精神障害や病弱な子どもを抱えたシングルマザーは、どこで働けばいいのか。

もちろん、福祉がこういう人たちをすべて掬い上げてくれるのなら、何の問題もない。が、現実はそうではないのだ。

このような人々を、坂爪氏は著書の中で「見えにくい弱者」と呼んでいる。重篤な障害ならば福祉がフォローしてくれるが、そこからこぼれ落ちたマイノリティの貧困や生きづらさは、福祉からも世間の目からも見えづらい。

彼女たちが生きていくためにセックスワークを選んだとしても、誰がそれを責められるだろう。

「セックスワークがセーフティネットなどになってはいけない」と言う人もいるが、それなら彼女たちを支えるような福祉なり仕事なりといった対策案を用意してから言って欲しい。救いの手段を何も考えずに、ただ「けしからん」と非難するのは、あまりにも無情ではないのか。

そういう人たちにとって、このようなマイノリティの苦悩はしょせん他人事なのだろう。障碍者の性的苦悩にも思いが及ばないのと同じで、自分とは縁遠い他者の痛みにきわめて鈍感で想像力の乏しい人々だと思う。

すべての人が幸福になるような社会を夢見るのは無謀であろう。そんなことはわかっている。ただ私は、少しでも多くの人がそれぞれの生きづらさから解放されて、それぞれの居場所を与えられたらいいなと本気で思っている。甘いと言われても、それが私の願いだ。

デリヘルの待機所にいるのが嫌で仕方ないという人もいるが、その一方で、そこが自分の居場所だと感じている人もいる。同僚と悩みを語り合い、客と肌を合わせるだけで、「自分はここにいていいんだ」と思える人間もいるのである。私には、その気持ちがわかる。居場所を求めて足掻く人間の気持ちが痛いほどわかるのだ。だから、その「居場所」がデリヘルの待機所だとしても、それを蔑む気にはとてもなれない。

もちろん、軽度の知的障碍者の場合、騙されたり利用されたりして無理やり働かされるというケースもあるだろう。いくら私が売春肯定派だと言っても、「強制売春」まで是認するつもりはない。あくまで自分の意志で、自分の居心地ややり甲斐や目的意識（それが「金」でも全然いいと思う）のための「主体的な売春」を私は擁護する。

裸の仕事は偏見を浴びるから、そのせいでますます自己評価が下がり、社会に居場所を見つけられなくなる人もいるだろう。だが、それは本人が悪いのでも仕事が悪いのでもない。そうやって白い目で見て爪はじきにし、彼女たちの居場所を奪っていく世間の差別意識が悪いのだ。

その差別と偏見さえなくなれば、どれだけのセックスワーカーが救われるであろうか。それとも、セックスワーカーなんか救ってやる必要はない、と、あなたは言うのだろうか？　だとしたら、残念だ。心の底から残念だ。人間が自分よりも弱く孤独な者に対してそこまで冷酷になれる社会を、私は好きになれない。人は助け合わないと生きていけない生き物なのに。

対談 開沼博×中村うさぎ

「漂白される社会」は、本当に住みやすい社会と言えるのか？

かつては不道徳なものも猥雑なものも、すべてが生活の中に混じり合っているのが「社会」だった。だが今、人々は「見たくないもの」を排除していき、こぼれ落ちたものたちは、社会の外の闇に呑み込まれる。漂流する家出少女、駆逐されたセックス産業。漂白された社会の外に追いやられた闇の中で、サバイバルしていく者たちの「居場所」とは？

セックスワーカーは、誰から何を搾取されているのか？

中村▼売春の問題を論じる時に必ず出てくるのが貧困という問題ですが、まぁ確かに貧困でこれしかできないからみたいなそういうセックスワーカーの人もたくさんいらっしゃると思うんです。でも、

なんとなく貧困と言っていいのかなとずっと思いながらいろんな本を読んでいて。開沼さんのご著書（『漂白される社会』）を読んで、貧困の種類が変わっているみたいに書かれてあったじゃないですか。ああ、それだなと思ったんです。別にあんたたちさ、他の仕事できるじゃん、みたいな子。売春反対の人から言わせれば、コンビニとかマックで働けよみたいな話かもしれないけど、そんな仕事したくないという彼女たちの自由もあるわけですよね。それで、所持金は150円ぐらいでマックのハンバーガーを友達と分け合って食べてて、どうしても食い詰めたら援交でもするか、みたいな。私は彼女たちがすごく好きなんですよ。ゆるふわ貧困とでもいうのかな。いわゆる貧困というものに対して私たちが抱くイメージ、生活保護を受けてもそれでもやっていけな

くて介護のお母さんなんかを抱えててもう水しか飲むものがないみたいな、そういうギリギリの貧困みたいなものではなく、むしろ自由でいたいがために自ら選んだ選択的貧困という感じを受けて、面白いなぁ、と。ああいう女の子たちを取材していかがでしたか？

開沼▼それはもう興味深い取材でした。どう興味深いかというと、自分が想像で及ぶことはもちろん、本とかルポとかで記述されていることを超える現実があったときに、やっぱり物書きとしてテンションが上がるわけですけど。それまで大きな枠組みとしては、そういうセックスワークにいくのは、貧困とか暴力とかの中、貧しい家庭の中とか。あるいは戦後すぐの赤線地帯的な、本当に食いっぱぐれて、それでいくしかないみたいな話というイメージがずっと継続してきたところが伝統的にあったわけです。ただ、バブル以降ぐらいから、生き方の選択として、貧しさや暴力から逃れたわけでもなく、あえてそこを選んでいる人もいるんだという見方も出てきた。90年代に宮台真司さんとかが取り上げていたような援交のあり方とかがそれの代表的な例です。そういう生き方としてセックスワークを選ぶということが、むしろ近代社会の最先端だみたいな議論もあったと。ただ、ここ5年ぐらい、そう言い過ぎるのも現実をとらえきれてないよねって。やっぱり貧困と結び付いている部分もあるっちゃあるんではないかみたいに戻ってきているというのが、2017年現在の話です。そこの議論の整理、事実関係の共有がなされないままに、セックスワークを良い悪い、どっちが正しいという話になっているのが議論を混乱させていると思います。

僕がルポを書いたのは、ちょうど10年前ぐらいから5年前ぐらいの間に、すごく集中的に取材をしていた経験を元にしたところが大きい。現場に行くと、本で読んだような、ステレオタイプな見方ばかりではとらえられない現実があるなとだんだん気付いてきた。それこそ、24時間営業の喫茶店でずっとしゃべっている女子たちがどうやって食っているのかとかということを見ていく中で。あるいは、インターネット、携帯をいじっていく中で売春ができてしまうということに気付いていったんですね。そういう、セックスワーカーが「貧困・暴力の中でそこに行かざるをえなくてかわいそう」だけでもないし「軽やかに生きていく中でセックスワークに飛び込んでいった」だけでもない。その間のふわっとした部分をどういうふうに捉えていくかという議論をしないと、ずっと上のほうで空中戦をやっているんじゃないの？というふうに、たぶん当事者の方たちは思うだろうなと気付いていきました。

その後、拙著は2012年から2013年ぐらいにインターネットで連載したり、本にしたりしたんですけども、当時の空気は今と全然違うところがあった。違いを一言で言えば、いまはだいぶ女性の貧困、子どもの貧困というのが社会的にクローズアップされてきている。大手新聞とかNHKが、それまでは貧困といったら、年越し派遣村の湯浅さんが議論していたころのイメージ、つまり公園にいる高齢者とか、リュックサック背負った中年男性のホームレスが貧困のイメージだった。でも、ここ5年でそうじゃないんだと変わってきた。女性の貧困、子どもの貧困、そこに性の問題が関わってきているということがだいぶ表沙汰になった。そこにあるのは、先ほどおっしゃっていた、なんとも言えない貧困。相対的貧困という言葉で言い表す方たちも出てきていますけれどね。つまり、日本において、つぎはぎだらけの服を来た子どもがストリートチルドレンとして町の至る所に存在するのか。それは途上国に行けばいますよ。日本でも戦後すぐの上野駅とかにそういう人がいましたみたいなルポ作品とかもありますけど、現代の日本にはもっと見えない形で貧困的なものがある。例えばこれだけ高校進学率、大学進学率も上がっているんだから、昔みたいに中卒で働かなくちゃ駄目な環境に多くの人がおかれているわけでも必ずしもない。じゃあそのわかりづらい社会状況の中でセックスワークをどうするのか、今、問題化がだいぶされてきたと思うんですね。ただ、そこでもう1回バックラッシュ的に、たぶん今回の本の問題意識である、なんか正義を掲げてとにかくあの人たちはかわいそうなんだと上目線で言う風潮が出てきているのには、非常に私も危惧をするところです。実際に「かわいそう」と一方的に決めつけられる側からすれば不本意でしょうし、現実は複雑なのにも関わらず単純化されていく中で「そんな一枚岩じゃないし、そこじゃねえよ」と思うところもあるでしょう。

中村▼社会の犠牲者的な見方はちょっと違うんじゃないかなと、ご著書を読んでいて思いました。そういう「かわいそうな人たち」目線もひとつの差別ですよね。やっぱりセックスワークに対する偏見というのはしっかり社会にあるかと思うんです。それを開沼さんは『漂白される社会』において、売春のようなものはあってはならないものとしてどんどん社会の辺縁に押しやられていって、でも、絶対になくならないから、可視化されないエリアに押し込められていく、みたいにおっしゃっていますよね。私も本当にそのとおりだと思うんです。

たとえば店舗型を規制していって無店舗型のデリヘルが台頭して、という流れの中で、結局、セックスワーカーたちがますます危険な目に遭いやすくなる。見えない場所に押しやられれば、そこで起きる暴力犯罪も見えなくなって、見た目にはクリーンだけどじつは危険なダークゾーンを増やす結果になる。

開沼▼おっしゃるとおり、売春自体をなくすべきであるという原理主義的な話の中では、とにかく、それ自体を見て見ぬふりをできるような構造に変えろという話が進んでしまう。結果的に、セックスワークの現場で発生するリスクが増えることになることはあっても、売春自体なくならないし地下に潜ってより問題は深刻化する。一方で、売春を一定の枠内で社会に存在させる余地をもつことは、伝統的な議論の中では、健康管理の問題だったり、おっしゃるような暴力と犯罪が可視化されるということにつながっていったりする良い点もある。あるいは、他国においては、それによって税収が増えるとか、実質それが観光の1つのキーになっているんだから、観光収入の位置付けをしてやっていこうみたいなことが流れとして出てきている。しかし、日本ではなかなかそうならない。中途半端に「見て見ぬふりをできる構造」を進めることで、セックスワークが無店舗化していく、地下に潜るという不健全な状況が生まれている。

背景にあるのは、まだ問題が隠蔽しきれているという切迫感の無さ。あと、社会学でいうスティグマ、負の烙印みたいなのがセックスワークについて非常に強いんだろうということもあるんだろうと思います。国際的に、途上国・新興国はバラバラですが、一方で先進国の議論としては、むしろそういうところをちゃんと見ていこうかというところに議論が移っているのに、なかなか時代錯誤的な部分があるというふうに言わざるを得ないのかなと。

中村▼じゃあ、日本は欧米に比べて遅れているんですかね?

開沼▼遅れていると思いますね。オランダが政府管理下で売春合法にしているという話は日本でもよく流布しているので聞いたことがある人も多いと思いますが、他にもドイツでも同様な制度があったり、制度化されていなくてもそういう制度を模索する議論や社会運動がある。これは別に「売春完全自由解放！」とかそういう極端な話ではないんです。当然、政府管理下にない業者のもとでの売春、援助交際は違法です。その「表と裏との線引き」をすることで、問題を予防し、もし問題が起こったら早急に対応できるようにする。政府管理下の業者かそうではないかで表と裏の線を引くパターン以外にも、業者か個人かというところで線を引くパターンもある。つまり、前面に立ってにせよそうでないにせよ、業者が出てきて大規模な商売としてやりだすから扱うヒトやカネの規模が大きくなって、マフィアが入り込むような問題になる可能性が高まる。だから、そうならないようにあくまで個人ベースの動きの範囲なら売春も容認されるという政策もある。重要なのは「表と裏との線引き」をしていくことで、困った人がでないようにするという手順を踏むのかということです。現状の日本の議論は、「表と裏はあいまいなままで、とりあえず見て見ぬふりをできるようにだけ規制強化しておけばいいんじゃない」という現状と、そこへのカウンターとして「セックスワークなんて全部裏にしろ！表のセックスワークなんてものが存在する余地は一切認めない」という極端に単純化した主張とができているのとがある。議論の質が低い。それはやっぱり多様なものへの免疫の無さがあるのかなと思います。これは別に売春の話だけじゃないですね。いろんな自分が理解できないものを「異質な他者」であると攻撃したり見下したり、哀れんだりして、視界から排除して、自分たちは同質な集団であると見たほうが楽なわけです。ただ、本書で他の方も触れているように、福祉問題としてこの問題を見たときに、明日は我が身という感覚を持って向き合うべき問題であることは間違いない。あるいは、アパートの隣に住んでいる人がそうであるかもしれないという感覚を持たなければならない。にも関わらず、自分の足元とつながっている感が少しでも残る状況を許せないのかなと。他国で議論が進んでいくというのは、自分の足元とつながっている感というのを持っていこうとしているというのが1つ。

あとは、トランプ現象みたいなところともつながってきますけれども、この問題でリベラルなほうが、つまりポリティカリーにコレクトであるというほうが、むしろ、そういう弱者を守るために何をできるかと健全な議論をしていかなきゃならないのに、ポリティカリーコレクトなことを言いたい人が、むしろ、日本ではそれを隠蔽しようという方向に議論を進めていってしまうというところが、なおさら日本の面倒くささですね。

中村▼全てのフェミニストが売春に反対しているわけではないんだと私は思うんです。よく知らないんですけど。でも、一部のラディカルフェミニズムは、売春は女性たちを差別している構図だからダメみたいに言っているわけですよね。それで、搾取されているみたいにいわれるけど、たとえばご著書（『漂白される社会』）にあった移動キャバクラの女の子たちも、誰から何を搾取されているんだと。あれは要するに、キャバクラみたいなのを自分たちで起業してるわけじゃないですか。で、2人で肩を寄せ合いながら、リナって子がもう1人を守るみたいな形を取りつつ、若い女の子と一緒に飲めたら嬉しいという男たちを引っ掛けてお金を出してもらう。なんならラブホに泊まって、それでどうしてもやんなきゃいけなかったら援交やってもいいやと。そんな彼女たちが誰から何を搾取されているのかなと思うんですよ。性的搾取の問題みたいなフェミニズムの議論と、援交をやる女の子とか、そういう漂流民みたいな女の子とか、いわゆる一部のセックスワーカーの人たちと議論が噛み合っていないというか、現実的じゃない印象。たぶん、フェミニズムの人に言わせると、リナとかああいうのは男性原理みたいなのに洗脳されちゃって、自分が搾取されていることに気が付かないんだという言い方になるんだろうけど、私は本人が幸せだったらいいじゃんと思うわけ。そんな構図がどうこうじゃなくて。本人が本当に辛かったら、それは救うべきだと思うけど。本人がこんなゆるふわでちょいちょいセックスを売っていても、それでも楽しくやっていますよと言うんだったら、別にいいじゃんと私は思うんです。

開沼▼「搾取」って、マルクス主義で使われてきた言葉です。「あなたたちは資本家に搾取されていないと思っているけど、実は資本家に搾取されているんだ」というもの言いは、たしかに「そうか私は搾取される構造の中にあったんだ！この苦しさの正体はそこか！」と救われる人を生み出す場合もあります。ただ、相手の事情をよく知りもせずに「お前は搾取されている」とか濫用しだすとただのウザイ正義の味方気取りの上から目線を助長するだけなんですよね。「私らのような前衛的でインテリで頭がよくて高潔な人間が、『搾取』されている無知で現状認識が甘くて汚れているやつらを指導してやる。これこそが社会を良

くすることにつながるんだ」というような理論構成って、どれだけ相手に無礼かわからない人間にはわからないんです。必要なのは「みんな搾取されている」「みんな可哀そう」みたいな大きな話ではなくて、個別具体的に「この人がこういうことで困っているからこうしよう」という小さな話をしながら、課題を解決していくことです。なんとなく上から目線で、ろくに現場の状況も知らないのに、搾取である、かわいそうであるって押し付ける。でも、その現場の人たちはそんな理屈のこねくり回しは知ったことではない。結果として、むしろ、本当の意味での搾取とされるような弊害が放置されている。犯罪に巻き込まれたりとか、賃金が下がったりとか、いろんなことが解決されない状況は続いていています。

中村▼パターナリズムの偽善が本当の搾取を作り上げている、という皮肉な構図ですね。

開沼▼言葉の世界、言論の構造として、たぶん2層になっていると思っています。以前、ＮＨＫの番組で、女性の貧困の中にあるシングルマザーなどの人たちが性風俗で働き生活を維持しているという番組をやろうとしたことがあった。僕と当事者団体に関わっている大学の先生とでコメンテーターとして出ることになってたんですが、その日の朝に大雨があって、その番組が延期になったんですよ。延期になったら、週刊誌にＮＨＫはとんでもないことをやろうとしていると言われて、大きく番組内容の構成を変えて、僕も出られないことになって、という事件がありました。週刊誌がそういうネタを書いて煽るのは別にそういうものだから仕方ないとは思いますけども、貧困問題として性風俗を扱いましょうというだけの話なのに、そこに対するとにかく見たくない、ＮＨＫなんていう真面目に社会問題を直視する切り口で番組をつくるところがそんなテーマ扱うなと。性的なものへの大衆的な嫌悪の土壌が強いことを感じた経験でした。先程も言いました通り、いまはその時よりもマスメディアでこういう問題を扱えるような雰囲気は出てきました。ただ、それだけ「見て見ぬふりをしてきたもの」を直視する機会が増えるほどに、大衆的な嫌悪感が増えている。そして、問題をさらにややこしくするのは、その上に、学者とか法律家とか、ある種権威を持っている人間が乗っかってきて、さらに嫌悪を煽り、肥大化させる状況にある。この2層の嫌悪の中で「きれいな社会を作ろう」と皆で盛り上がるネタづくりの1つとしてセックスワークの問題が現場の人間を置き去りにして消費されることになってはいないかと。この中で、議論が膠着状態になっています。

中村▼週刊文春を作ってるオヤジたちに、セックスワーカーの気持ちや立場を真摯に考えるような知性やメンタリティはないでしょうしね。そのくせ正義の味方面をするから始末に負えないです、ああいう社会派気取りの似非ジャーナリズムは。

スティグマを作っているのは誰なのか

中村▼スティグマとかについてはどう思われますか？　社会がそういう人たちをそう見るというのはあると思うけど、本人の中にそういう意識があるのかという。私の周りの人は、けっこう風俗をやっていてもあっけらかんとしている人が多かったので、みんなが言うほど魂が傷ついたりとか、精神的にやばくなったりとかいうのは私はあんまり感じなかったんです。私も実際にデリヘルやって、じゃあ、私はあの体験で魂が傷ついたかというと、そんなこと全然なかった。社会から烙印を押されることによって本人が傷つくのか、あるいは、そんな仕事をして傷ついているから社会に負の烙印を押されるのか、どっちなんだろうと普段から思っているんですけど。

開沼▼人によってばらつきがあるにせよ、おっしゃるように社会からの烙印のほうが重い場合が多いことはもっと議論の前提にされるべきですよね。継続的に話を聞いているセックスワーカーの方が揺らぐのはライフステージが変わる瞬間。つまり結婚を考えようかなとか、そろそろ体力も落ちてきたし他の仕事も考えてみようかなとか、何かしらの転機がきた時。

たとえば、具体的に知っているケースで、10代の時にバンギャルをやっていて、それでお金をすごく使うようになっちゃって、風俗入ったという人がいる。20歳すぎて、途中でバンギャルをやめたんだけれども、仕事としての風俗はずっと真面目に、安定的に続けてきた。ものすごい稼ぎまくるタイプでもなかったけど、単純に、仕事としてあっていたということです。ただ、20代も後半になった時、そもそもバンギャルをやっていてこの仕事をはじめたんだよな、他に職歴ないままきてしまったけど、もうそろそろちゃんと就職しないとなと思うようになった。けどなかなか踏み出せない。その時、社会に溶け込もうとするのがものすごいハードルが高いと気づいていく。履歴書を書くにも風俗やってましたとは言えない。空白の期間ができてしまう。履歴書に書かないまでも、新しいコミュニティに入っていった時に、いままでの自分の生き方を受け入れてくれる人はなかなかいない。それまで、真面目に、無遅刻・無欠勤で客への気遣いも忘れず、自分自身も嫌な思いは特にするようなこともなく働いてきたわけです。仲いい友人も理解してくれていた。そこの内部にいた時にスティグマはほとんどなかった。ただ、何かを切り替えなくちゃ駄目だとか、生活スタイルを変えなくちゃ駄目だというときに、勤務先としての風俗の内部の居心地の良さを感じていたときには認識しなかったスティグマを初めて感じたわけです。

外から目線だと、セックスワーカーたるものみんな普段からスティグマを感じているに違いないと思っている人もいるかもしれないけど。そうではなくて、コミュニティを移動する、ある村から出て行く瞬間というのが、スティグマの大きな1つの発生要因になるわけです。ずっとそういう繁華街の中で働いている人同士で結婚して、子どもを産み育て、高齢者の面倒を見て、家族を築いてとかだったらお互いに理解がある、周りも理解してくれるみたいなことがあるのかもしれないけれども、やっぱりそういう人ばかりじゃないので。外に1歩出たら相当目が厳しいというところを考えていくということは重要かなと思いますね。

中村▼外の世界に出た途端に差別を体感する、ということですかね？　しかし、そもそも一体何が原因で、セックスワークという仕事がこれほどまでに人から蔑まれるんでしょう。たとえば江戸時代の遊郭とか、ああいうのはどうだったのかと。遊郭の中ではチヤホヤされていても、身受けされて普通の商人のおかみさんになったりすると、店の従業員とかから「あれは吉原から来た娼婦じゃないか」みたいな目で見られて差別をされていたのか。あるいは「あの花魁のすごいビッグスターがうちのおかみさんになって」とかいって、みんなから羨望されていたのか。私もその時代に暮らしているわけじゃないから、そのへんはちょっとわかんないじゃないですか。だけど、どうなんでしょう。明治以降というか、戦後というか、やっぱり欧米のキリスト教的な価値観みたいものの影響でセックスワークに偏見が生まれたのか、それとも、そもそも日本にもセックスワークの偏見というのが根強くあったのか。

開沼▼文系学者の中ではそれなりに性的なことを歴史的に見る研究はこれまでありました。「遊女」とか「オナニー」とか「童貞」とかの研究が有名です。で、そういう中で過去どうだったのかというのが色々見えてきていますが、ざっくり言うと、いまより性的なものにはもっと緩かった、寛容さがあったのが近代化以前の日本だと言っていいと思います。国外を見たら、売春は、本当に食えない人がやるみたいな偏見、あるいは病気の流行の中で病気になる、そういう具体的な理由から来るネガティブなイメージというのがずっと付きまとったことは間違いないですけれども、そういう中で相対的にみれば、日本では、今、おっしゃったような、ある種の高尚な文化として受け入れていこうという感覚もあったと思います。でも、それが変化していった背景には、おっしゃったような戦後のアメリカからの強い影響などがあります。あるいは、80年代頃から現在に至るまで、宮崎勤事件などを経る中でオタク文化の中のセクシャルな部分を社会悪として吊し上げたり、法規制の対象にする動きや、歌舞伎町浄化作戦も大きな転換点だったでしょう。「性に厳格に対応すること」に対して文句を言う人よりは、評価する人のほうが世の中には多い。右翼も左翼も関係ない。その点で政治家やイデオロギーをもった活動家からしたら自分への求心力を高めるカードになる。その点、性への不寛容な空気を高めることが、政治的に利用されてきた部分もあるでしょう。でも、そう言ってしまうと暗い未来しか見えない気もしますが、状況が改善する可能性もけっしてないわけではありません。例えばLGBTへのスティグマについて言えば、よく知られているように、タイと日本を比べればタイではスティグマが弱いわけですよね。東南アジアには、「第3の性」というのが大昔から社会的にいるんだということが民俗学的にいわれている。そういうのと比較すれば、日本では、LGBTは社会的に変なものだとされて排除されてきたり、笑いの対象になってきたことがより鮮明に認識できます。でも、ここ10年ぐらい見るだけでも、状況は大きく変わってきていますよね。LGBTがスティグマを抱えていかなければならないのは変だよねという議論になってきた。だから、スティグマは時代によって、場所によって変わるものなんです。どこかに突破口はあるのかもしれないとも思っていますね。

中村▼ゲイもそうですよね。ホモセクシャルって、必ずしも日本の中で否定的ではなかったわけじゃないですか。

開沼▼その通りです。武将とかが若い男を好んだとか。

中村▼森蘭丸的なのを連れてみたいな。だから、ゲイに対しても寛容な国だったと思うし、売春に対してもかなり緩かったと思う。もちろん、その当時の吉原は、親の貧困のために売られてきたという人身売買的な側面はあったと思う。でも、民族的にそこまでセックスワークやホモセクシャルに対して厳しくない国であったのに、それが、それこそ明治以降とか、近代以降の西欧文化による洗脳であったとしたら、もともと持っているものではなかったら、元に戻れるんじゃないかな、と。私は楽観的な気分で思っているんですけれども。それで、何かみんなもちょっと考え直してみたら、見つめ直してみたら、別にそれもありじゃんみたいな。

だって、みんな「吉原炎上」みたいな映画がけっこう好きじゃないですか。それは、必ずしも惨めな話として観ているわけじゃなくて、あそこで暮らす女たちの悲喜こもごもに共感したり、むしろ彼女たちの意地と誇りに感動したり。そういう感覚で普通に楽しんでいるってことは、やっぱり、「こいつらみんな穢れた娼婦だ」なんて思っているわけじゃないですよね。そういう「娼婦もひとりの女である」的な視点は、なんとなく日本人の中に根底的にあるんじゃないかなと思っているんです。

結局、みんなの気持ちが変われば、スティグマという問題も薄れていくわけですよね。そうすると、セックスワークしている人たちも、もうちょっとやりやすくなる。で、みんなの偏見をなくすには、やっぱり合法化とか非犯罪化しかないのだろうか、と……そこらへん、どう思われます？　合法化や非犯罪化で偏見はなくなるのかな？

開沼▼必ず偏見をなくせることに直結する、とは言い切れませんが、その方向に向かう可能性を高めることはできるでしょう。これは犯罪である、あるいは犯罪に近いグレーであるというラベルを貼ることによって偏見をつくることは容易にできます。たとえば昨今の芸能人のドラッグ疑いというだけでも、もうそれで一挙に排除される空気。あいつはいくら吊し上げてもいいんだという空気になる。そういう法的な効果というのは、合法化、あるいは非犯罪化によって薄められるというところはあります。ただ、合法化、非犯罪化の中で解決に向かう問題と、そうはできない根強い問題と、両方あることは気をつけるべきかと思います。例えば、他国と比べて日本では、法的に緩いのはAVの世界の話で、AV女優も入っている「恵比寿マスカッツ」が普通にアイドルグループとして大きなスティグマなく人気が出たり、日本のAVの文化が中国にいって蒼井そらが有名になったりしている。そういう事例はあるわけです。一方で、テレビで恵比寿マスカッツ見る分には普通にファンになる、蒼井そらが中国で有名になってすごいじゃんとまではなっても、自分の家の周りに性風俗店ができたら嫌だみたいな、感覚というのは今後も根強いかもしれない。

中村▼私は援交とかに関しても、その理由はなんであれ全然悪いことだとは思っていなくて。たとえば援交もピンキリだと思うんですよ。本当に遊ぶ金が欲しいとか、ブランド物のバッグが欲しいみたいな。その一方で、家出少女みたいに、家庭内が本当に崩壊していて、家出をして居場所がないからそういう援交をしたっていう子もいるだろうし。それはもう本当に援交の中にも格差があると思う。それを引っくるめて、私は援交に関しては肯定的ではあるんですよね。むしろ思春期の性的冒険という感じで捉えてます。

ただ彼女たちを私が心配するのは、知識がないこと。性教育がちゃんとしっかりしていないから、例えば避妊であるとか、感染症であるとか、そういうことに対する知識をちゃんと学校で教えてないから知らないでやっちゃって。病気になっちゃったりすると対処法もわからないわけじゃないですか。避妊に関しても、もう雑な知識で。だから、性教育のほうをちゃんと充実して、あとは自由に任せていいんじゃないかなって私は思うんです。それで、そういう時代になっていくのかなって、宮台さんが援交を肯定していた頃は思っていたんだけれども、最近になって「私たちは買われた展」というのがあったじゃないですか。なんか文脈がおかしい、なんで「買われた」みたいな言い方をするんだろうと私は思った。売ったんでしょ、自分の意思で売ったんじゃん。売ったのを買われたなんて被害者みたいな言い方をして、なんかまるで買った男が悪いみたいな言い方でしょ。なんでそんな言い方をするのかなと思って。「私たち売りました展」でいいじゃん。ああいう買春男が悪い、みたいな論調が私は気持ち悪くて。あの「買われた展」とか、どう思われますか？

開沼▼すごく気持ち悪いです。仁藤さん、でしたっけ？

中村▼仁藤夢乃さんですね。

開沼▼僕がNHKのハートネットTVで女性の性と貧困をテーマにした番組に出たときも、僕は見ていないですけど、編集者から教えてもらったんですが、ずっと彼女がツイッターで「そういうのを肯定するのか」とクレームを言っていたと。全く的外れで単純思考の気持ち悪いのが出現したなと思いましたね。そんな話、全くしてなかったんで。被害者ポジションとって「弱者を守っている私」と弱者憑依すれば、なんかすばらしいことをやっているねと喝采されるんでしょうが浅薄です。別に、具体的にこう困っている人がいるからこういうやり方で助けましょうという話をストレートにするならわかる。そうせずに、「買われた」人も「売った」人も、もっと複雑な状況にある人も存在する1枚岩でないものを「買われた」ということに単純化して、その単純

化を通して私は弱者を守っていますと食い物にしていく。女性の性と貧困をテーマにした番組だって困っている人がいたから助けましょうとディレクターが本当に丁寧に取材して作った番組だったわけです。そこに自分のやり方は正しく他のやつのやり方は悪だと後乗りして、正義の味方みたいな面して因縁つけてるんじゃないよと。まあ、でも相手にする価値もないと思います。そういう単純化の中でこぼれ落ちるものがある。そこで困っている人や違和感を感じている人がいる。そういうのを言葉を仕事とする人間はちゃんと拾わなければならない。それは、言論を通してカウンターとなるものを可視化していくということでしかないと思うんですよね。という意味で、今回つくられる本というのはとても意義がある。「買われた」ってそれ、どうなのって、現場の人で思っている人は多いと思いますから、ちゃんとそういうのを言っていくべきだと思いますね。

中村▼いや、私の本なんてたいして影響力ないと思いますけどね。そもそも私という人間が世間に相手されてないから（笑）。

開沼▼そんなことないですよ。ぼくは自分の思春期の頃から中村さんを「真剣10代しゃべり場」とか「5時に夢中！」とかで観て、この人は本質見抜いて本当のことを言い、口だけでなく行動もする人だと思ってきましたから。若い世代でそういう人少なからずいると思いますし、言葉を待っている人がいる。意味あることですよね。

個人の幸福と政治的正しさの問題

中村▼そういえば、ご著書の中のスカウトマンの話も面白かったです。スカウトマンのあの話を読むと、結局、男が女の子たちを、いわゆる搾取してるみたいな構図じゃないですか。いわゆるフェミニストの人たちの言う「性的搾取」ね。まぁ、確かに構図的には男が女の子を利用して、金を使わせて、借金を背負わせて、風俗に売って、それで、その男はピンハネしてみたいなことをしているわけだけど。だけど、その女の子たちが不幸なのかどうかという問題は他人が決めることじゃないと思うんだよね。

騙されているのかもしれないけど、私も自分がホストに相当お金をやられたので、わかるんです。その時は楽しかったわけ。今ではホストに対してすごく怒っているんだけど、でも金を返せとも思わないし、それはそれであの時は楽しかったなみたいな、そういうふうに思っていて。たとえばその女の子たちが、ある時、こういう男たちにいろいろ金をピンハネされたりとか騙されたりして、私が本当に馬鹿だった、足を洗いたいと思ったときに、スカウトなりホストなりが暴力を振るったりとかして引き留めるんだったら、それは問題があるとは思う。だけど、夢見ている間は幸せなんですよ。だから、それはそれで彼女たちの選択じゃないかと思うんだけど、そこまで言うと、ふざけんなみたいに言われちゃう。そんなの幸せじゃないだろ、体を売らされてるんだぞ、みたいな。

でも、幸せって何なのかなっていうと、主観でしかないじゃない。よく日本の幸福度みたいなのが世界で低いとか言われているけど、あんな主観的なテストをやって、だって、幸福の基準って何なのみたいなことになるじゃない？ 衣食住とか、そういうことでは日本は世界中で見れば豊かな国であるはずなのに、こんなに幸福度が低いみたいなことをいうけど、でも、それってアンケートに答えた人たちの主観の問題で、だから日本人が幸せじゃないっていうんじゃなくて、幸せじゃないと思っている人が多いわけ。それはなんでかと言うと、もっと幸せな人を見て、自分の手元にないカードを数えていれば、いつまでも幸せにはなれないからですよ。私なんかその典型なんだけど、他人が持っているカードばっかり羨ましがってると、それはもういくらお金があっても、何があったって、全然その人は幸せになれない。あるいは、幸せだって言っている人たちだって、何かいろんなものに蓋をして幸せだって言い張っているのかもしれないし。そんな主観の幸不幸みたいなもの、日本人の幸福度なんて語って何か意味があるのかなといつも思うんです。本当に幸せかどうかなんて誰にも判定できない。

それと同じで、セックスワーカーが本当に幸せかどうかなんていうのは、本人が決めることでしょうというのが私の意見。後で、やっぱり騙されていたと思って腹が立つこともあると思うの。あの時は幸せだと思っていたけど、よくよく考えたら、あれは幸せじゃなかった、と。じゃあ、自分にとって幸せとは何なのかなって本人が考えて、また模索していけばいいと思うんですよね。でも、ああいうスカウトマンの話とかを読んだ人から、きっと、あれは結局、男が女を搾取しているんじゃないかみたいなご意見があったかと思うんですよ。やっぱりそういう反論はありましたか？

開沼▼あるっちゃありますね。も

ちろん事前に準備して、想定して、かなり細かくそう言われないように事実関係を積み上げて書くようにしたりもしました。それは搾取されているかいないかという話よりももっと重要なことをあの文では伝えているわけなのに、搾取云々に議論が矮小化されてそこが伝わらないのは不本意だったからです。でも、この議論って何言っても因縁つけてくるやつはいる。ここは、たぶんわかり合えない。「搾取だ」っていうことだけ見て、その外を見ることに興味がない人には僕にとって重要なことはどうでもいいんでしょうし、スカウトマンの話に出てくる人たち本人が幸せだと感じると思うかもどうでもいいわけです。っていうか不幸であるに違いない、そうじゃなくちゃだめだというところで思考停止している人にとっては全部そうとしか見えなくなってしまっている。彼女がいくら幸せだと思っていたとしても、男に搾取されているんだということになる。さらに、じゃあ、その話に乗って、搾取されているとしましょう。それなら彼女は搾取されているだけなのかというと、彼女は風俗嬢なり、キャバ嬢なりとして、なんの気持ちもないけども色恋営業を掛けて、客を引っ掛けていたりする。じゃあその客は搾取されているのかというと、たぶん幸せだったりする。それはまた本人たちの主観を見れば「幸福の連鎖」しているようにしか見えないこともあるわけ。それをなんか正義の側から搾取の連鎖だみたいな話とか……。いや、できますよと。できるけれども、

それをしてなんなのというところだと思います。それしてなんなの論というのは、でも、一度思考停止しちゃったら、もう一切視界に入らないと思うんです。それはよくよく考えてみないとわからないところなんで。やっぱり、よくよく考える機会をつくるということが、たぶん、この不幸なすれ違いの解決策だとは思っています。社会は、ほうっておくといかによくよく考えるということをしなくても済むかという方向に動くんで。だから、僕は、反論が来るかもしれないけどそういうスタンスで書きましたね。やっぱりこういう構図を私たちが知っていないと、表面だけを聞いたら搾取だとかいう話にやっぱり納得しちゃうので。

中村▼わかり合えないというのは、先方が聞く耳持たないということですか？

開沼▼そうです。他者の経験や感覚を理解しようとせずに、ひたすら自分が正しい側なんだ、自分がモラルの側にいるんだということを掲げながら異論を唱えるものにマウンティングして、他の言葉を全部潰していく。でも、そういう不寛容な人は全体から見ればごく一部なんで、あまり気にしなくてもいいとも思います。何言われようと自分が幸せだと思うこと続けていればいいいんです。僕は社会はたぶんもっと寛容だと思っていて。たとえば僕は福島の問題を最近はずっと研究対象としてやっているんですが、ここまでの話と同じで、外野には「福島は、福島に生きる人は不幸じゃないと困る」という「絶対否定派」がいてそこがデマ流したり、差別したりしている。そういう人間は声がでかいし、まあうざい。話にならない。それで、例えば、アンケートを取ったり、いろんな数字を並べてみると、そういう偏見に凝り固まった話にならない人間が、日本全体で見た時にどのくらいいるのか、というと、大体2割ぐらいです。これは増えもしないし、減りもしない。この2割のスーパークレーマーって目につくんで、どうにか対応しようとしてしまうんですが、これは、いくら現実を示しても聞く耳持たない、わからない人なんですよね。ただ、重要なのは逆に8割の人は、データとかを示したりしながら丁寧に説明すればわかってくれる人たちだということです。でも、その人たちは普段は大声を出さないわけですよ。だからこの寛容な人たちの存在は目につきにくい。でも、ここに話をしていけば静かに状況は改善していく。で、言いたいことは、セックスワークの話も、ごく一部の過激な人じゃなくて、分かってくれる余地のある、大部分の寛容な人に働きかけをしていくことが重要だと思っています。風俗は絶対汚らわしいわという、テレビで貧困と風俗を取り上げようとしたらわざわざ電話でクレームを言ってきた人って特異な人で、暇だからそんなことしている。そういう話もあるんだね、考えなくちゃと真っ当なリアクションとる人はそんなんじゃないよと。まともな人は事実関係を見て、そうなんだ、問題だなと言って、どうにかできないかなぐらいを思うわけで。その人たちに、ぜひ私たちの動きをサポートしてくださいっていう言い方は全然別にあると思うんですよね。だから、あんまり悲観し過ぎなくてもいいです。自信を持って、事実を伝え続ければ、冷静に受け止めている人もいるはずで、そういう人に語り続けていると思えばいいんじゃないですかね。もちろん、異論がでることもあるでしょうけど、そこは議論していけばいいんです。一部の聞く耳を持たない人との疑問は不毛だからしなくてもいいけど、大方の聞く耳を持つ人との議論はしていけば良い。

差別や偏見の核にあるのは何なのか

中村▼私はね、反対する人に対して反対する根拠を聞いていって、じゃあ、たとえばその根拠なるものをひとつずつ切り崩していったら、最後に何が残るのかというのが、すごく興味があるんですよ。売春はリスキーだから反対と言うんだったら、そのリスクを管理できたら自分の娘が風俗をやってもいいのか。魂が穢れるとか心が壊れると言うんなら、心は壊れませんよという根拠を示せば納得するのか、みたいな。そうやってひとつずつ崩していって、最後の最後に残るのは何か、というところに関心がある。それこそが言語化できない偏見の核の部分だと思うから。

私はね、最後の最後に残るのは、男の人がやっぱりいろんな男にやらせる女は嫌だという、そこなんじゃないかなと思うんですよ。女の側の嫌悪感じゃなくて、男の嫌悪感だと思う。そりゃ、確かに風俗みたいなのがあると、地位を脅かされる女の人もいるわけですよね。家庭の主婦とか。でも、それはただ被害を被るというだけの話で、偏見とか差別とかはまた別問題だと思うから、そこは解決していくような気がするの。で、ひとつひとつ切り崩していって最後の最後に残るのは、男の人が誰とでも金でやらせる女が嫌い、という嫌悪感。そこが最後に残りそうな気がする。結局、男に金でセックスを売る女は犠牲者だって言っているフェミニズムも、不特定多数の男とやる女に対する男性の嫌悪を、そのままフェミニズムも内在化しているんじゃないかというふうに私は思うんだけれども、どう思います?

開沼▼そのとおりだと思います。もちろん、そういうことをフェミニズムの中でも慎重な議論は指摘してきたはずですけれどもね。やっぱり女性の性を管理したいという欲望が立場問わず普遍的に社会には組み込まれている。それがいろんな問題を複雑にして、固定化しているというのは、風俗嫌悪以外にもたぶん言われてきたこと。そこに自覚的だったはずのフェミニストの一部が、そういうふうに嫌悪、むしろ女性の性管理を固定する論理に走っているというのはとても残念なことだと思いますよね。おっしゃるとおり嫌悪なんですよね。論理ではない。ひと言、「気持ち悪い」なんですよ。『ファスト&スロー』っていう、ノーベル経済学賞も取った心理学者の本がある。この本では、人間の心理にはシステム1とシステム2というのがある。システム1というのは動物的な勘で、これ好き、嫌い、危ないと思う、安心だと思うというところで、人間はまずぱっと判断をする。これは一瞬で判断する「ファスト」なシステムだ。一方、人間はその動物的直感に、後からゆっくりと論理的に理由付けをする。これはシステム2、つまり、「スロー」な心理的な判断のシステムで、進化の過程で発達させてきている。こういうことがあらゆる実験でわかってきている。

人間は論理、理屈を使いながら議論をする動物です。「自分はこっちがいいと思う」と判断をしたら、その背景を理屈ではいろいろ言う。だけれども、一見説得力ある理屈を言っているとしても、その前にもう気持ちいいか気持ち悪いかという動物的な判断をしているんだというのが『ファスト&スロー』で言われた話ですね。で、セックスワーカー嫌悪の話に戻せば、女性の性の管理ができない状態にある、それは気持ち悪い、と動物的な直感で判断をして、そこから後から色々な屁理屈をつけている人って多いということです。しかも、その「気持ち悪い」は男性中心主義で回ってきた社会で醸成してきたものでもある、と。だから、もし、女性の立場が虐げられている、どうにかすべきだ、という立場にたちながらセックスワーカーへの嫌悪を同時に主張するなら、それは自己矛盾している。男性中心主義社会の価値観を無意識に自分の中に内在化しちゃっているわけですからね。

中村▼やっぱり、その嫌悪というのは動物的な本能に根ざしているという理屈なんですね。だとしたら、セックスワークに対して寛容な民族というのは、その本能はないのかと。さっき言ったみたいに、日本がもしも本当に江戸時代とかあのへんで、遊女みたいなものに対して寛容だったとしたら、日本人の中には嫌悪というのは無いんですかね。同じ生き物なんだから、そんなはずはないですよね？

開沼▼無いわけではないです。でも、やっぱりそれを上回る文化的な価値が動物的・直感的な嫌悪感をひっくり返して、直感的に欲望の対象とすることもあるでしょう。例えばタバコを吸う文化だって、火を付けて煙を吸っているってどうなんだ、むせるだろうし身体に悪そうって、全然タバコを知らない文化から来た人は思うかもしれないですよね。でも、やっぱり、そこにタバコ会社がいろいろＣＭやったり、ドラマでタバコを吸うシーンがでてきたりなんだりで、かっこいいというイメージとか、実際に周りで吸っているおじいちゃん、お父さんがいてなじみ深いという感覚とか、いろんなものが文化的にくっ付いてきて、タバコを俺も吸いたいなと一定程度の人がなる。そこに対抗するような文化的価値、イメージ上の付加価値がくっ付いていくということが重要だと思いますね。

中村▼でも、生理的な嫌悪というのは消せないですよね。売春嫌悪にしても、その合理的根拠が全て崩されたところで、生理的嫌悪は残るということですよね。それはもう昔から連綿と続いてるもので、たとえば私とかが若い頃にはヤリマンという言葉はなかったんだけれども、男の人たちはそういう子を「公衆便所」って呼んでた。便所ってすごい言い方じゃないですか。それは本当に男目線だなと思う。あくまで男にとっての「排泄場所」って意味だと思うけど、でも便所に意思はないけど女の人には意思があるから。まるで誰とでもやる女は人間扱いしなくていいと思ってるみたいな言い草じゃないですか。

今はヤリマンに対する偏見がどうなっているのか私は正確にはわからないんだけど、たとえばツイッターとかで「娘がヤリマンになったらどうする？」って訊いてみたら、ヤリマンだったら許すという母親が半分ぐらいいるんですよ。ただ、妊娠に気を付けろとか、病気に気を付けろとか、悪い男に引っ掛かるなとか、そういうことは親として教えてあげたい。だけど、娘が自分の意思でいろんな男とやる分には、親があれこれ強制するのもどうかと思うので、ヤリマンなのは許すという。でも、そういう人たちも、娘が風俗に行くのは反対なんですね。

ヤリマンとセックスワーカーの違いは金銭が介在するか否かですよね。じゃあ、お金が発生するところが気に入らないのかって言うと、セックスはお金で売り買いするもんじゃない。愛。ヤリマンにしても、そのときはその男に好意を持っていたりとか、なんらかの情愛を持っていてやるんでしょうと。あとは自分の快楽。だったらいいと。金が発生した途端に、それは禁忌に触れるみたいなことになるわけ。だから、だんだん聞いていくと面白くなっていくわけですよ。やっぱり金銭が発生することへのものすごい忌避感。しかし、この世の中、セックスだけじゃなく、いろんな人がいろんなものを金に換えているわけですよ。セックスワーカーだけが何かを売っているわけじゃなく、私たちが仕事をしているということは、何かしら自分の何かを削ってそれを金銭にしているわけ。私の仕事だってそうじゃん。自分の心の闇を切り売りしてる商売ですよ。むしろ何も犠牲にしていない仕事の人なんかいないじゃんと反論すると、まあ、そうだけど、やっぱり売春は心が病んじゃうでしょうみたいな話にまたなる。

でも、心が病むとか言うけれど、電通の女の子がこの間自殺したじゃないですか。つまり、電通みたいなところで働いてたって病んでるじゃん。証券会社だって病んでるよ。仕事で削られて、みんな病んでるでしょう。セックスワークだけが、セックスする仕事だから病むという理屈が私にはわからないと言うと、やっぱり愛の問題になってくる。それで、愛ってそんなに大事なのか、みたいな。たとえば夫婦間で愛も無いのに義理的にセックスしているのはいいわけ？ それも愛が無いセックスだから、ある種のセックスワークといえないかと。例えば旦那に離婚されないためにセックスの相手をします。旦那を触るのも嫌なんだけど、セックスを拒否していると離婚だとか言われるからセックスしていますというのは、金銭は発生していないけど似たようなものじゃないですか。自分の経済生活を守るためにセックスをしていますというのはいいのか、みたいにどんどん突き詰めていったら、結局、何が残るのか。そこに私はものすごく興味があるんですよ。

開沼▼面白いですね。その議論で行くと、例えば、ヤリマンと風俗の間に位置づけられるかもしれない、愛人契約はどうなんですかね。というのは、僕はやっぱり突き詰めていった時にセックスワークに対して残る嫌悪感の根本にあるのが、不特定多数を受け身で、基本的に客を拒否できない状態でやっているというところへの心配みたいなものかと思うんですけど。つまり、風俗で働く女は嫌だが、高級な愛人契約をしながら生きている女は悪くないという人はいるのではないかなと。どちらも突き詰めればセックスワーカーです。であれば、その差は何かと言えば不特定多数を拒否できないか、そうでもないのかという差ではないかと。さっきから出ている、近代化以前の遊女への嫌悪感がそれほどでもないのではという話も、吉原とか、客が選ぶのではなく、セックスワーカー側が客を選べるイメージが常にあるから嫌悪の対象よりも文化的な営みだというイメージになったのではとも思うんです。

中村▼客を選べないということね。セックスワーカーは男を選べない。ヤリマンは選べると。

開沼▼昔とかだったら、無理やり見合いをさせて結婚させられる、家制度の中で逃げられないみたいなものって、いまはありえない、嫌悪されるものですが、ある種、この話と構造的にはほぼイコールとも見ることもできるわけかもしれないわけですが、その点、愛人契約みたいなのは、むしろステータスのある人と関係を持ち続けるというのはむしろセックスワーク嫌悪の死角・盲点になっているように思うんです。

中村▼なるほど。それを訊けばよかった。でも、愛人って金銭契約ですよね。不特定多数じゃないけど、金でセックスを売買してることには変わりない。

開沼▼そうです。でも、ヤリマンよりもむしろ高潔なイメージすらあるかもしれない。「カネくれるパパがいる」って若い女性が言った時、そこには自分が豊かになれるし、成長できるかもしれないみたいなむしろポジティブな文脈の中で語られることもある。そのこまでは良いけど、ここからはダメだ、嫌悪の対象だというところの区別みたいなものを考えると、「突き詰めていったところに何があるか」が見えるんではないですかね。

中村▼うーん……愛人は拒否感が出ると思います。

開沼▼女性からじゃないですか？

中村▼うん。男性より女性の嫌悪ですね、そっちは。金のためというのがどうもね、みたいな。女を使うことへの嫌悪みたいなのも、女性には屈辱的な感じがするんだと思う。それはわかる。私も枕を使って仕事を取るっていうのは屈辱だとずっと思い続けてきたし。

今は枕も使えなくなってみると、枕を使える人はいいななんて逆に思っちゃうんだけど。使えていた頃は、枕を使ったら、もう人間として負けだみたいに思っていたから。女を使うことへの嫌悪感は、働く女性の中で何か自分を支えるプライド、私は枕を使っていません、実力でここまで来ましたみたいなプライドを支えているから、そこは譲れんみたいな人はいっぱいいると思うんですよ。

開沼▼男性目線だと、でも、愛人ならいいかという空気のほうが強いようにも思います。それはもしかしたら、男性の側にに若干願望があるという男性目線なのかもしれないけど。でもそれが、「自分の娘だったらどうか」と問うた時に、判断がゆらぐ人もいるかは分からないですけれどね。でも、周りの人間がそれをやっているというのは全然受け入れるという人は多い気がします。確かに女性はたぶん嫌うでしょうね。男女目線の違いみたいなものが今の、ヤリマン、愛人契約、風俗嬢の3つのパターンで出てくる。ここを考える中で嫌悪の本質がわかる気がしますね。

中村：結局、何が問題なのか。愛が問題なのか、金が問題なのか、それとも魂の問題なのか、ひとつひとつを全部排除していって、最後に残るのはなんだろう。そして、そこはたぶん最後まで崩せない砦なんだろうなと思うけど、それにすがる人間というのはなんなんだろう、みたいな。

もし、愛の問題だとしたら。つまり一対一幻想みたいなものがどうしても必要だから婚姻制度というものがあるんだと思うんだけど。一対一幻想をそこまで必要とする人間ってなんだろう。私は、セックスワーカーに対する差別が無くなればいいともちろん思っているんだけど、その一番奥にある、差別の奥にあるもので人間を知りたい、みたいな気持ちがものすごくあるわけです。

たとえば愛を金銭に換える、セックスは愛の行為だから愛を金銭に換えるのはやっぱり良くないんだというのであれば、愛なんかいくらでも金銭にしている人はいるし。愛みたいなものをそこまで特殊化をする人間の社会、私たちはそういう社会の作り方をしてきたわけですよね。それは男の人が、自分の女が産んだ子どもが自分の子どもかどうかわからないからじゃないか、と思うの。女は自分が産んでいるんだから自分の子どもだという絶対的な自信があるけど、男の人はわからないわけじゃないですか。私が思うに、その不安というのが何か作用しているんじゃないかなと思うんですよ。愛人契約でもなんでも、自分の女であれば、この女が産んだ子どもは絶対に自分の子どもでしょう。だけど、最終的には、女にとって自分が産んだ子どもは自分の子どもだっていう絶対的な自信があって、それを突き詰めていくと、女の人にとって自分の子どもの親はどの男でも別に構わなくて。できるだけいい種が欲しいという、それだけ。結局のところ、女というのは自分と自分の子どもがいれば男は一過性のものでもいいのかもしれないって考えると、男にとっては、これはとっても危機感のある話だと思うのね。使い捨てられるわけじゃないですか。でも、動物の世界っていうのはそういうのがあるじゃん。そうすると、一対一幻想というのも、もしかしたら男の人がつくったのかなという気がするんですよ。

開沼▼それはもう社会学では明確に言われていて、ロマンチックラブイデオロギーと言われますけど、それは極めて近代的なイデオロギーです。つまり、大昔からあるものではない幻想。おっしゃる通り、この幻想がないと男は使い捨てにされるし、社会が不安定になるから発達してきたイデオロギーだと言ってもいいでしょう。

中村▼ロマンチックラブイデオロギーってよく聞きますけど、それはやっぱり男側が作ったの？

開沼▼そうですね、国にとって生産性が上がるし、戦争になった時とかも対応しやすくなるしという。社会秩序が安定するし、近代化をする中で、結果的にどんどんそうなっていったと。

中村▼でも、私は結婚って女の人がつくったのかなって思う面もあって。話が脱線しちゃって申し訳ないんですけど、私が原始人だったら、まず自分で労働はしたくないわけですよ。セックスさせてあげるし、子どもも産んであげるから、あなたは危険な狩りとか、そういう身体を張るようなことは私のためにしてくださいよという取引だったんじゃないかなと思う。やっぱり女の人の生殖とエロ、セックスをさせてあげる側という優位性。性的ポテンシャルは男性のほうが高いから。女の人はセックスしないと悶々としちゃうというほどのものはそんなにないわけだけど、男の人のほうがセックスをしたいという願望が強いと思うから「セックスさせてあげる、なんならあんた1人の女になってもいい、あんたの子どもを産んであげる。その代わり、狩りとかいろいろ大変なことはあんたがやってよ」的な。それで男に養ってもらうというシステムを女の人が開発して、男の人がそれに乗ってできたんじゃないかなと。だから、最初は女の人のほうが権力があったんじゃないかと思うんです。ところが、そこから経済というものを男は発明して、肉体労働じゃなく経済活動によって富を得るというシステムを男が作ったことによって、今度は立場が逆転したんじゃないかなっていうのが私の想像なんですけど。だから、ロマンチックラブイデオロギーというのも、最初は女が持ちかけた契約だったが、それが経済によって逆転して、男が女に強いるようになったみたいなシステムじゃないかなと思うんです。

開沼▼なるほど。そうかもしれないですね。だとすれば、今、またロマンチックラブイデオロギーも崩れていく中でどうなっていくかという転換点にある時期かもしれない。おっしゃるような原始的なものをもう1度露呈させる時代に入っているのかもしれないですよね。最近のニュースで、もう再婚率が去年結婚したうちの2割を超えているんですよね。

中村▼再婚率が?

開沼▼そうです。2015年に結婚した人全体の中で、夫妻の両方か一方が再婚だった割合が26・8%だと。つまり、結婚した人が100人いたら、そのうち4分1ぐらいが再婚者ですね。初婚じゃない。昔は、女性が離婚したら食っていけないから離婚に抑制がかかるような時代もあった。でも、いまは女性もどんどん、ぐるぐる都合のいいように結婚相手を変えていく。子育てのときにはこいつはいいけど、子育てが終わって、もっと自分の時間ができたらこいつがいいとかという話に、ディテールを調べていくとそういうふうになっている可能性がある。熟年離婚とかもそうですよね。こいつと死ぬまで一緒にいるのはさす

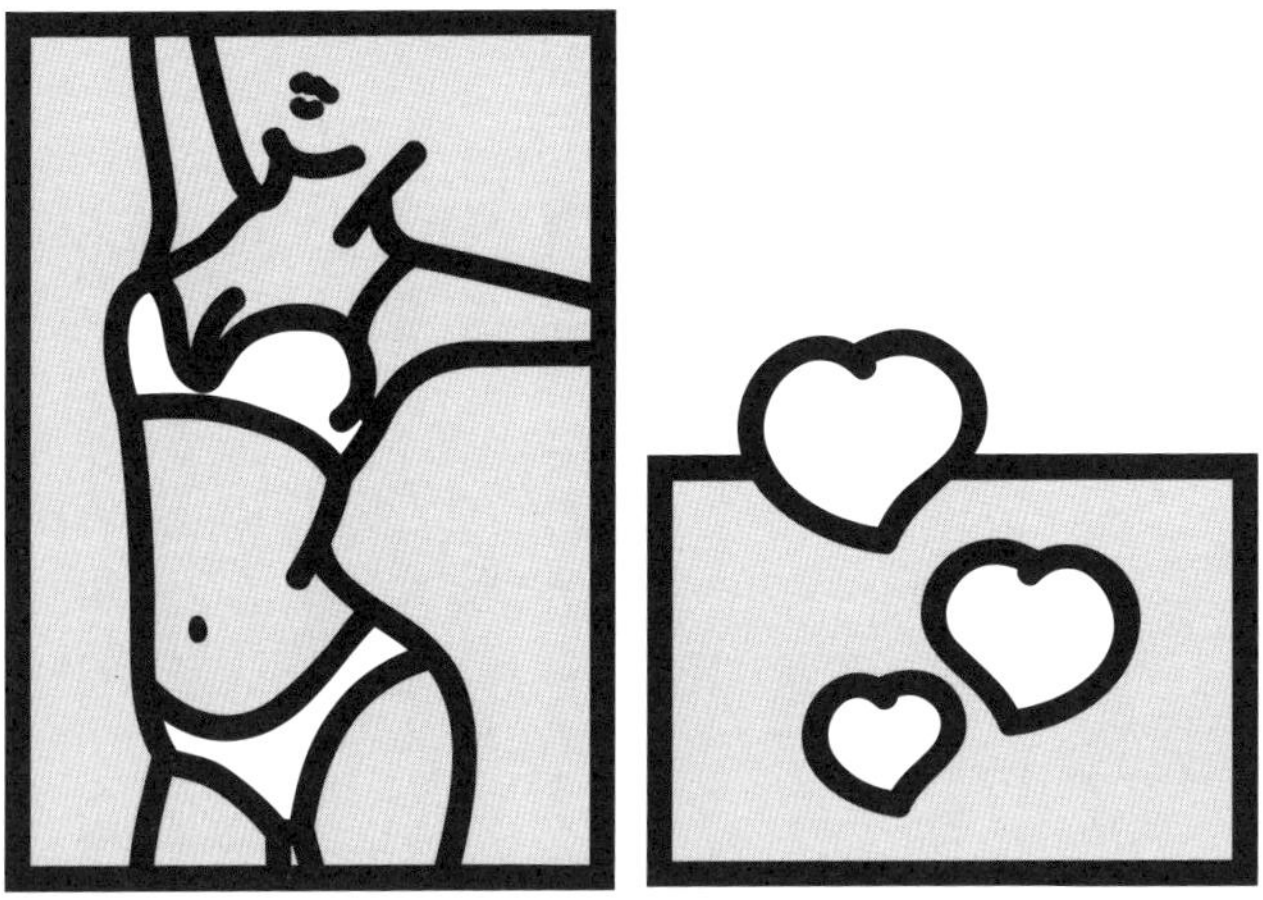

がに。もう定年してくれたら後はいいやみたいな話になっているのは、おっしゃるようなモデルかもしれないですよね。

売春嫌悪に潜む女性嫌悪と男性嫌悪

中村▼あと、もうひとつお訊きしたかったのは、北原みのりさんとかが言っている「買春男を処罰せよ」という論もありますね。あれはもう全く私は意味がわからないんだけど。どう思われますか？

開沼▼意味がわからないですね。

中村▼やっぱり、そうですか。

開沼▼すりゃあいいんじゃないですか、売春も犯罪ですしね、ぐらいの感じですけど、したところで根本的に何が変わるのか。どっちが加害者で、どっちが被害者だという対立構造を明確にできたらすっきりするという議論なんでしょうけれどもあまり根本的な問題解決にはならないんじゃないかと思います。

中村▼北原さんがああいうふうに言っているのは、北原さんが単に男が嫌いだからなんじゃないかと普通に思っちゃうんだけど。

開沼▼そうですよね。女性嫌悪の逆ですよね。

中村▼ミサンドリーですね。

開沼▼ミサンドリーは社会の中に一定程度あるでしょう、その立場から色々言うのも自由でしょうと。でも、そこから売春はよくないとか、AVが云々という運動に参入しちゃっている人がいるのは、議論の本質を見えなくしているなというのは思いますよね。

中村▼ミサンドリーの問題も、私は、ミサンドリーがいけないとか決め付けるんじゃなくて、それはもう女の人の中に絶対あるものだと思うんですよ。男に対する怒りとか、嫌悪とか、憎悪みたいなのは。私は強い好奇心と、自分がババアになって商品価値が落ちたので性的価値を数字で確認したいと思ってデリヘルをやったわけだけど、結局、それについての本を書いたら、私の性的価値のことなんかどうでもよくなっちゃって。書いているうちにすごく噴出してきたのが男性嫌悪だった。私がいかに男に対してずっと怒っていたかみたいなことがだんだんわかってきたわけ。それで『私という病』という本を書いた時は、自分の中のミサンドリーがわあーっと出てきたことをそのまま書いたのね。それが10年ぐらい前だけど。それから10年経って、今、思うのは、私はデリヘルをやることによって、あくまでも外部の男性ではなく、私の中にいる男というものと和解をしたんだなって思うんです。結局、あの体験によって自分のミサンドリーみたいなものを自覚するはめになったので、なんで私はこんなに男が嫌いなのか、こんなに憎んでいるのかみたいなことを考えるきっかけにもなった。そして、その後また10年の間、いろいろ自分のミサンドリーのこととかを考えて、今はけっこう和解しちゃっているわけですよ。

男の人にミソジニーがあるように、女にもミサンドリーがあって。それは誰でも抱えていて、それを何か正当化するために売春がどうこうとか、フェミニズムがどうこうというんじゃなく、自分の中と向き合えよというふうに私は思う。ミサンドリーを持ってることが悪いんじゃなくて、なんでそれが存在して、それは売春とかそういう問題じゃなくて、違う解決法があるんじゃないのかと。外の男の人と和解するというのじゃなくて、自分の中で和解しないと。彼女たちは男性が女性を記号化していると言うけれど、こっちでも男を十分に記号化しているわけですよ。その記号化された男との和解みたいなものが自分の中でされないと、結局、何も解決しないと思うんだよね。私は記号化される自分みたいなのを、男に対して怒ったりしていたこともあるんだけど、自分も男を記号化しているなということにも気付いた。そして、デリヘルをやることによって、男って結局やりたくて、排泄したくて来るんでしょうみたいに思っていたけど、実際のところそうでもなくて。なんか本当にまじにファンタジーがあって、それはもう奥さんとかに言えなくて。こういうところに来たら、俺、こういうファンタジーあるんだよね、オッケー、それに付き合いましょうみたいな、フィクションみたいなものを客とデリヘル嬢2人で作って、それで、フィクションごっこをするみたいな。だから、男の人もやっぱりそういうファンタジーが満たされないとか、なんかいろんな動機で来るんで、単に射精するために来ている射精産業じゃないなと思ったわけ。

そういうところで、男の人をもうちょっと人間として見るようになったというか。やっぱり相手を記号化しちゃうところってどうしてもあると思うから。そういう自分の中で記号化された男がだんだん顔を持っていき、肉体を持っていき、ああ、私の中にもそういうのがあるなみたいな。私の中にもやっぱり満たされないファンタジーとかがあって、そういうのを満たしてくれる場所があったら、私だって行っちゃうだろうなみたいなことに気付くきっかけになって良かったなと今では思うんですよ。デリヘルをやったことは本当に後悔してない。後悔したことは1度もないけど。何か意味があったのかって自分に問いかけた時に、あれから10年経ってみると、自分の中で記号化されていた男が肉体を持ったという。それは、それまでにも恋愛もしているわけだけど、恋愛をしている時っていうのは、それもまたものすごく幻想化しているわけだから、生身の男を恋愛中は見ていないわけですよね。それで恋愛が壊れると憎むみたいな構図になって。結局、男にも一人ひとりの肉体があり、顔があり、心があるというのは、私はデリヘルで実感したことの1つだなと思うんです。自分の話をしちゃって申し訳ないんですけど、ミサンドリー問題と、ある種売春問題というのは何か結び付いているんじゃないかと。

開沼▼本当に今のお話は極めて説得力があるし、根源だとも思いますよね。そういうリアリティある話なら分かる。だから、さっきの、いくつかのセックスワークを取り巻く言葉に気持ち悪い、意味がわからないといったのは、そこにミソジニーをひっくり返しただけのようなものを感じるからなんです。たとえば男性側に母親のように受け入れてくれるような女性がいて欲しいというファンタジーがあり、その裏返しでミソジニーになる。理想の女性像というのがあって、それに反するやつは許せないみたいな、そういうメンタリティは男性の側に広くあり、これは女性のリアリティを見ずに、イメージ上で幻想を膨らませているからそうなるわけです。じゃあ、女性側が男性のリアリティをみることができているのかというと、そうでもない。特に、「買われた」も買春糾弾の議論も、ミサンドリーとの結びつきは強い。そこには、男というのは強欲で、暴力的で、カネで物を言わせて、射精だけしたいんだ、それを買春という形で実現しているみたいな極めて短絡的なストーリーがあると。逆に言うと、男はその逆じゃなきゃダメなんだという感覚がある。それもまたファンタジーなんです。フェミニズムやリベラルな立場は、そういう「女だからこうあるべき、男だからこうあるべき、みたいなファンタジーでものを語ったり、ましてや社会制度を設計してそのファンタジーでしばったりするのやめましょう。そういうので誰か排除したり対立作ったりせず、個人の問題に他者が介入しない、できないようにしましょう」っていうところをベースに動いてきたものです。もちろん、暴力的・抑圧的なことをして他人に迷惑をかけるのはだめだとした上で。実際の動きは逆です。法制度でしばれ、あいつらを徒党を組んで糾弾するぞ、と。ひとつの「こうであるべき」で社会を画一化するのをやめようぜという立場にたっているように見せかけながら、ものすごい勢いで社会を画一化しようとしている。ねじれています。そのねじれの根本には、この自分の理想像を投影せんとする欲望がある。セックスワークの話でもめていることの9割がたはこの構図で説明できるかもしれないですね。

自分の理想像持つのはいいんですよ。「買われた」んだも、ミサンドリーも社会にあっていい。多様な議論があるのが社会です。ただ、それはそれでやってという話でしかなくて、それを無理やりセックスワーク全体の問題に投影して「こうであるべき」で社会を画一化しようとすると現場感覚からしたら違うよねという話になるし、議論がこんがらがる。いま起こっているのはそういうことだと思いますね。今回お話を伺って、なおさらそう思いましたね。

中村▼うん、こうやって話していくと、単なる売春の是非ではなく、ミソジニーやミサンドリーや、性を巡る男女のそれぞれの葛藤や、すごく人間の深い部分に根差す問題なんだなというのがよくわかりました。今日はありがとうございました!

対談を終えて

個人の「幸福」や「居場所」は他人が口出しすることじゃない

中村うさぎ

漂流少女と「キャッチャー・イン・ザ・ライ」

開沼氏の著書『漂白される社会』に、ふたりのギャルが登場する。

大阪から上京して住む家もなく、24時間営業のマクドナルドやネットカフェを泊まり歩き、二人で「移動キャバクラ」と称して街で釣った男たちに食事を奢ってもらったり、経済的に切羽詰まると二人セットで援交したり、というその日暮らしをしている少女たちだ。この「二人セット」というのが、彼女たちなりの危機管理であるらしい。まぁ確かにひとりだと密室で何をされるかわからないが、二人一緒なら相手がヤクザやサイコパスでもない限り、危険を回避できる確率は多少なりとも上がるだろう。危なっかしい生き方ではあるが、少女たちが身を寄せ合って大人の世界の中でサバイバルしていく、そのしたたかさに私は好感を持った。

家出少女と援交は密接に結びついている。家庭にも学校にも地域社会にも居場所のない少女たちが漂流する現実を、「援交の是非」論で語っても、何ひとつ解決しないと私は思う。問題は、私たち大人が、こういう少女たちに何をしてあげられるのか、だ。行政なりNPO団体なりが居場所を提供すればいいのではないか、という意見もあろうが、大人の用意した「居場所」なんかに彼女たちは興味を示さないだろう。そんな場所に収容されるくらいなら、漂流しながら自らの「居場所」探しをするほうが、たぶん彼女たちには望ましいのだ。だって、「自分の居場所」なんだもん。自分で探すしかないじゃん。大人の考える居場所に安住できるタイプなら、そもそも漂流してないでしょ。

私たちにできることは、ただ「見守る」だけなのだと思う。狭い水槽に閉じ込めるのではなく、好きなように遊泳させてあげて、でも彼女たちの冒険が悲劇や惨劇に終わらないよう見守ってあげられれば、それが一番なのではないか。

サリンジャーの有名な小説に「ライ麦畑でつかまえて」という作品がある。この邦題だとわかりづらいのだが、原作タイトルの「キャッチャー・イン・ザ・ライ」は「ライ麦畑で自由に走り回る子どもたちを見守り、彼らがふとしたはずみで崖から転げ落ちたら素早くキャッチしてあげる、そんな大人に僕はなりたい」という主人公ホールデンの台詞から来ている。「ライ麦畑のキャッチャー（要するに「セーフティネット」だ）」になりたい、と、彼は言っているのである。

そして、この「ライ麦畑のキャッチャー」こそ、漂流する少女たちにとって最も必要な存在ではないか、私たち大人が彼女たちにしてあげるべき唯一のことではないか、と私は思うのだ。

大人の用意した居場所に閉じ込めて管理するのではなく、彼女たちが自由に冒険できる環境を作ること。多少危なっかしいところはあってもすぐには手を出さず、崖から落ちて首の骨を折りかねない事態になったら素早くキャッチできるような機能を用意すること。それが私たちの役割ではないのか。

この場合の「崖とはどこか」という定義に関しては、むろん意見の分かれるところであろう。援交自体が「崖からの転落」だと考える人もいるだろうし、援交なんて「畑の中の冒険」のうちと考える私のような人間もいる。その線引きこそ大人たちが真剣に議論していくべきポイントであり、そこの着地点を目標とせずに単なる「援交の是非」論を戦わせたところで、そんなものは何の解決策も生まない不毛な議論のような気がする。議論は「どちらが勝つか」ではなく「どこで互いが折り合うか」を目的としなければ意味がないと思うからだ。

「漂白される社会」の内側にはライ麦畑も崖もない

ただ問題は、この現代社会には「崖」以前に「ライ麦畑」すらない、という事実だ。

青少年の健全な育成環境のために、いかがわしい風俗店やラブホテルを街から駆逐していこうとする動きがある。あってはならないもの、見たくないもの、見せたくないものを視界から消し去り、清潔で健全な環境を作ろうというこの風潮を、開沼氏は「漂白される社会」と呼んでいる。そして、そのように「漂白される社会」から排除され、無理やりに「外側」に押し出されて不可視化された辺縁領域こそが現代社会を象徴するのだ、というのが氏の意見である。

先ほどの漂流少女たちなどは、まさにその辺縁領域に生息している。彼女たちが自由に冒険しようとしている「ライ麦畑」は、「漂白された社会」の中には存在し得ない。何故なら、その「漂白された社会」に居場所がないからこそ、彼女たちは辺境へと逃げてきたのだから。彼女たちが逃げ込んだ「ライ麦畑」は私たちの目に見えない闇の世界であり、その先にある「崖」はもっと深くて濃い闇の向こうにある。これでは、彼女たちが崖から転げ落ちても、誰もキャッチしてあげられないではないか。

「漂白」という行為は、不健全な存在や領域を失くすのではなく、見えなくするだけなのだ。ホールデンの言うように、私は彼女たちを自由に駆け回らせてあげたい。が、それには彼女たちの生きる環境がある程度「可視化」されていないと、見守ることすら不可能になってしまう。

漂白される前の社会では、猥雑なものと健全なものが通りをひとつ隔てて共存していた。かつて「不夜城」などと呼ばれた新宿の街は、その典型である。靖国通りを隔てて、南はカップルや家族連れが闊歩するショッピング街、北はキャバクラや風俗店やラブホテルがひしめく歌舞伎町。昼間に賑わっていた南側が照明を落として沈黙すると、眠っていた北側が目を醒まして営業を始める。新宿という街は、そうやってゾーニングしながら24時間眠らない街だと言われていたのだ。

だが風営法によって夜間の営業が禁止され、店舗型風俗店の規制やそれに代わる無店舗型のデリヘルの台頭によって、歌舞伎町の猥雑な性の世界は不可視化されてしまった。社会の中に存在を許されないものとして、目に見えない闇の世界に押しやられてしまったわけだ。そして、「見えない世界」になってしまったからこそ、そこで生きることを選択した者やそこに逃げ込んできた者たちにとっては非常に危険な領域となってしまった。

闇の中の「キャッチャー」たち

この闇の中の「ライ麦畑」に、はたして「キャッチャー」は存在し得るのか。

闇の領域で「キャッチャー」ができるのは、闇の住人ということになるだろう。

私が面白いと思うのは、開沼氏の著書に登場する「スカウトマン」たちの存在だ。漂白された歌舞伎町ではスカウト行為自体が禁止されているので、彼らの存在はグレーどころかブラックである。が、彼らは自らがスカウトした女性たちの安全管理やメンタルケアを行い、少しでも長く勤められるように面倒を見るのだという。むろん、それによって風俗店からのキックバックがあるからだが、結果的に彼らは彼女たちが崖から落ちないためのキャッチャーの役目を果たしているとも言える。

スカウトマンと風俗嬢の関係を「男が女を性的に搾取している」という構図で批判するのは簡単だ。しかし、そんなに簡単な構図ではないのかもしれないと私は思う。少なくとも彼らの存在によって、崖から落ちて首の骨を折らずに済んでいる風俗嬢たちもいるのではないか。

ものすごく際どいことを言っているのは、自分でもわかっている。が、ある意味、こんな愚かしいことを平然と言えるのは私しかいないような気もするので言ってしまおう。

スカウトマンと風俗嬢がある種の信頼関係を基盤とした共依存関係であるのなら、そして風俗嬢たちがその関係に恐怖や不幸を感じることなくむしろ安心と慰撫を見出しているというのなら、誰がその関係に割り込む必要があろうか。それは一方的な搾取などではなく、双方が互いを必要とする共存ではないのか。

それが悪いというのなら、どうかその人は自ら闇の世界に入り込み、そこで自分が「キャッチャー」となっていただきたい。外側から批判したり禁止したりしても、誰ひとり救われないのは明白なのだから。


セックスワーカーを守ろうとしている団体はいくつかある。その活動が有意義であることはもちろん認めるが、そのような団体や組織に応援される気もなく気ままな漂流をこそ望む者たち、自分を直に支えてくれる1対1の人間関係を必要とする者たちにとっての「キャッチャー」は、今のところ、限りなくブラックな存在であるスカウトマンや風俗経営者たちしかいないのかもしれない。

皮肉な話だが、これが現実なのだ。


これらの「闇のキャッチャー」が「強制売春の首謀者」となり得ることは私も否定しない。だからこそ、私は闇の領域に押しやられた世界の「可視化」を求めているわけだ。

売春の非犯罪化が、セックスワーカーたちの環境を可視化し、より自由で安全な「ライ麦畑」を実現できるのであれば、私はそれが一番なのかもしれないと考えている。そこには、もはやブラックではない「キャッチャー」も存在し得るのだろう。何故なら「キャッチャー」たちもまた可視化されるのだから。

セックスワーカーへの差別がなくなることによってセックスワーカーたちの淘汰が始まるように、スカウトマンや風俗経営者たちもまた可視化されることによって淘汰される存在となる。よりよい従業員を集めるために、セックスワーカーたちのケアに心を砕き労働環境を整える業者が増えてもおかしくない。

私はセックスワーカーの主体性を守りたいと考えるその延長線上で、「強制売春」をなくしたいと願っている。「強制売春」の場合、そこに本人の主体性などないからだ。

だが、それもまた、売春が見えない闇の世界で行われている限り、私たちが知ることはできない。

昔のように親の借金のかたに娘が娼館に売り飛ばされるような事例はきわめて少ないにしても、たとえば不法入国の外国人女性が強制的に売春させられているケースやヤクザに脅されて嫌々ながら売春している女性たちが存在することは否定できない事実であろう。いくら国が売春を禁止し締め付けを行ったところで、そういった悲劇はますます闇の中に封印されるだけで、消滅することはないのである。

だからこそ私は、行政ではなく社会が監視し告発することができるような「見える売春」を提唱する。社会は、人が作るものである。私たちひとりひとりが社会を構築していくのだ。したがって、私たちの意識次第で社会を変えることはできる（はずだ）。まずは売春やセックスワーカーに対してこの社会が持っている忌避感や侮蔑感や嫌悪感を、それがはたして正当なものであるのかどうか徹底的に討議し、もしそれが根拠なき偏見や差別であるのなら無くしていかなくてはならないと思うし、周縁に追いやるのではなく社会の内部のものとして可視化することで「強制売春」のような悲劇を炙り出し白日のもとに晒す必要があると考えているのだ。

開沼氏との対談は、漂白されていく社会で「見えない周縁世界」に駆逐された人々について深く考えさせられた。

この社会に「居場所」を失くしてさまよう人々は、セックスワーカーばかりではない。普通の会社に勤めていても、普通に生活しているように見えても、「自分の居場所がどこにもない」という想いを抱えて生きている人々は少なからずいる。ホームレスギャルとは違って彼ら彼女らにはとりあえず住む家はあるが、深い疎外感と自己否定感を日常的に味わっている心の漂流者である。

家族の崩壊や地縁の崩壊など原因はいろいろあれど、それは紛れもなく私たちの社会が生んだ「今そこにある苦しみ」なのだ。

こうして心理面でも物理面でも社会からこぼれ落ちていく人々を、私たちはどうやったら回収できるのか？

誰が彼ら彼女らの「キャッチャー」になれるのか？

その課題を、これからも考えていきたいと思う私である。

PART 3

性の売買は何故、「穢れ」と見做されるのか？

対談

伏見憲明×中村うさぎ

「性を売ること」への タブー感はどこから 生まれているのだろう？

伏見憲明氏はゲイリブ運動の最先端で活動してきた。
生殖に関わらないゲイのセックスは快楽重視となるが、
その在り方はキリスト教圏の国々で長らく差別されてきた。
セックスは「結婚（愛）」と「子作り（生殖）」の名のもとに神聖視され、
そこから外れる「性の在り方」は不自然で罪深いと忌避されていたのだ。
「売春」が忌避される理由も、ゲイ差別と同じ根っこではないのか？
愛という名の「対幻想」、生殖の名のもとの性の神格化。
性にまつわる欺瞞は、どこから生まれたのか？

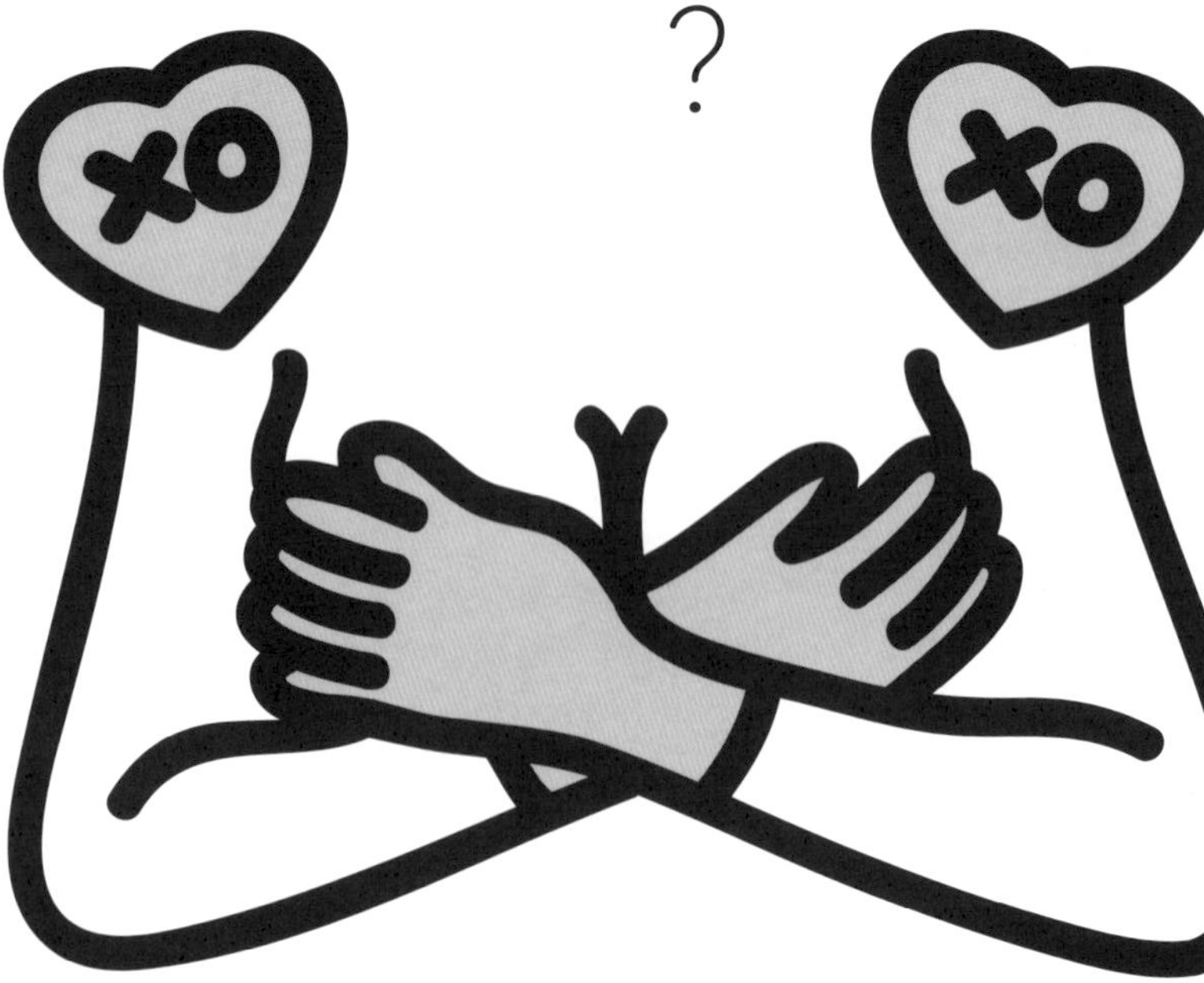

性を売買することへの根源的な嫌悪について

中村▼伏見さんの対談本（『性の倫理学』）、面白かった！ 斎藤光さんの話とか、いろいろ納得。「セックス」という英語に「性」という漢字をあてた話とか。翻訳の問題は大きいよね。日本語に「本性」という言葉があるように、「性」という字には「本質であり根源的なもの」という意味が含まれちゃう。「セックス」を「性」と訳すと、そういうニュアンスが入り込むのね。これ、売春は魂が汚れるという感覚に繋がるのかなと思って。やはりセックスと人格がどうしても切り分けられないという、人間の根源的な感覚なのか、そうではなく刷り込まれた社会的な感覚なのか。

伏見▼それについては、この本の中で、加藤秀一さんも説明に苦しんでるよね。理屈ではOKだけど、自分としては嫌だという。性を金銭にかえるというのはどうしても嫌だという感じを、うまく論理化できない。

中村▼わかるんだよね。でも、その割り切れなさっていうのを突き詰めていかないと、何故セックスが特別なものなのか？ということが説明できない。日本では江戸時代くらいまでは「快楽いいじゃん。色という、それもひとつの情だし」みたいな感じがあったんだよね？

伏見▼色の中には精神的な愛と肉欲が分離しない形で存在していたわけ。それが、欧米的なキリスト教的価値観が入ってきたことによって、プラトニックラブとセックスが分離する。あと、性が人間の本質だという認識が広がる。だから同性愛者というアイデンティティも生じる。

中村▼性を金銭に換えるという行為は昔からあったよね。普通に自然発生的にあると思うの。人間の自然発生的なビジネスのひとつだと思う。なくそうとしたってなくならない。私はそれが人間の本性、それこそ本性の「性」ですが、だと私は思うの。

伏見▼うさぎさんは自分で性を売ったことも買ったこともあるうえで、自分の体験としても語れると思うんだけど、そもそも性というものを売るということに対する忌避感や嫌悪感は昔から拭い難くあったんだと思う。必要悪の職業だったのかもしれないし、しょうがなくビジネスとしてあったのかもしれないけど、何となくみんなそれに対して「でも、まずいんじゃない？」みたいな感覚はあったと思う。

中村▼昔からあったのかなぁ？

伏見▼僕は昔からあったと思う。それは遊女や花魁のような人たちも、まあトップの方の人たちは崇拝の対象というか、今でいう芸能人やアイドルのような憧憬の対象であったと思うけど、でも侮蔑感と崇高さが表裏になりながら、それがどっちにひっくり返るかわからないみたいな感じで存在していたのでは。今の女優や芸能人も、一概には言えないけど、性を売っている面はあって、崇められもするけど、突然、侮蔑の対象になったりもして、ちょっと似ている。

中村▼それは女の性に対して？　たとえば男のセクシーなタレントもある種の侮蔑の対象になってるの？

伏見▼昔は歌舞伎役者などもそうだったんじゃない？

中村▼今は伝統芸能の扱いだけどね。でもさ、たとえばダルビッシュがヌード写真を出したときに、私はそれまで野球に興味がなかったのに「セクシー！」と思ったの。その目線って侮蔑なの？

伏見▼ダルビッシュという人の持っている総合的な要素の中に性がおかれたとき、それがプラスとして評価されることもあれば、あるいは性しか売るものがない場合は、マイナスの評価にもなる。たとえばポルノ男優というのは、普通の役者よりも低くみられてしまうわけだし。

中村▼それは近代以降の話になるよね。もっと昔はどうだったのかな。陰間とか。

伏見▼陰間も売れない役者だから、売れていたらそういう売り方はしなかったってことだよね。近代以前も、売春は人に言いづらい職業、軽蔑や差別の対象であったのではないか。

中村▼少なくともキリストの時代には、娼婦は軽蔑されてたよね。マグダラのマリアがキリストに触れた時、弟子たちが「穢れた女」と言って咎めたらキリストに叱られた、というエピソードがある。

それを踏まえると、紀元前からそのような侮蔑の対象であったのだなということがわかるね。
伏見▼性を売るということに対するネガティブな感情はけっこう普遍的に存在していたものなんじゃないかな。人殺しもそうだよね。戦争で人を殺すことは許されても、日常では許されない。
中村▼しかしですね、人殺しには被害者がいますよね。売春の場合は被害者がいない。買う方も売る方もウィンウィンじゃん。もちろん、強制売春は別ですよ。この本（伏見氏著『性の倫理学』）の中で上野さんが「気持ちのいいセックスでないと駄目」なんて言ってるけど、そもそもビジネスなんて、何らかの不快や我慢と引き換えにお金貰うものじゃん。売春ばかりが何かを犠牲にしてるわけじゃないよね。
伏見▼仕事って、多かれ少なかれ不愉快なことをやってお金を得るものだよね。上野さんはもしかしたら、言いたいことを言って書きたいことを書いて気持ちのいい仕事なのかもしれないけど。
中村▼でもその分、批判もされたり、ボロクソ言われて嫌なこともあるよね。しかし自分が社会的に発言している以上、バッシングを受けるのも仕方ない。それは自分のやりたい仕事に就いている人ですら、耐えなくてはいけないところはあるわけじゃん。何も犠牲にしない職業なんてない。そして、売春だけが何か特別なものを犠牲にするわけでもない。
伏見▼上野さんは、売春の価格が普通のマッサージなどに比べるとすごく高いのは、そこでスティグマが生じるからだと。差別の部分が金を生じさせていると述べてるよね。でもね、少し調べてみたんだけど、エステも結構高いんだよね。売春の内容にもよるけど、実は、価格はそんなに変わらない気がする。
中村▼上野さんは価格が高いというところに既に差別が生じているとか言ってて、たとえば普通のマッサージとかそれくらいの時給になれば認めてもいいというようなことを言ってるよね。ところが今、本当にそうなってきてる。
伏見▼今は価格が下がってるみたいだよね。
中村▼そうなの。売春では食べていけなくなってる。デリヘルが届出制で合法化されてから、普通の脱サラのような人たちがデリヘル業界に参入してきて、女の子もどっと参入した。んで、今や3000円代とかね。
伏見▼僕が読んだ本によると、ピンサロで一日何人も相手をして、一本何千円というような世界。これならマックで働いた方がよほど良いのではと。

中村▼しかし、マックが嫌な人がいるのよね。マックで働くぐらいならば、これで3000円のほうが良いと。それはもう本人の選択ですよね。

伏見▼上野さんは「女性差別」によってマッサージよりも高い価格が生じていると言うが、しかし、男が男を買うものでも価格は同じようなものだよね。

中村▼高級ソープだと女の方が断然高いけど、さっきみたいな3000円とかだとウリセンの方が高いくらいだ。

伏見▼で、それはどう考えたらいいのですかと聞いた時、上野さんは、それはエイズがあるからじゃないと言ったの。

中村▼何それ。HIVはゲイオンリーの病気じゃないよ。

伏見▼価格の問題はすごく面白くて、金があって自分の欲望を実現しようとしている人は、求める条件を備えた人に相手してもらえるのであれば相当な金額をセックスに払うわけ。自分の性的魅力では普通なら手に入れられないようなイケメンとセックスできる、という意味での価格。それは、美的なものを獲得したいという欲望なので、差別とは関係ないと思うんだ。

中村▼それはシャネルやエルメスが何故あれほど高いのかという話と同じよね。あれは何かの差別などではなく、シャネルやエルメスが物語や伝説を自ら作り、セレブに憧れる一般市民がバーキンやケリーバッグを持ってセレブ気分を味わうというような部分に付加価値がついてるんじゃん。おそらく原価は5万円ほどで作れる革のバックが、30万円、80万円といった法外な値段になってる。それは確かにある種の格差だとは思う。つまり上流階級と下流階級という格差がなければ、そこに憧れなど存在しないから。しかしそれをすべて差別的と言っていると、そもそも消費というものは何を買っているのかということになるよね。みんな幻想を買ってるのよ。エルメスも売春も、そこは同じ。

伏見▼ほんとだか嘘だか、上野千鶴子さんもいい車に乗ってるという噂を聞いたことがあるけど、もし本当なら、機能性だけを考えれば安い車でいいのに、それとは別の幻想性を彼女も車に求めていることになる。いや、求めちゃいけないわけじゃないんだけど（笑）。

中村▼その幻想が付加価値になるというのが今の資本主義のビジネスですよね。たとえばホテルの価格も、ホテルのイメージによって変わってくる。それは部屋が素敵であるとか、インテリアにお金がかかっているとかだけではなく、ステータスの問題。そういうステータスにお金を払うというシステムになっていて、お金を払う側が搾取されているわけでもなく、売る側が搾取されているわけでもないというのは、売春にも当てはまると思うの。

伏見▼売春の価格が下がった理由としては、ヤリマンの女が増えたということが大きいんじゃない？　こんなに皆がセックスをするようになれば、価格は下がってしまうよね。

中村▼それは言えるね。でも、ヤリマンが増えたからこそ、モテの格差が広がったとも言える。セックスに不自由しない一部の勝ち組と、「こんなにヤリマンが多いのに俺には誰もヤラせてくれない」と嘆く負け組の男たち。あと、コミュ障とかの理由で恋愛ができない人々。そして、そういう男たちを狙って出会い系サイトで売春する素人の女たちが、また価格を下げてるのよ。上野さんはこの状況をどう思ってるのかなぁ。聞いてみたいよね。

魂が何で穢れるかは人それぞれでしょ？

伏見▼話を戻して、何となく性を売るということが嫌だというのは、これは多くの人が共有している感覚だと思うの。一方、僕はパチンコが好きで、なんとなく良くないなと思いながらもパチンコに行くんだけど、これがあるから生きていけるところもあるしなあ、と。

中村▼なぜパチンコが悪いの？　私は全く悪いとは思わないよ。

伏見▼やはりパチンコとか博打は、やってはいけないという感覚がある。

中村▼倫理的だねえ。私には全くそれはない。楽しけりゃいいじゃん、的な。

伏見▼パチンコ屋の新装開店日に、平日の朝の早い時間から順番待ちで並んでいたりすると、通勤のサラリーマンの人たちが横を通って行くのね。そうすると、お天道様に顔向けできないなというような気持ちになったり（笑）。

中村▼それは別にパチンコ屋の前に並んでなくても、私たちのような自由業はサラリーマンとは違う時間帯で生きているからだよ。だから、そこは別にいいじゃんと思うな。

伏見▼何となく悪い、良くないなあということがあったとしても、他人に迷惑をかけなかったり、博打でもきちんとリミッターがかかっている形にしておくなら良いと思うけどね。

中村▼リミッターの問題ね。そんなこと言ったら私の買い物依存症のように、買い物という普通の人が何の罪悪感もなくやっている行為が嗜癖になったりもするわけだよね。つまりリミッターなどは個人差であり、何でそれが外れるかもわからないから。確かにギャンブルというのは脳内麻薬がでるのでリミッターが外れ易いということはあると思うよ。しかし買い物でリミッターが外れてしまう人もいるわけだし、それは別にシャネルが悪いわけでもパチンコ屋が悪いわけでもないよね。

伏見▼シャネルはわからないけど、パチンコなどには射幸感があるのであまりにもドーパミンを出し易くしすぎてしまうというのは問題かな。

中村▼しかしですね、ゲームなんかもそうだよね。あれもすごく射幸感があるじゃん。お金かけてなくても。

伏見▼そこには様々な条件があると思う。社会的な条件、人間的な条件。ドーパミンの放出を煽りすぎると、社会生活ができなくなったり、体を壊す人たちも出てくるので、社会としてのリミッターをかけておくということだと思う。ドラッグの問題とか、本人の自由意志ではどうにもならなくなっちゃう依存症があるから。だから、何かをビジネスにする時に、社会的な条件のようなものはあって良いと思うし、ないと困る。売買春でも、何でも自由ということでなければ、僕は良いと思うのね。

中村▼私は売買春で一番問題なのは、男性客が女性客に暴力をふるったり、こういう仕事をしている女だから何をしてもいいというような差別的な考え方で酷いことをしたり、物のように扱ったりすることが問題なんだと思う。男が性欲を満たすために金を払い、女は女で自己肯定感もあり、セックス自体がそれほど嫌ではなく、お金も貰えてラッキーだというならば良いと思うの。パチンコもディズニーランドもそうだけど、非現実感を楽しむというのが娯楽産業でしょ。私はリミッターという意味では、たとえば恋愛はものすごく脳内麻薬が出てると思う。そうなると、色恋を売るキャバ嬢やホストの方が相手の恋愛脳内麻薬を利用してお金を巻き上げるわけだから、そちらの方がリミッターが必要なんじゃないかと。風俗嬢にはまる人もいるけど、セックスはその場限りのものだからね。

伏見▼リミッターというか、たとえば安全性とかの問題もあるよね。やはり行為の場が密室である点など、労働条件とか、労働環境は当然考えるべき必要がある。

中村▼それは同感。私は店舗型を容認して欲しいと思う。店舗型は他の従業員もいるので安全だけど、デリヘルは密室で二人きりになるので、本当にリスキー。

伏見▼ウリセンでも密室で二人になれば、男同士といえども怖いと感じることはあるよね。

中村▼特に女の子であったりすれば、その何倍も怖いよ。

伏見▼そうだよね。男同士であっても怖いのに、女性と男性では体力差もあるから。

中村▼確かにそれは守ってあげるシステムがないと、命がけの仕事になってしまう。

伏見▼良い売春・良いセックスワークの環境を整えるということが大事。それはどのような職業でも同じじゃない？

中村▼うん、当たり前のことだよね。工事現場などでも労災があって、万が一現場で怪我をした場合、保証がおりますとかね。しかしセックスワークにはそれがない。職業として認められていないので、そこがおかしいなと。セックスワーカーたちを守ってあげれるような法律や制度、システムがあり、出来れば店舗型のような場所があればリスクは相当減るはず。

伏見▼本当に嫌々ながらやってる人もいるだろうけど、様々なケースがあるので、おしなべて売春は良い・悪いと言いづらい。うさぎさんはデリヘルで働いたときに、売るという行為に関して自分が毀損される感覚であったり、やってはいけないと感じることはあった？

中村▼まぁ、世間からバッシングされるなとは思ったけど、デリヘルで何かが毀損されるとは思わなかったな。思ってたらやってないよ（笑）。

伏見▼性を売ることへのタブー感は？

中村▼もともと風俗やってる女友達が何人もいたから、そこは全然。

そもそも性的な魅力を商品化して金銭に替えるのはいけないって理屈がわかんない。女子アナやタレント、モデルはある種の美貌や性的魅力のようなものを金に替えてるでしょ。男の人にもセクシーな俳優と言われる人もいるし。

伏見▼性は商品になって売買されてるよね。それは肉体を使うのか、違うものに託して表象しているのかの違いよね。たとえば北原みのりさんが売っているバイブも、昔なら性の商品化だと攻撃されていたかと思うの。最近、表現の自由も含めて、こういうものにすごく厳しくなってきてるよね。

中村▼北原さんは今や風紀委員のようだね。

伏見▼ゲイに関しても、強姦など性犯罪の定義が膣とペニスであったものが、アナルとペニスでも犯罪として取り締まるように法改正が検討されてる。そうなると、きっとハッテン場やウリセンもダメになってくるよね。

中村▼ノンケの性売買は禁じられてたのに、ゲイは今まで見逃されてきた。それが最近問題視されてきたのは、性売買は男女間でされるものだという固定観念が崩れたということなので、ある意味、ゲイリブの勝利だよね。皮肉な勝利だけどさ（笑）。

伏見▼アナルもついにマンコ並みに！　しかし風紀委員のような人たちが増え、世の中も風紀委員会的になってくると、なんだか生きづらいよね、自由になろうと思ってゲイリブを始めたのに、逆に息苦しく。

中村▼自由と平等を求めた結果、平等になった分、不自由にもなった、と。これまでゲイは治外法権だったからね。差別ゆえに法の目を逃れられた部分も相当あった。その治外法権が、社会の中に引き込まれたわけでしょ。

伏見▼そう、市民権を得るって普通になることなのよ。それって差別の痛みはなくなるけど、つまらなくなる面もある。

うさぎさんは、売りたいという人たちが売ってはいけないと言われる状況に対して憤りがあるわけよね。そういう人たちの欲望を実現するために、どのように条件を整えていくのかということでしょ。しかし条件を整えるという方向ならば理解できるけど、そもそも売買春も強姦同様、犯罪である、という前提には、違和感を感じるよね。

中村▼強姦には被害者がいるけど売春にはいないのにね。売春禁止派の根拠として「魂が穢れる」論が根強く存在している理由を、私に納得させて欲しいのよ。私に言わせれば、売春なんかよりずっと魂の穢れる行為がこの世にはあると思うわけ。

たとえばさ、私がフリーでコピーライターをやっていた頃、広告代理店のディレクターがギャラの中からキックバックを寄越せと言ってきたことがあるんだよね。はっきり言って犯罪だよ。しかし、「これをＯＫしなければ、あなたの仕事を干すからね」と言われた。仕事を干されたら食っていけなくなるから、私はすごく悩んだ。でもやっぱり、そのような卑劣な犯罪行為には加担したくないと思って断ったの。そしたらそのディレクターに「女ってこうやって裏切るんだよな」と言われた（笑）。確かに男のコピーライターたちは言いなりになってたしね。

でも、あの時にもし言いなりになってたら、私、自分の魂が穢れた気分になったと思う。人間としてのプライドを犠牲にしたという、ものすごい毀損感があったと思うのよ。金のために魂を売るようなことをしてしまった、と。それに比べると、金で性を売るなんてことは、私にとって魂の毀損でも何でもない。これはもう個人の価値観の問題だよね。

伏見▼うさぎさんはキックバックに関しての毀損感を得るが、同じ行為を、ウィンウィンなので良いのではないかという人もいる。つまりそこは、ウィンウィンと思える人と思えない人がいて、売買春も、穢れると思わない人と、穢れるという感覚を持つ人や「搾取されている」と思う人がいるわけだが、それぞれの感覚まで否定することはできないよね。だから「売春は魂が穢れる」という感覚自体を否定することはないが、やりたいという人を否定できない、と。

中村▼うん。キックバックに対する私の嫌悪感を皆が共有してたかというと、私の当時の彼氏や同僚の男性コピーライターたちは「え、べつにいいじゃん」みたいな感じだったのよ。私の場合はそこで尊厳を毀損された感じがするけど、彼らには彼らの価値観があるわけで、彼らはキックバック程度で魂が穢れないんだと思う。でも、私は穢れる。魂が穢れるというのはものすごく個人的な価値観で、お金でセックスをするとすべての女性の魂が穢れるなんてわけないし、さっきのキックバックでも穢れると思う人、穢れないと思う人がいて、どちらが正しいなどということではないと思うのよ。

だから、そんな個人的な価値観を売春禁止の根拠にするのはおかしいでしょ、と。穢れる人はやらなきゃいいし、穢れない人がやるのを禁止する筋合いもない。

伏見▼特に性的な問題というのは生理的な感覚と結びついていて、その生理的な感覚は自分の中で強烈な体験なので、どうしてもそれを普遍化、一般化して語ってしまいがち。

中村▼そうなの。これは気持ち悪いでしょ、これは嫌でしょ、と人は決めつけたがるけど、そんなの人それぞれじゃんねぇ。

伏見▼しかし自分の中でも感覚は変わるよね。僕は若い頃、ゲイリブやりますというようなかなり倫理的、真面目少年として新宿二丁目にデビューして、ハッテン場などあのように退廃的なところはろくでもない！などと思ってた。ミックスルームなんてこの世の地獄か、と（笑）。

中村▼わははは!!!

伏見▼しかし何十年か経った時、地獄に見えていたものがパラダイスに変わったりするわけですよー。

中村▼うんうん、わかる。

伏見▼そのような経験がないと、自分の中の感受性は普遍的なものだと思いがちよね。フェミニストのある種の人たちはそういう感覚がすごく強いのだと思う。穢れてしまう、「搾取されている」と思うのは、自分の若い頃のことを考えるとわからなくもないの。しかしそれを普遍化してしまうことの抑圧というのも少し考えなくてはいけない。

中村▼そう、それで思い出したんだけど、北原みのりさんはろくでなし子さんのアートを支援してたよね。でも警察に捕まった途端、罪を認め、ろくでなし子の作品は今後店に置かないと宣言した。それは、今までの自分の信念を翻したわけだよね。私は、もし自分が北原さんの立場であれば、ものすごく魂が穢れた気持ちになると思う。これはもう私の個人的な価値観で、とにかくさっきのキックバック同様、権力に屈して信念を曲げるのが私にとっては一番の屈辱なの。でも、だからって北原さんのことをどうこう言う気はない。たとえ警察が怖くて自分の信念を曲げたとしても、それはそれで北原さんの人生なので、私があああしろこうしろと指図する気はないのよ。ただ、北原さんが売春がどうこうと発言するたびに、私だったら売春よりもそっちの方が魂が穢れた気分になっちゃうけどなぁ、と苦笑せずにいられない。

伏見▼北原さんがあの事件に関して口が重いのは、そういうことなのではないのかしら。

中村▼どうかわからないけど、香山リカさんとの対談では「反権力のシンボルにされることに抵抗した」って言ってたよ。

伏見▼僕はバーを経営しているので、商売やっていて警察に睨まれてしまうことのリスクがよくわかるの。だから、北原さんがとりあえず罪として認めてしまったのも仕方ないと思うんだけど、そのことを変に粉飾する必要もない。

中村▼そう、自分の感覚が正義だと思ってしまったら、大きく間違うよね。私にとっては、北原さんがろくでなし子さんの件でやったことは魂の穢れそうな行為だけど、北原さんは穢れなかったわけですから、それはそれで北原さんの選択なのだなという寛容性を持たないと、多様性が認められない。自分もそうやって許されてるんだから、他人も許そうよ、というのが私のスタンスよ。だから私、北原さんをヘタレだと思ってるけど、ツイッターで攻撃しようとかは思わない。まぁ、ツイッターでは、私、北原さんにブロックされてるけどね（笑）。

伏見▼北原さんは自分にとっての良いエロを、店で売ったり置いたりすることが表現であったり生き方と重なり合っていたわけだよね。そういうポリシーを自分で裏切ってしまったということは、もの凄く彼女にとっても辛い経験なんだと思う。

中村▼北原さんは権力とは戦わなかった結果、今はオタクを叩いてる。オタクは権力ではなく弱者だから叩きやすいよね。自分がバリバリの正義って立場に立ててるし。

伏見▼今の北原さんは、抽象的な家父長制という世界像にすっぽりと取り込まれてしまって、そこからしか物が見えなくなってるんだよね。

中村▼以前北原さんと女向けのエロ雑誌を作ろうとしたことがあるんだけど、あれも北原さんの出すアイデアがことごとく私のエロツボと違ったのね。私と彼女は、ほんと、根源的に違うのよ。私の中で女の子のエロは物語性であったり関係性であったりするんだけど、北原さんがやりたがったのは佐川急便のお兄さんみたいな人のグラビアを載せて、ペリッとめくると筋肉が見えるというような企画だった。べつにエロツボなんて人それぞれだからいいんだけど、その時に私が思ったのは、北原さんは性の商品化のようなものに反対すると言ってるけど、やろうとしていることはオヤジがグラビアアイドルの水着の写真を見てウハウハ言っているのと同じことだよな、と。普段そういうオヤジたちを批判している人が、なぜここで佐川急便のお兄さんのグラビアなどと言い出すのか、自分自身の中で矛盾を感じないのかな、と、不思議に思った。自分もそういうエロツボ持ってるんなら、オヤジたちにももう少し寛容になれよ、と。

伏見▼フェミニズム系の人は「正しいエロ」があると思っているところがあるよね。そういう発想はむしろ抑圧的。たとえ犯罪的な妄想であっても、エロツボとして存在することは仕方がない。それを社会の中で実現してしまったらまずいけど、「正しいエロ」と「正しくないエロ」を分別していうような発想は、独善的で気持ち悪い。「正しいエロ」をエロチカと言いましょうと昔言ってた人たちがいたけど、そんなことをしても意味がないと思うの。

中村▼その「正しさ」を誰が決めるんだっていう問題にもなるよね。

売春嫌悪と「対」幻想

伏見▼「魂が穢れる」という表現が適切なのかはわからないけど、売買春というものが軽蔑されるのは、性愛や恋愛が「対」になっていく指向を含むことにも依っていると思う。対になっていく指向と、不特定多数と交わす関係は、ベクトルが反対だったりする。それが売春的なものに対する嫌悪を生むのではないかと。

中村▼でも、恋愛関係で家族をつくっても、その感情は長続きしないよね。はっきり言って、一番気持ちのいいセックスは、ずっと好きだった相手とついにやった一回目のセックスだと思うの。それが二回目、三回目になるうちにだんだん感動が薄れていく。対になってしまって、何年も経てば、相手とのセックスが日常になってしまうわけ。そうなると、非日常的なことをやってみたくなる。それが人間の性（さが）だと思うけど。

伏見▼男は昔から、妻という建前があったとしてもさんざんやっていたわけだよね。女の人は比較的そうではなかったかもしれない。あるいは階層や時代によって違うかもしれないけど。

中村▼恋愛をそうやって長続きさせようとするほうが、無理がある気がするんだけど。

伏見▼恋愛という力は、長続きするかどうかはともかく、盛り上がっていく時はあなたとふたりだけという世界になっていくよね。そういうものを、人間が快楽として必要とするうちは、そうではないものはよくないという感じが残っていくんじゃないかな。

中村▼でも、それが一過性のものであることなんて、みんなわかってるじゃん。15、6才の頃、恋愛が世界で一番だと思うのはわかるよ。でも20代後半くらいから、何回恋愛しても、最初はあんなに好きだったのに、だんだん色あせていって次の恋愛がほしくなってくることに気づく。

伏見▼現実はそうだとしても、人は心のなかでは唯一の相手が欲しいという欲求、恋人や、パートナーが欲しいという感情がある。その唯一性と、不特定多数に開かれているありようは背反するものだから。

中村▼唯一のものが欲しいなら「家族」を作ればいいと思う。でも「家族」の基盤が恋愛である必要はない。一生一緒にいようと思う相手と、今めちゃくちゃ好きな相手とは別の存在でいいじゃない。

伏見▼ゲイの関係性がまさにそうだけど。昨今のように性愛とパートナーシップを分けて考える物語が出てくる前は、唯一の人をキープするには、セックスを二人の閉じた関係の中に封じ込めたほうがいいとみんな思っていた。今も多くの人はそういう感覚を持っている。対関係以外の性愛は元の対関係を壊す力になってしまうからね。

中村▼でもさ、それを繰り返しているうちに、やっぱりこの人といると居心地がいいという相手と、恋愛は分けるようになっていかない？

伏見▼でも恋愛は他の人との居心地のいい関係をも可能にするから、やはり、対の外での性愛は不安定要因であることには変わらない。

中村▼恋愛を軸とすることを一回やめてみたらどうだろうと思うんだよね。恋愛は恋愛で、ジェットコースターのようなもので、人生で何回かあったほうがいい。苦しいけれども、楽しいからね。恋愛の陶酔感はほかでは得られるものではないので、それはあっていい。しかしそれを唯一のパートナーと恋愛として続けていくことには無理がある。恋愛は娯楽としてあっちこっちでつまみ食いをすることと、死ぬまでお世話をするような相手を見つけることは、別問題として考えてもいいのではないかと私は思ってる。

伏見▼ある種、昔の男はそうだったのかもしれないね。男は恋愛とパートナーは別腹で、でも妻はそう思っていなかったから結婚がまだ成り立っていたわけで、両方が別腹でいいと思ったときに、そうした関係が成り立つのかどうかということが、これから試行錯誤していく物語なんだと思うな。

中村▼たとえばさ、私はやっぱり恋愛の相手にウンコの世話はしてもらいたくないんだよ。好きな男にウンコ見られたら切腹したくなるよ。だけど、夫にはウンコ見られても全然いいわけで、それはやっぱり違う感情だからだと思うの。だから恋愛相手と家族は相反する存在だと思うのよね。ウンコ見られたくないのが恋愛相手、ウンコの世話をしてもらえるのが家族。私の場合、夫に恋愛感情持ってたら、介護もしてもらえない羽目になる。そして、ウンコ見られてもいい相手はセックスの相手にはならないの。

伏見▼昔、生産性の低い時代は、恋愛をするような時間やエネルギーの余裕が、人生のなかにそうそうなかったと思うのよね。生きていくのに精一杯で。でも、豊かで自由な時代になって、そのなかで性愛に割くパーセンテージが増えていき、結婚や子どもをつくったりすることと、性愛をどう関係させていくのか、という課題が出てきたと思う。ゲイには結婚制度がなかったので、そういった問題に早く直面していて、今や女の人だって、若い頃はヤリマンで、結婚したからといって早々におさまるわけではないよね。浮気をしまくったりする。

中村▼でも私は浮気をたくさんしている夫婦がこれから増えてもいいと思うんだよ。一方が傷つくような形は問題だけど、双方に暗黙の了解が成立するならOKだと。それには「恋愛は一過性の娯楽、家族は一生のもの」と、お互いが理解する必要があるけど。

伏見▼良し悪しはともかく、関係は安定しなくなるので、子育てなどが大変になるよね。

中村▼ヘテロの場合、子どもが生まれると、お父さんとお母さんになるじゃん？　そうすると、子育てという共同作業がはじまって、そこは性愛の関係ではなくなって、子育ての関係になる。保護者としてのパートナーの関係になる、と。そして、子どもが大きくなって巣立ったら、今度は年を取った自分たちを介護し合う関係になる。小谷野さんが「家族というものは孤独からまぬがれるシステム」と言ってるけど、本当にその通りで、家族をつくる理由はやはり孤独からまぬがれるためなんだと思う。でも、それと恋愛は両立しない。

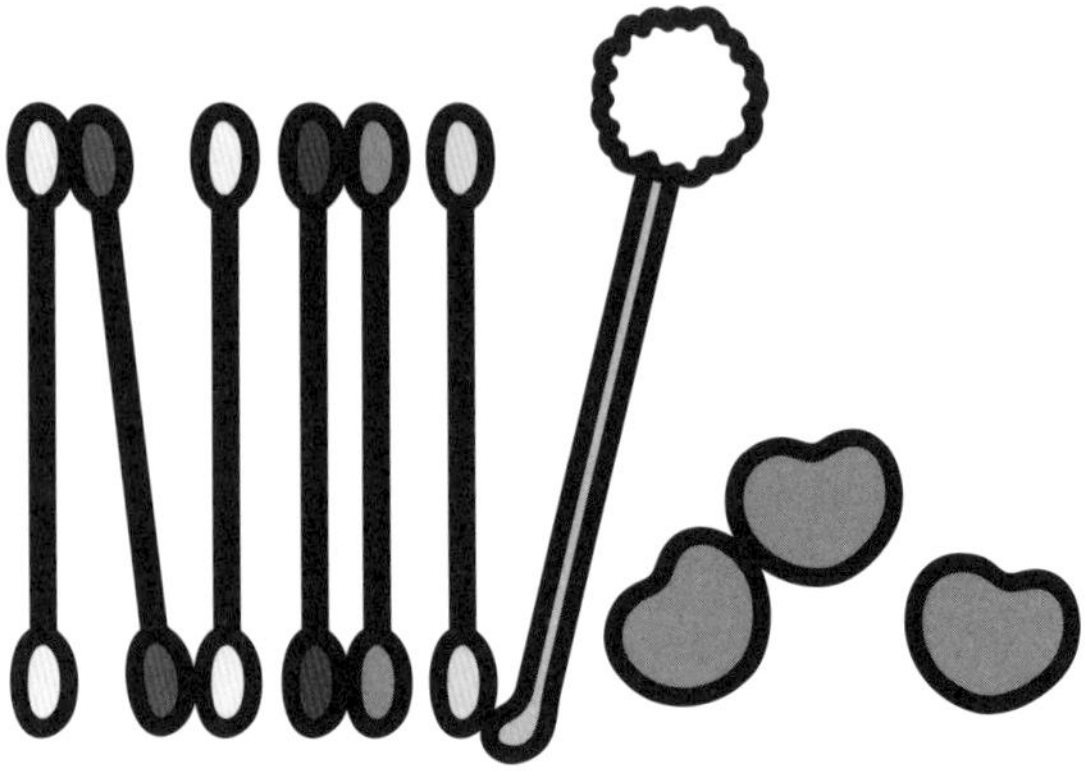

伏見▼たとえばこの子どもは俺の子どもだと、男が思えるためには、妻が外でセックスしていてはダメだよね。違う男の子どもだったらという不安が男にはあって、そういう意味でも、売買春に対する軽蔑のようなものが生まれてもくるのかもしれない。

中村▼うん、それは大きいと私も思ってる。でも、そこはＤＮＡ検査でも何でもできるので、もし自分の子どもじゃなかったら育てないぞ、となるのはありだと思うよ。それは契約違反だから。結婚とは契約であって、自分とあなたの子どもを生んで家族になりましょうという契約に違反して違う男の子どもを生んでしまったとしたら、子育てを放棄する権利が男には当然あると思う。なんで他人の子どもを育てないといけないのかって話になるから。

伏見▼そうなってくると、家族形態やライフコースが変わってくるよね。性愛とパートナーシップまでもが分離した未曾有の時代に入っていることは間違いないと思う。

中村▼その未曾有の時代をもっと開拓していきたいんだよね。人間にとって一番必要なのは何なのか、と。恋愛は楽しいけれど、年を取ったら恋愛感度が鈍くなっていくので、そうなるとウンコの世話をしてくれる人が大事になってくるわけよ。お互いにそうだったらそれでいいじゃんと思うんだけどな。少なくとも、うちは恋愛結婚じゃない分、よその夫婦よりそのへんがスムーズに行ってる気がする……そうか！　私は性愛に関する「対」幻想が希薄だから、売春の何が悪いのか理解できないのか！　これは私の大きな欠陥とも言えるな。

伏見▼僕の場合、売買春の是非は置いておいて、何かいかがわしいものを駆逐していこうというような社会の力にはやはり抵抗感があるのよね。ある程度ダークな部分があったほうが、社会は生き易いと思うの。悪をはびこらせていいと言っているわけではなく、何でも良し悪しや、正義不正義で切り分けていくことに血道をあげていくことだけが社会をよくしていくとは思わない。

中村▼『性の倫理学』の対談を読んでいても、何か壁にぶち当たるところがあるよね。たとえば橋爪さんのように「売春の何が悪いんだ」と言っている人ですら、援助交際を持ち出されると急に「未成年とセックスはよくない！」となる。では未成年の自己決定権をどこまで許すのかという話になっていくと、これはもう様々で、私としては15歳くらいから自由にしていいのではないかと思うのね。それはなぜかというと、本当に個人的に、自分が15歳くらいから、いろいろなことを自分で決めたかったから。でも、それが13歳だった人もいるだろうし、18歳だった人もいるかもしれない。そんなの線引きできないよね、だってものすごく個人差のある部分だもん。だから、私が言う15歳という数字を社会の基準にしろとは思わない。ただ、私としては15歳くらいだったら、嫌なものは嫌、やりたいことはやりたい、その上でどこまで責任を取れるのかということを考えられてくる年齢だと、自分を振り返ってみて思うわけ。

伏見▼僕は年齢で区切るのではなく、セックスは暴力や差別など様々な問題がそこに含まれていると思うから、車の免許と同じで学科試験を課してですね、それをパスしたものだけがセックスをして良いとしたほうがいいと思う（笑）。

中村▼免許性ね。面白いね。年齢ではなくね。

伏見▼どんなに二十歳を超えていても、あまりに避妊の知識がないとか、性感染症の知識がない人には免許を与えないというように、マイナンバーじゃなくてマイセックスナンバーのような。

中村▼なるほど。それ面白いな。というのは、買春側も免許性だといいよね。結局セックスワーカー支援側が一番頭を悩ませる問題は、客の教育なんだよ。女の子の教育はできるけど、客の教育はできない。そうすると店によっては身分証明書を提出させたり、性病検査をしてきた人は何割引という形で感染症を防ぐような方式を取ってるんだけど、いくら身分証明書を出してもらっても、その人が女の子に対してどんな振る舞いをするかは、それだけではわからないからね。もの凄くお堅い公務員でも、その部分でたがが外れている人もいる。免許制にすれば確かに、過去に女の子への暴力問題があるとか、そういったことも含めて客の選別になるよね。つまり、客が女の子を買いたければ、女の子の扱い方を勉強しろということになる。これは面白いな。

伏見▼学校教育で教えればいいんだけどね。セックスだけではなく、フェミニズムや性の多様性などいろいろな科目があり、そこで北原みのりさんに講師になってもらえば、北原さんもお店が潰れても食べていけるしね。

中村▼なんで、北原さんの生活の心配まで（笑）。

中村は「エージェンシー論」がわかりません（笑）

伏見▼僕が『欲望問題』という本を書いた時に、フェミニストたちに書評をお願いしたの。ほとんどの識者に逃げられちゃったんだけど、その中で逃げずに書評を書いてくださったこともあって、北原みのりさんはリスペクトしてるのね。

中村▼でも今回、この本で売春反対派として私と対談してくださいってお願いしたら断られたよね。伏見さんに間に立ってもらったのに。

伏見▼まぁ、北原さんの言う「売春を自己決定権論という枠組みで考えたくない」というのも、ひとつの考え方としてはありだとは思うけど。

中村▼その理由も、私、よくわかんなかった。「エージェンシー論」がどうこう、とか。私、バカだから「エージェンシー論」自体がわからないし。

伏見▼僕は議論の「枠組み」自体について議論したかったんだけど。

中村▼じゃあ、どんな枠組みでもいいよ。北原さんの好きな「男の女に対する抑圧」という枠組みで議論してもいいですよ。でも、やはりそこにどうしても「自己決定権」の話が出て来ちゃうんじゃないの？　てか、そもそも「エージェンシー論」って何っ？

伏見▼売買春の問題でも慰安婦の問題でも、大きな権力構造があって、人はその中の力関係や力の作用によって行動したり自己決定している。そこまではいい。本当は選んでいるようで選ばされているのだ、という視点はありだと思うの。でも、それだけじゃない。そこで「自分で決定していない」と言い切ってしまったら、その構造が悪だと認識しているあなたの自己決定自体も、あなた自身の決定ではないという話になるので、これは論理的に間違っていると。

中村▼そりゃあ、私たちは社会を内在化してる存在だし、どこまでが自分自身の決定で、どこからが他者の価値観による決定なのかを言い始めたら、この世の誰ひとりとして「自己決定権」なんか持ってないことになるよね。でも、それだと「売春してる人の選択は自己決定ではない」と言ってる人たちの思想も自分自身の思想ではない、ということになって、永遠のマトリョーシカ人形みたいな話にならない？　割っても割っても、小さな社会が出てきます、みたいな。なんかそれ、全然現実的な議論にならないじゃん。こんな風に思うのは、私がやっぱりバカだからかなぁ？

伏見▼みんな、どこかでは自己決定しているという前提でないと、話にならないよね。そうでなかったら、たとえば特定の人だけが自己決定できて他の人はできないというような話になってしまう。では、どのような自己決定ならあり得るのか。宮台さんなんかが以前から言ってるけど、自己決定をする上での前提条件としての環境を整えるとか個々人の能力を養うとか、そういう議論になってくると思うの。売買春の問題でも、たとえば女の人が奴隷のような世の中では「自己決定している」とは言えないよね。でも、女性がこれだけ社会進出していて、男性を選びセックスも自由にしている時代の中で、まったく自己決定していないとするのは、ちょっと他人をバカにしすぎている。

中村▼どちらも乱暴なのかもしれないね。すべてが自己決定というのも、それはそれで極論っぽいし。私は、賛成派と反対派の両者が歩み寄って着地点を見つけられればいいなと思って、北原さんに対談をお願いしたの。彼女を論破しようなんて思ってない。なんなら、私を論破してくれてもいい。この本読んだ全員が私の考えに同調して欲しいなんて思ってなくて、嫌な人は嫌でいいのよ。誰もが性的に開放されるべきだとか、主体性を持つべきだなどとも思ってない。内在化された社会に従って生きたい人はそれでいいと思うしね。ただ、お互いが自分とは違う価値観を尊重して、互いの自由を認め合えるような、そういう感じの社会になると良いなと思ってるだけなの。

伏見▼その気持ちはちょっと先方には通じてないのかもね。

中村▼え、そうかな。違う視点から急所を刺されるって、私にとっては快感だよ。目から鱗というか、なんか新しく扉が開く気がするじゃん。私ね、前に伏見さんに言われたことが、すごく私の扉を開いたなって思うことがあるの。「私という病」を読んだ伏見さんが「若くて綺麗な女って性的強者じゃん」と。そこには蓋をして、いつも弱者のような顔をしているのはおかしいと言われ、そのとおりだと思った。私だって無意識の内に「女」を利用してきた部分があるはずだよね。女であることを利用して生きてきたつもりはなかったけど、きっと優遇されてた部分はあったのに、そこには目を向けずに「女はいつも女であるがゆえに損してる！」とか思ってた自分を恥じた。そのアキレス腱を伏見さんに刺されて、私には女性が性的強者だという視点がなかったなと思った時に、一本道だと思っていたところに新しい道が拓けたような気持ちになってパーッと視界が開けた。あれは快感だったな。

伏見▼違う角度から矢を射られた

ら痛いなと思う部分や、避けながら生きているところが、自分の中にはある。元気なときには何ともないんだけど、弱っている時はなるべく見たくない。だから逃げてしまう人の気持ちも、少しわかったりもする。しかしそれではまずいなという気持ちは維持してる。

中村▼私は自分に自信がないのよ。自分はバカだから間違っているのではないかと常に思ってて、自分の思考の限界を感じるのよね。その限界の中でしか、発言していないので、予想していなかったところから矢が飛んでくると、なるほどと感心しちゃう。

伏見▼僕も今回、売春の問題を考えることで開かれた感じはある。

中村▼おお、そう言ってもらえると嬉しいっす！　今日はありがとうございました！

対談を終えて

フェミニズムのパターナリズム。「性の解放者」が「性の抑圧者」になった謎

中村うさぎ

我々に「自己決定権」はあるのか、ないのか？

この本にぜひ「売春反対派」の方にご登場いただきたいと思い、何人かのフェミニストの方々にお願いしたが、軒並み断られた。皆さん、この話題について語りたくないようだ。それとも、対談相手が私じゃご不満だったのかな。

そんな折に北原みのり氏と佐藤優氏の対談本『性と

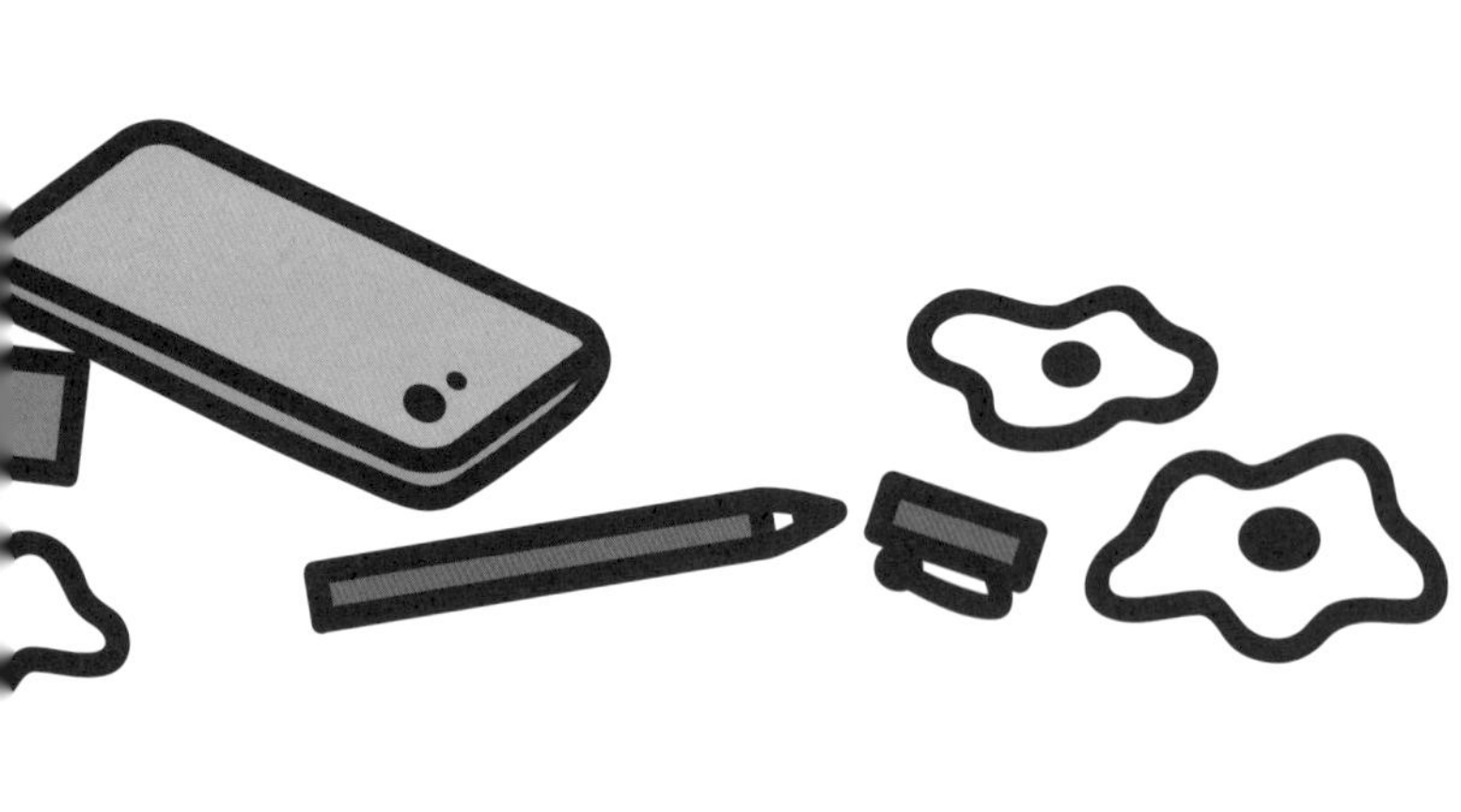

国家』を読んで、これはぜひお二人にご登場いただこうと考えた。佐藤優氏は快諾してくださったが、北原氏には断られた。この時に北原氏との間に立ってくださったのが伏見憲明さんだ。

この本を作るにあたって、反対派のみならず賛成派の諸氏からも協力を断られたので、私はもはや断られ慣れて何とも感じないのだが、伏見さんは心を痛めてくださったようだ。そこで、伏見さんにご登場をお願いした。

というのも、私は冗談や謙遜ではなく本当に頭が悪いので、北原氏から伏見さん宛てに来たお断りメールの内容を伝えられても、彼女が何を言いたいのかさっぱり理解できず、伏見さんがそれを噛み砕いて懇切丁寧に説明してくださったのだ。そこで伏見さんに、北原氏に代わって（とはいえ、売春に対するスタンスは全然違うが）彼女の言いたいことを伝えていただこうと考えた次第である。

この対談の中に「自己決定権の枠組」云々のくだりがあるが、これは北原氏のお断りメールに書かれていた内容だ。「エージェンシー論」と彼女は書いていた。しかし私は「エージェンシー」という言葉を

聞いてもスパイとか広告代理店などしか頭に思い浮かばず（ね、バカでしょｗ）、マジでチンプンカンプンだった。要するに「人間には自己決定権などない。自分で決めたつもりでも、じつは自己決定ではなく、社会やその他諸々から決めさせられているからだ」ということらしいが……ふーん、だから何？

言いたいことはわかるけど、たとえば売春を自分の意思で決めたつもりの人たちがじつは社会から決定させられていたとしても、「それはいかん！」と言う権利は誰にあるの？　だってどんな社会を内在化しようが本人の勝手だし、「その社会は間違ってる」と批判する人も本人なりの「内在化された社会」に依拠してるわけで、そんなの単に世界観の違いじゃん。どっちが正しい世界観だなんて誰が決めるの？　私から見るとフェミニズム的社会構造を内在化してる北原さんだって、様々な歪みや矛盾を抱えてるように見えますが。

しかしまぁ、何度も言うように私はバカなので、きっと北原氏の言うことが正しいのだろう。私には理解できない高度な知性で、彼女は世界を俯瞰しているのだ。

私と彼女では、見えている世界が違う。私の目には、すぐ隣で差別や偏見に痛めつけられ、様々な葛藤や苦悩を抱えながらセックスワーカーという仕事をしている女性たちの生々しい姿が見えるのだが、彼女の目にはそれが「自己決定などという幻想に踊らされている愚かしき人々」に見えるのだろう。賢い人間が愚かな人間の懊悩などに無頓着なのは仕方あるまい。しかし、この世の多くの人々は、彼女のように世界を俯瞰する超越的な「鳥の視点」など持てず、私と同様に地上に縛られた「犬の視点」しか持っていない。私たちは犬として生まれ、犬のまま生きて死んでいく。そして、犬には犬の痛みや喜びがある。低俗で愚劣な犬の咆哮を、呻吟を、「愚か」のひと言で斬って捨てる権利は誰にもない。そう、誰にもないのだよ。

北原氏は従軍慰安婦の人たちの痛みにはずいぶん寄り添っておられるようだが、彼女たちに「あの売春はもちろんですが、今のあなたが日本国に対して謝罪を求めるその選択や決定もまた、あなた自身の決定ではなく内在化された社会の価値観に踊らされているだけなのですよ」などという労りの言葉をかけているのだろうか。

で、それで誰が救われるの？
本当に教えて欲しい。
それで誰が救われるんだよ？

と、まぁ、このようなバカ犬の私なので、伏見さんとの対談はフェミニズムに対する私の疑問やイチャモンが圧倒的な部分を占めてしまった。きっと知的な方々がお読みになると、耐え難いほどうるさい犬のキャンキャン声に聞こえることであろう。お耳汚し、すみません。

しかし、私は卑怯だよね。自分がバカだと開き直れば、皆さんをボロクソ言う権利があるとでも思っているかのようだ。でも、私にそんな権利はないし、バカの隠れ蓑に身を隠すのは卑劣極まりない行為である。

が、それなら、私のバカの隠れ蓑を引き剥がしに、どなたか来てくだされればよかったのだ。そして徹底的に私を論破してくれればよかった。だけど、あなたたちは誰ひとり来なかった。私だって欠席裁判なんかしたくなかったよ。だから対談をお願いしたのに、「今はその問題について論じられない」などという理由で断り、別の場所で売春問題について語ったりしてる。「今は論じられない」のではなかったのか？　それとも「あなたには論じたくない」という意味だったのか？

フェミニズムは一部の賢い女のものなのか？

フェミニズムとは「女たちを救う思想」だと思っていた。確かに、そうであったに違いない。私はフェミニズムのすべてを否定する気など毛頭ない。私のような女が曲がりなりにも自由に生きていられるのは、他ならぬフェミニズムの恩恵であるからだ。

女たちが抑圧され、そしてまたそのような抑圧を内在化して自ら窮屈に生きていた時代を、私は知っている。そりゃもう本当に、身にしみて知っているのだ。何故なら私もそんな女たちのひとりだったから。フェミニズムはそのような女たちを「社会の抑圧を内在化して生きているバカ女たち」などと見下すことなく、ひとりひとりの痛みに寄り添って、彼女たちを、そして自分自身をも解放しようとした運動であった。

じつのところ、私はフェミニズムなど勉強したことがないし、本も読んだこともなく、無知で無教養で、でも「こんなの、なんかおかしい！」みたいな動物的な感覚だけは持っている女であった（今でもそうだ）。だから理論構築なんかまったくできないし、する気もないが、動物の嗅覚で「私の隣の人の痛み」はわかる。それだけが私の武器と言ってもいい。私は隣の女を助けたい。世界中の女性たちを救おうなんて考えたこともない。ただただ私に似た人、私と同じ痛みを持つ人、私のすぐ横で呻いている人を何とかしたいだけだ。その動機は「正義」などではないし、単に自分も救われたいだけのエゴイズムである。したがって私はフェミニストではないし、言うなれば「ただの女」だ。整形したりデリヘルしたりウリセン買ったりするような、愚かで低俗な女である。

最近フェミニズムを勉強しているという若い知人がいきなり私にメールを寄越して「あなたの発言はそこらへんのクソオヤジと同じだ」と批判してきたが、まぁ確かに私はクソオヤジなのかもしれない。だってオヤジの気持ちもわかるもん（笑）。その人は私がフェミニストの端くれだとでも思っていたのか、いたく私に失望し立腹しているようであったが、クソオヤジ女で悪いですかね？　私はフェミはこうあるべきとか、フェミに反対する女はクソオヤジ女だとか、そういう分類なんかどうでもいいのよ。私は私ですよ。それ以上でもそれ以下でもない。私のようなクソオヤジ女が目障りなら折伏してくれてもいいし駆逐してくれてもいいが、私は自分の思ったことしか言わない。フェミの建前なんか知ったこっちゃないね。

そんなわけで、ある意味、私は非常に自由な立場にいると言える。何故なら、思想がないからだ。私なりの信念はあるけど、体系的な思想はない。右翼でもなければ左翼でもない。フェミでもなければ男権主義ってわけでもない。クソオヤジでありつつクソババアでもある。

思想がない理由は、思想を勉強してないから持ちようがないという単なる無教養ゆえなのであるが、逆に思想に縛られている人々を見ると、無教養も悪くないなと開き直ったりする私なのであった。無教養のおかげで思想を持てず、それゆえ私はいつまでも犬でいられる。アカデミズムの人たちがその教養や知性ゆえに鳥の視点しか持ち得なくなるのなら、無知で無教養で犬の視点からしか語れない人間がひと

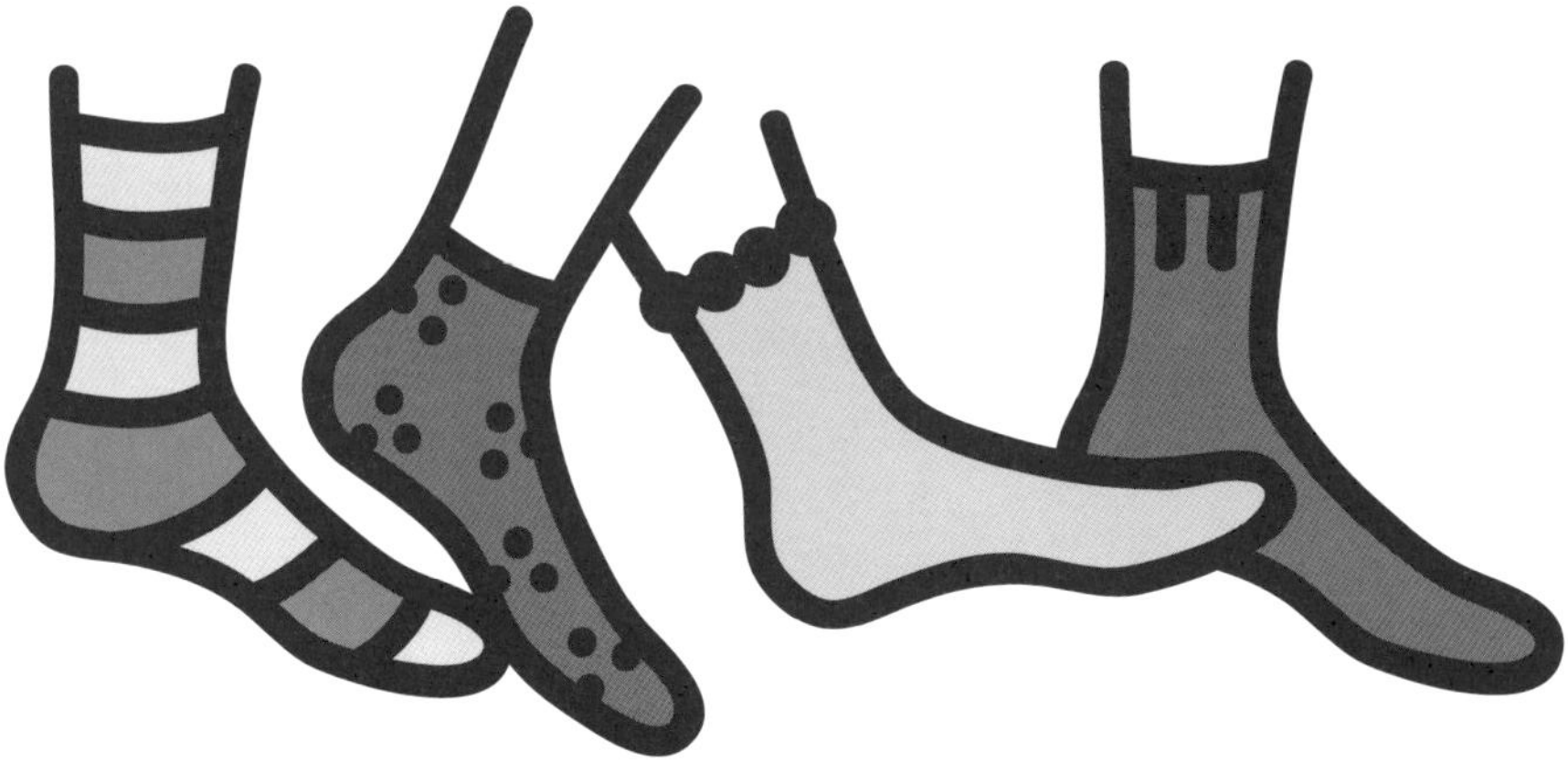

りくらいいてもいいじゃないか。だって、犬の気持ちを誰が代弁するの？　本を出したり講演したりするのは、みんな賢い鳥たちだ。鳥たちがはるか上空を旋回しながら発する言葉は、地上の犬たちに届かない。そして犬たちの言葉も、鳥たちには届かないのだ。

私はフェミニズムのおかげで、こんなにバカな女なのに発言の場を与えてもらえるようになった。ひと昔前なら、私が「週刊文春」のようなオヤジ雑誌で連載を持つなんて考えられなかったことと思う。そういう意味で、私はフェミニズムに心から感謝している。これは本当の気持ちである。ただ、その恩を仇で返すようで恐縮だが、フェミニズムを先導する人々のパターナリズムと犬女たちへの無自覚な侮蔑には、断固抵抗していきたいと思う。クソオヤジ女で結構、男権主義のオヤジと対立するだけが女の解放ではない。もう、そんな時代じゃないんだよ。この世には男と女しかいないんだ。両者が共存しなくてどうするよ。

売買春を支持し、表現規制問題ではオタクやロリコンを擁護する私は、一部の女性たちには「女の敵」に見えるようだ。しかし、男の性欲や性癖を糾弾したところで何が解決するのだろう。むろんレイプや痴漢やセクハラは論外だが、男の性的ファンタジーまで否定し規制する動きに、私は納得できない。それは女たちの傲慢だろう。男たちがかつて女たちを抑圧したように、今度は女が男を抑圧しようとしている。ねぇ、同じことしてどうすんの？　そんなの、イジメられてた側がイジメる側に回るだけじゃんか。女であることをこんなに自由に謳歌できる時代になったんだ。今度は男を救ってやろうよ。

女には男の欲動がわからない。男には女の情念がわからない。その橋渡しができるのは、ゲイたちではないかと私は考えている。神がゲイを創ったのなら、そこには意図があるはずだ（宗教くさい言い草でごめん）。その意図とはきっと、男と女の越えられない溝を埋める役目ではないのか。

なーんちゃって、こじつけですよね。でも私は、どこかで信じているの。いかなる性癖であろうと、進化の歴史の中で淘汰されずに生き残った者たちには、必ずその存在の意義があるはずだ、と。

ゲイは男の身体で生きているので、男の欲動も我が身のこととして熟知している。その一方で、女の言葉を理解し、その心情に共鳴することもできる。すべてのゲイがそうだとは言わないが（中には女嫌いのゲイも少なからずいるので）、少なくともノンケの男よりは女を理解しているように思える。また、彼らは女に欲情しないので、余計な色眼鏡で女を見ることもない。

伏見さんはゲイリブ活動の草分け的存在として、同時期に台頭したフェミニズムに対して深い理解を示すとともに、その姿を客観的に観測してきた。だから公正な立場からの批判もできるし、彼女たちへの共感も持っていて、一部の男たちのように頭ごなしに否定することもしない。そのうえ教養もあるので、私にとっては理想の対談相手であった。

売買春に反対するフェミニズムの人たちに相手をしていただけなかったのは残念だが、伏見さんの存在のおかげで彼女たちの視点を疑似的に体験できたのは収穫だったと思う。

売春に対する言語化できない嫌悪とは

この対談の前に伏見さんの『性の倫理学』という対談本を読んだ。2000年に朝日新聞社から出版された本だ。もう20年近く前の本なのに、人々の意識が現在とほとんど変わってないことに驚いた。中でも面白かったのは、売春に対する嫌悪感を言語化できずにあれこれ説明しようとした挙句、最終的に「ダメなものはダメ！」的な発言をしてしまう学者さんである。この方は、でも、とても一生懸命にご自分の嫌悪感を言語化しようと努力していらして、そういう意味では「誠実な人だな」と好感を持った。論争に負けるのを恐れて避ける人に比べたら、はるかに真摯な人間性だ。

対談の中で伏見さんが言ってるように、私も「売春婦やヤリマンへの嫌悪感」は「女が誰とでもセックスするようになったら、男は生まれた子どもが自分の子かどうかわからない」という不安に根差していると思っている。これは、開沼氏との対談でも私が言っていることである。

男は女の性を囲い込みたい。自分の子を生んで欲しいという本能があるからだ。風俗嬢たちの座談会でも、射精時に客に「俺の子を生んでくれー」などと言われてドン引き、という笑えるエピソードがあった。さらにゲイの出会い系サイトなどを見ていると「おまえに種付けしたいぜ」とか「孕ませてやるぜ」的な書き込みがあったりして、「男同士なのに誰が孕むんじゃーっ！」と思わずツッコミ入れたくなる。つまり、一定数の男たちには「生殖」がエロツボとして存在する、ということだ。実際に孕まれたら動揺するくせにな（笑）。

しかしまぁ、このような「生殖エロツボ」は何も男だけに限ったことではなく、私は女友達に「だって、男とセックスするのは、そいつの子どもが欲しいって思うからでしょ」と真顔で言われて驚いたことがある。私自身はそんな動機でセックスしたことが一度もないからだ。いや、むしろ妊娠を意識的に避け続けてきたタイプである。実際、彼女は3人の子持ちで、私には子どもがいない。なるほど、同じ女でも生殖とエロの結びつきが全然違うんだな、と感心した。彼女が売春に関してどう思っているのか、一度尋ねてみたい。

そんなわけで、売春に反対する人々がしばしば口にする「セックスは生殖に関わることなのに、お金で売買するなんて」という理屈はわからないでもないのだが、そもそも自分にそういう価値観がないので「いやぁ、それは普遍的な価値観じゃないでしょ」と感じてしまう。自分の個人的な価値観や生理的感覚を、疑いもせずに普遍化し、他人にまで押しつけるのは、あまり理性的とは言えないだろう。

さて、結局のところ、「売春に対する嫌悪感」の根っこにあるのは何なのか。「生殖」への本能的な特別視なのか、「愛」や「対幻想」の神聖化なのか。この問題については、まだまだいろんな人と議論してみたいものである。掘り下げていくと、いろいろ面白いものが出て来そうで、ワクワクする。これってておそらく、人間の何か根源的な核のようなものに触れることだと思うのだ。

私は議論に勝つことが目的ではなく、さまざまな視点の人たちと議論することによって、より自分の価値観や世界観を広げ、「人間とは何か」という問いに近づいていきたい。この本にしても、言ってみれば、動機は個人的な好奇心や探求心なのである。売春反対派の人たちが自分の中の嫌悪感やタブー感についてわかりやすく説明してくれたら、これほど嬉しいことはない。まぁ、こんなスタンスだから、賛成派にも拒否されるのかもしれないが（笑）。

でもね、勝ち負けにこだわる必要なんかあるのかね？　売春賛成派の人たちはひとりでも多くの人が売春賛成側に付いて欲しいと考え、それゆえ反対派を論破することに意義を感じてらっしゃるのだろうが、私はひとりでも多くの人に「どうして売春に抵抗があるのかな」という疑問を持っていただき、それについて改めて考えていただければそれでいい。あとは賛成だろうと反対だろうと、本人が決めればいいことだ。

自分と違う感じ方や考え方を論破し封じ込めようとするのは、多様化というものを押し潰してしまうんじゃないの？　売春賛成派の人たちも反対派のフェミニストも、もともとは「多様化」を支持してきた人々じゃなかったのかなぁ？　なんでガチガチに自分の主義主張にこだわるのか、よくわからんですよ。それってもはや、思想とかじゃなく、ナルシシズムの問題なのではないでしょうか？

伏見さんは売春規制派のフェミニストに関して「自分の世界観に安住するのは快楽だから」と言っていたが、私は売春賛成派の方々（↑全員じゃないけど）にもそんな印象を受ける。自分の世界観をぶち破られる快楽ってのもあると思うんだけど、みんなそんなに嫌ですか？

人間の「倫理観」について考えるのは面白い。それは「人間がどうやって人間になったか」を辿る問題だからだ。

人間は社会を作るにあたって、さまざまな欲望を規制する「倫理」を作った。人殺しや泥棒がいけないという倫理にはまったく異存ないが、売春がいけないという倫理の根拠が私にはわからないので、そこにものすごく関心がある。

対談中に伏見さんが口にした「ギャンブルへのタブー感」も面白かった。べつに誰かの命や健康が脅かされるようなものじゃなし、ギャンブルで蒙るのはせいぜい本人の経済的な破滅くらいだ。それはギャンブルをやらない私でも、自分が「買い物依存症」によって経済的破滅に何度も瀕したので、危機感として存在するのはよくわかる。しかしその危機感はあくまで自己責任的な範疇であり、「倫理」として考えるようなものなのか、という気はする。もちろん私は買い物依存の自分に「人間としてダメじゃん」的な倫理的な引け目は感じてたけど、それを社会倫理として全員が共有すべきかと考えると疑問である。

売買春やギャンブルに倫理的な抵抗感を感じるのは自由だ。が、社会として規制するような問題だろうか？　個人の倫理はどこまで普遍化できるのか？　そういう問題を、もっといろいろ考えてみたい私である。

対談　佐藤優×中村うさぎ

売春をすると魂が毀損されるのか？売春反対派にタブー視の理由を聞く

著書『性と国家』で売春に否定的な立場を表明した佐藤氏は、売春反対派の中で唯一、この本での対談を快諾してくださった人物である。人間の自己決定権、宗教観、売春の歴史など多方面の視点から、「なぜ売春はタブー視されるのか」を解き明かしていく。

売春のタブー感をめぐる諸々の理由

中村▼佐藤さんと北原さんとの対談本『性と国家』を拝読しました。北原さんの言っていることを批判しようと思ったら突っ込みどころが満載なのですが、とりあえずそれは置いといて、私は北原さんとは反対の立場の「売春肯定派」なんですよ。売春を非犯罪化にして、彼女たちの権利と労働環境を守ってあげないといけないと思ってます。対談本を拝読した限りでは、佐藤さんも「売春反対」という考えをお持ちみたいなので、ぜひ佐藤さんに「売春の何が悪いのか」を教えていただきたくて。

佐藤▼「悪い」か「善い」かというよりも私は好きでないという偏見の問題だと考えています。その背景には私の宗教観や外交官としての経験があります。

まず、人間には身体の処理権というものがありますが、ではセックスの処理権はあるのかという問題がありますね。処理権がないということは、往々にして親や男に囲われたりだとかしているということになります。一般的にいうモラルというものはすぐに如何わしさに変わってしまうものですが、そのような面がうさぎさんは一番嫌いなのかと思います。売春反対の人たちはパターナリズム的に、現実に存在してその世界にいる人たちのことを蔑んでいるというご意見も頷けます。

私はセックスに自己処理権は完全に存在すると思います。ただ売春と一口に言っても様々なタイプがありますよね。

売春はたとえばソ連時代のロシアにも存在していて、国家による管理売春や、ソ連崩壊後はマフィアによる管理売春などがあったんですね。売春の話をするにしても、たとえば雨宮処凛さんは、自身の周りで売春していた方のなかで、自殺してしまった方が非常に多いという理由から、売春に対して否定的な立場です。あるいは香山リカさんは、自己決定と言っても人間は間主観性のなかにあるので、簡単に自己決定することはできないと述べています。私は香山さんの意見に対しては納得する部分とそうでない部分があります。売春はいけないものとする言説が生むパターナリズムなどにより、差別の構造を強化し再生産しているという問題があると思います。

ただ売春というものを完全に肯定するかというと、そういう点では躊躇を感じてしまいます。キリスト教的なバックグラウンドから見ても、売春が良しとされているところはないですね。

中村▼まぁ、宗教的価値観で売春を否定するのは個人の自由だと思うんですけど、それはあくまで個人の価値観であって普遍化できるものではないですよね。

佐藤▼それはおっしゃるとおりです。私がこうした問題でもうひとつ引っかかるのは、この高度に進んだ資本主義社会のなかで、我々も含めてみんなお金がないと食べていけないということです。そのなかで、好きだからセックスをするということ、お金を稼ぐということ、といった問題が絡み合っている。だから売春は良いか悪いかという、ゼロかイチかのデジタル的な議論をすると多くの問題を取りこぼしてしまうことになる。

中村▼もちろん、ゼロかイチかの単純な議論に収束できるとは思ってません。私も売春肯定派とは言いながら、これはグレーゾーンだなということもありますよ。

佐藤▼そもそもお金というものに対して、私から見るとうさぎさんは貨幣に対する忌避感が強いと思うんです。買い物依存症だったということも貨幣自体を信用していないからですし、貨幣を媒介している人間の価値観がお嫌いですよね。そういった貨幣の問題と絡めると、管理型売春におけるコンパニオンアニマルズは、犬や猫の生体販売と似ています。

中村▼『性と国家』のなかでも、売春はペットショップに何度かたとえられてますね。でも私は、売春を生体売買とは考えてません。「身体を売る」という表現があるけど、実際に売買してるのは身体ではなくセックスですからね。

佐藤▼その点はご指摘のとおりです。それでも、この問題は貨幣で生命や性を取引していいのかというような問題だと思うんですよ。ただこれは売春に限らず、学習塾も一緒だと思います。私たちも一生懸命勉強させられたわけですが、それはやはり親たちがある意味単純に社会的なかたちで上層に入ることができると考えるからで、それも構造としては売春と変わらないんです。

中村▼貨幣と人間性が交換されているのは性売買に限ったことではなく、あらゆるところで人間は自分の人格の一部を削りながら貨幣に変えているのが現代社会ですよね。

佐藤▼しかしその一方で、貨幣と違う部分によって支えられている人間関係もあるでしょう。たとえば自分のパートナーや友人が「今日は車で送ってくれたから500円払います」と貨幣換算することにはなりませんよね。

中村▼でも性売買をしている人が、そういった「貨幣換算ではない部分」を失っていくかというと、そんなことはないと思います。風俗嬢だって、仕事ではセックスの対価としてお金を受け取りますが、プライベートな恋人にはお金を要求しませんよ。自分のセックスを売る相手と、金銭なしでセックスする相手は、ちゃんと分けてる。それはマッサージ師だってコックだって車の運転手だって同じでしょう。仕事では金取るけど、プライベートでは受け取らない。

佐藤▼それは本当にケース・バイ・ケースだと思います。データがないので言い切れませんが、失っていくリスクはほかの人たちよりは少し高いという側面はあるかもしれませんね。とはいえ一定の知的な力があり、容姿も綺麗で能力もあるそのような性売買のケースと、経済的にも弱い立場で知的障害もあり、管理売春型に組み込まれたモノとして消費させられ、ほとんど自己決定がないような性売買のケースとではだいぶ異なってくる話だと思います。

中村▼知的障害者のセックスワークに関しては、知的障害の度合いにもよると思うんですよ。自己決定能力がないほどの知的障害なのか、あるいは意思もコミュニケーション力もある軽度の知的障害なのか。そこは分けて考えなければいけないと思いますね。

売春における「自己決定権」の在処

中村▼北原さんがよく持ち出す従軍慰安婦は「強制売春」ですよね。私はそういう人たちの自己決定権を問題にしているわけじゃないんですよ。

佐藤▼北原さんが優れているのは、最近のインテリたちのなかで、「慰安婦」のような強制売春のなかでも恋愛があったじゃないか、という自己決定権があったかなかったかという議論そのものに対して危機感を抱いている点だと思います。

中村▼仮に「慰安婦」が客に恋愛感情を持ったとしても、売春婦という職業自体が本人の意思でないなら、それは「強制売春」ですよ。そんなの当たり前じゃないですか。そりゃ、そのインテリたちの論旨がズレてる。小学生にだってわかるレベルの話ですよ。しかし私が問題にしてるのは、そこじゃなくてですねぇ……。

佐藤▼「慰安婦」の問題は国家権力によって強制させられるというレベルの問題ですが、今回の問題は、たとえば『闇金ウシジマくん』に出てくるような、金から入っているんだけれども、かなり自己決定の要素が大きい風俗の世界の問題ですよね。

中村▼そうなんです。たとえば知的障害の問題ひとつ取ってもですね、軽度の知的障害者の人がセックスワーカーというケースは比較的多いみたいなんです。重度の知的障害であれば福祉がおりるんだけど、彼女たちは通常の日常生活は送ることができるため福祉の手が届かない。しかし普通の会社の面接などで受け答えがうまくできなかったりすると、たいていの会社では採用してもらえない。非正規のバイトなどで雇われたとしても、軽度の障害ゆえに「トロい」とか言われてイジメに遭い、その職場でも居場所がなくなってしまいます。そうした彼女たちを救うセーフティネットが風俗しかないとなってくると、それは彼女たちにそうせざるを得なくさせる社会が悪いと思うんです。じゃあ社会が悪いのであれば、私たちはどのようなセーフティネットを用意することができるのかという問題を議論しなくてはならない。単に反対とか賛成とかじゃなくてね。

佐藤▼これまで何度かうさぎさんと対談させていただきましたが、うさぎさんが嫌いなのは当事者性のない話を上から目線で語ることですよね。北原さんの場合、日本の売買春の話が関心の中心にあるわけではなくて、慰安婦問題に深く興味を持っています。最近は矯風会の歴史に関心を持ち元慰安婦の方たちに寄り添う活動を一生懸命されていますし。

中村▼それはそれでもちろんいいのですが、北原さんは買春する男を罰せよ、売春をなくせと公言していますよね。しかし、売春を従軍慰安婦の問題だけから捉えてそのように主張するのはすごくおかしいと思うんです。

佐藤▼うさぎさんのどういったところが重要かというと、寄り添うことだと思います。うさぎさんは自分がしないような選択でも、当事者の人が考えていることを極力同じ目線で受け止めようとする。抽象論にせず、すべて個別の問題に還元していきます。逆に売春や買春をすべて否定しようとすると、どこか浮ついてしまうところがありますよね。人間は性欲があるので、綺麗事だけでは否定しきれない。

中村▼その上、売春は性欲の問題だけではないですよね。

佐藤▼そうですね。そこには当然人間のコミュニケーションがある。だから難しい問題なのです。

中村▼たとえば先ほどの知的障害の話だと、職場でいじめられてセックスワークに行き着いたとしても、そこでは自分のトロさを軽蔑されることもなく、それどころか可愛がってもらえたりする。子どもの頃からイジメを受けたりしがちだった彼女たちにとって、その自己肯定感はとても大切だと思います。しかし北原さんの売春否定には、そういった部分への配慮がない。

佐藤▼わかります。それは偽りの自己肯定感であり、それではダメだと言ってしまうのは、知的能力の高い人の上から目線の話であって、彼女たちが追いつけない立場からそうやって決めつけないで欲しいと。

中村▼そうなんです。本人にとってはセックスワークがやっと見つけた居場所かもしれないわけです。そういうことを北原さんはご存知なのかはわかりませんが、売春はいけないと頭から否定していくとしたら、彼女たちのためにどのような仕事を用意することができるのかと問いたいんです。

佐藤▼一度、その問題について北原さんと話してみると面白いかもしれないですね。

中村▼じつは断られたんですよ。お願いしたんですが、ダメで。売春反対派で応じてくれたのは佐藤さんだけですよ。

佐藤▼なるほど。私が反対であることの理屈は簡単で、反対だから反対だという、一種の究極の感情論からです。

中村▼それはやっぱり、聖書で神が許していないからですか。

佐藤▼そうです。ただこうした話はしていかないといけないと思っていて、うさぎさんという発話主体が誠実性を備えていることに鑑みると、北原さんは同じ作家として書いたものに対する疑問や反論に受け答えていった方がいいと思うんですね。そうしないといつまで経っても空回りの議論になる。

中村▼そうなんです。お互いに言いたいことを言い合って相手を批判してばかりでは、この問題は何も解決ができないと思うですね。だからそれで私が論破されてもいいなと。

佐藤▼ただ、この問題は論破したしないの話ではなく、信念の問題になっていきますね。私は、人間は自分の持つ偏見を越えられない、と思っているんです。しかし重要なことは、私はこのような偏見を持っていますということを、きちんと読者にわかる形で提示するということですね。そしてどのような人と寄り添ってきたのか、あるいは知的にどのようなことを考えてきたのか。やはりこの売春・買春の問題というのはその人の人生の縮図でもあると思います。どのような人生を歩んで来て、どのようなところでどのように見てきたのか。そのため大学の教員でも隠れた買春をしているなど、このような人たちも公の場所

で語らないと、これはおかしいと思うのです。

売春は「暴力」か？

佐藤▼たとえば『闇金ウシジマくん』で、金が回らなくなったらどうなるかというと、男はオホーツクでロシアの漁船に乗って、女は沖縄の裏風俗に行くんです。やはり、沖縄の裏風俗と言われると、ぎくっと心が痛むんですね。それはやはり、日本とは違う基準の風俗が沖縄にはあるからで、そこにまた差別性が生まれている。

また、鈴木涼美さんの『ＡＶの社会学』を読んだのですが、彼女はその本を書いて悔いが残ったことは、自身がＡＶ嬢だったことを隠してあくまで観察者のように書いたところだったと。あの本は、観察者の視座でＡＶをポルノ映画などの延長線上に位置づけないで、売春の延長線上に位置づけているところが面白かったんです。そうすると、当事者たちを軽く見るなという気持ちが重要なのだと思うんですね。

中村▼そうなんです。セックスワーカーの人たちが自己決定権と言っているのは、自分の人間としての権利や主体性を世間に認めてほしいという気持ちからなんです。

佐藤▼たしかに、香山リカさんの理屈で言えば、自己決定権というもの、つまり人間の脳は周囲のさまざまなものの影響を受けているので真の自己決定権ではないということになるんですけど、私はその話を聞いていて思ったのはマルクスなんです。マルクスは『ヘーゲル法哲学批判』のなかで、宗教とは人民にあると言っていて、悩める者のためにあると。自己意識のない者、もしくはかつて持っていた自己意識を失ってしまっている者たちが宗教に向かうと言っています。だから宗教が一概に悪いとか、ナンセンスだと言っても意味がないとマルクスは言っています。だから、どのようなことに対しても当事者性はあると思いますし、当事者性のなかには当然物語があります。人間という存在は私も含めて自己中心的な生き物なので、基本的に今の自分がしていることを肯定したいと思うんですね。そのために必死になると。

中村▼私は、自己肯定したくて物語をつくることの何がいけないのかなと思います。

佐藤▼それはいけないと言ってしまったら、小説も詩も文学も何も成立しないですよね。

中村▼そうですね。それを言い出したら、すべてがファンタジーですからね。

佐藤▼私がもうひとつ引っかかるのは、人間には性の自由というものが自己決定権としてある点です。私は結婚しているので、パートナー以外の人とセックスしたいと思わないんですが、それがなぜかというと、人間関係が面倒臭くなるからです。一方で、結婚していない人がどのような人とセックスするのか、あるいはセックスしないのかという選択もできる。となるとそれは、その人の生き方の問題になってくる。その上で、売春は貨幣の問題が絡んできます。

中村▼佐藤さんは性を金銭で売買することに忌避感を感じるとおっしゃっていましたよね。私はどのような仕事であれ、何かを金銭に換えるという仕組み自体は同一だと思います。そのなかで性だけが特別視されることに違和感を感じます。たとえば北原さんは男性の性欲と度々言っていますが、いまは女性が男性を買うという風俗もあるわけで。

佐藤▼おそらく北原さんは売春が嫌いなんですよ。

中村▼いや、そんな個人の好き嫌いでこの世から売春をなくすべしとか言われてもね(笑)。

佐藤▼北原さんが否定する売春とうさぎさんの観点との違いを整理していく必要がありますね。私は、売春は貨幣であり、売春は暴力でもあると思います。暴力がどのようなかたちで関与してきたか説明すると、完全に暴力の要素のないセックスは少ないと思っています。

中村▼売春は暴力であるということは、どういうことなんでしょう。

佐藤▼夫婦関係でも言えることですが、たとえば経済力は夫の方があり別れたくないという理由から、こんな人とはセックスしたくないと思いながらも嫌々付き合っている女性はたくさんいると思います。この状況はやはり背景には貨幣に通じたものがありますし、あるいは世間体というかたちの暴力がありますよね。

中村▼それはある意味で形を変えた売春ってことになりますよね。貨幣が絡んでるから売春はいけないと言うのなら、じゃあ、夫婦仲の冷えた専業主婦が経済的理由のために夫のセックスに応じるのはなんでOKなんだということになる。でもね、私、そういった主婦を批判する気はないの。ただ、それがまかり通ってるんなら売春もOKにしようよ、と言いたいだけね。

佐藤▼新自由主義化したここ20年くらい資本主義社会は緩くなっているという印象があります。だから、特捜に捕まった私でもこうして作家として出てこられるようになったと思うんですが、20年前はもっと堅い社会だった気がします。いま、風俗でもAVでも緩くなっている部分があるとしたら、たしかにおっしゃっているように自分の自己決定権が、この新自由主義化のなかでどう捉えることができるのか。そこのところを完全に捨象してしまって上から目線はだめだと思います。

中村▼佐藤さんは佐藤さんで、生理的忌避感ということを言っていますよね。

佐藤▼生理的忌避感は、キリスト教的な刷り込みが一番大きいんですが、それはソ連の崩壊前後に見ていた自分の体験です。そこから離れることはあり得ないと。

中村▼佐藤さんの忌避感は宗教的な理由とソ連での体験なんですね。でも世間の人たちも、「なぜ売春はいけないのか」という話をすると、やはり生理的な不快感につながっていくんですよ。キリスト教徒でもないのにね。

『性と国家』の中で、佐藤さんは売春に忌避感を抱く理由として「愛のないセックス」について言及していて、北原さんは「生殖に関わる行為なのに」といったことを言っていますが、では生殖に関わることはそんなに神聖なのかということを説明して欲しいんです。愛のあるセックスはそんなに神聖なのかということもありますし。

佐藤▼やはり、共同生活や人間関係というものは、ある種の愛がないと無理だと思うんですよね。

中村▼そうなんですけど、セックスワーカーは愛もなくセックスしていますが、それはいけないことなのかどうかという問題があります。

さっきも話に出たように、夫と愛のないセックスをしてる主婦もいる。その人たちは利害でセックスをしてるわけだけど、べつに拒否権がないわけでもなく、ただ喧嘩になると面倒臭いからやってる。それも本人の選択だから、べつにいいじゃんと私は思う。夫だって妻と喧嘩したくなくてしぶしぶセックスしてる人もいるでしょ。自分が経済的に優位にいてもね。だから必ずしも力関係とばかりも言い切れない。

売春もまた、金が発生することで「力関係」だと言う人もいるけど、一概にそうは言い切れないと思います。現に私なんか、金でウリセン買うけど、めちゃくちゃ低姿勢ですよ。こんなババアでごめんね、的な（笑）。

人間には「愚行権」がある

中村▼この『性と国家』のなかで佐藤さんのおっしゃっていることで好きな部分が愚行権の話です。たしかに、愚行権というものがあると私も思うんですね。売買春を愚行だとは思ってませんが、世間一般では軽蔑される行為でしょ。でも、そうした「褒められない行為」をやる権利もある、と。

佐藤▼そうなんです。売春を愚かなことだと思っている人たちでも、自分に対して危害がない限りはそれを認めないといけないと思うんです。嫌いと言葉で表現するのは自由ですが、それを力によってやめさせたり、売春に関わる人間たちを強制収容所に収監して、売春と引き換えに介護労働に就かせるというのはおかしいですよね。

中村▼でも、売春防止法はその類いのものですよね。売春婦は罰しないが、その変わりに更生施設に送り更生させるという、非常に上から目線になっている。

佐藤▼かつての治安維持法に見られたいわゆる保護観察処分と同一です。売春という悪い思想が伝染したらいけないので、正しい思想になるまで保護して隔離するという。いわば伝染病と同じ扱いですよ。しかしそれは裏返して考えてみると、たとえばＡＶがすごく面白い現象だからです。

私は鈴木涼美さんの本を読むまでは、ＡＶをポルノ映画の延長線上に見ていたんです。通常の映画と少しエロティックな映画、その先のポルノ映画と更にもうひと回り上の映画と、そういった流れで見ていたんです。ところが鈴木さんはそれを完全に切断して見ていて、売春の延長線上にあるのがＡＶであると言っています。ＡＶがこれだけの規模で広まっていることからしても、日本における売春・買春というものの構造はそう簡単にはなくならないということです。しかもそれが資本の論理で上手く浸透してしまっている。

中村▼なくならないうえに、規制がかかることによってどんどん地下に潜っています。ソープやピンサロなどの店舗型の風俗業が一斉に規制を受けて営業できなくなってきていますが、その一方で行政はデリヘルのような無店舗型の風俗業は認可した。つまり社会の表面で店舗として目に見えるところで堂々とやるな、と。で、これによって何が問題になっているかというと、風俗嬢の女性が単身で相手の男性の家やホテルに赴くという非常に危険な仕事になってしまった。店舗型での営業であればほかの従業員もたくさんいる環境なので、お客さんも無茶なことを風俗嬢に求めにくいですが、しかし風俗嬢の女性と一対一になれば無茶なことをするお客さんも出てきやくなります。規制さえすれば社会が綺麗になり、セックスワーカーが救われるかというとそうではなく、ますます闇の世界に追いやられることで、セックスワーカーは職を失うか劣悪な環境で働くかの二者択一を迫られることになるのです。

佐藤▼またセックスワークという仕事は、年齢とともに対貨価値が下がってくるということも問題ですね。

中村▼そうですね。しかし近年は性的な好みや志向が細分化されてきているので一概には言え切れないとは思います。シングルマザーなどにとって風俗産業の何が良いかというと、就労時間に対する独特の緩さがあります。

佐藤▼しかしその就労時間などに関して労働条件が良くなるというのは、性というものに対する一種のタブー視があるので、付加価値が非常に高いものになるということでしょうか。

中村▼それはどうなんでしょう。性がタブー視されているから、働いている女性たちに対して経営者が甘くなるのかな。そればかりとも思えないけど。

佐藤▼逆に言うと、これは一昔前の議論ですが、介護労働が導入されたとき非常に低賃金でありながら高等教育を受けている従事者が多かったのです。これを当時千葉大学に所属していた渋谷望さんが「魂の労働」という名付け方をしました。これは今はもう成り立たないですが、人の魂を救う立派な労働なので賃金が低くても皆喜んで働くという分析をしたんですね。よって風俗や性産業というものはマイナスのイメージが世間的についていますよね。そうするとそのような面で価格が上がるのは当然なんですね。

中村▼風俗に対して、差別があるからこそ成り立っていると。

佐藤▼でもそれは他の仕事でもすべてそうで、いけ好かないものを扱わなくてはいけないとか、見た目が格好悪いなど、そういうような仕事というのは賃金は高くなりますよね。

中村▼しかし最近のセックスワークは賃金がそれほど高くないという状況なんです。デリヘル解禁以降、価格競争になってしまったので。そういう意味では、売春も他の業界と同じというわけです。参入者が増えれば淘汰されていく。そういう意味では、昨今の売春界の価格低下は平等の証ってわけですかね（笑）。

他人の性癖にまで口を出す社会は健全なのか？

中村▼性風俗産業というものがこの世の中からなくなるべきなのか、佐藤さんはどう思いますか。

佐藤▼私は産業としてはなくなったほうがいいと思います。その代わり、自由にセックスしている人たちは構わないと思います。金銭が絡むことがあれば、絡まないこともあるという形でセックスがあるというのは当事者間で決めていいのではないかと思います。

中村▼ソ連では男性も女性も同じようなのですね。

佐藤▼性欲というものは完全に個人の自由な世界なので、国家は管理しないということです。

中村▼それは当然のことですよね。

佐藤▼それと同時に買春や売春というものは、当局は外国人を相手に情報を収集する術としか考えていないのです。

中村▼ではそういったフリーセックスの社会に日本がなったとします。そうするとセックスに付加価値がつかなくなるので、セックスを売る職業はどうなりますか。

佐藤▼しかしそれはセックスの分野だけそのようにすることはできないですよね。

中村▼それなら共産主義はよいのかという話しになってしまいますよね。

佐藤▼セックスに関しては共産主義はよかったのだと思いますね。そして北欧も富が自由化されていないので共産国並みにフリーセックスだったと思います。しかしある時期からそれをやめて、ポルノも一番厳しくなっているはずです。

中村▼規制が厳しくなったと。

佐藤▼なぜそういうようになった

かのは気になるところですね。社会がそういう雰囲気になったということだと思います。

中村▼最近は特にそうですよね。

佐藤▼だからその隙間のなかにおける産業になってしまっているので、歪な構造になっているんです。だからもし性に関して、もっとロシアのように自由であれば風俗にはなり得ないんです。

中村▼でも、そういった自由な性行為に厳しいのは、まさに北原さんじゃないですか。『性と国家』の中で彼女は橋下徹を批判してるけど、その批判のポイントが私にはピンと来なかった。橋下が愛人に制服を着せてコスプレセックスをしていたことを「政治家としてNG」だと言ってるけど、なんで？　私はね、政治家がプライベートにおいてコスプレ好きだろうとSMだろうと、どんなセックスをしていようといいと思う。そんなの自由じゃん。政治家は政治の手腕を批評されるべきであって、性癖なんかで批判される筋合いはない。

佐藤▼私は面白かったですね。スッチーの姿をしていたらOKだと思いますが、もしあれがスクール水着だったとしたらダメだったと思います。

中村▼どうしてダメなんですか？

佐藤▼この日本という国には一種の基準があり、要するにブルマーなどの変態な要素が加わると、すごく厳しくなりますよね。

中村▼そこがわかんないんだよね。橋下が子どもに手を出したと言うのであれば、それはアウトですよ。しかし成人の女性に女子高生の制服を着せようが、スクール水着を着せようが、それは大人同士のお楽しみじゃないですか。

私、性癖は人それぞれで、個人の自由だと思います。小児性愛だって、現実の子どもに性交を強要すれば犯罪だけど、大人の女性に子どもの服装させてセックスすることまで「NG」とか言うのは行き過ぎじゃない？　性癖そのものを取り締まろうとしてる。取り締まるべきは犯罪行為であって、性癖ではないはずでしょ。

橋下徹のコスプレセックス問題は被害者がいないので、佐藤さんのおっしゃる「愚行権」じゃありませんか？

佐藤▼橋下さんのその問題に関しては確かにそうですね。第三者的な視点からみれば、今この国も児童ポルノに対して厳しくなっており、児童ポルノを想定させるようなコスプレを公人がやっていたというのは、確かにそこに個人の自由はありますが社会的な目は厳しくなりますよね。

中村▼だって性癖は自分で選べないじゃん。ゲイだって好きでゲイ

になったわけじゃないし、ロリコンだって本人の選択ではない。ただ、それが被害者を生む行為であれば、厳しく規制されなきゃいけないと思いますよ。でも被害者がいないなら、他人が干渉する領域ではない。

さっきも言いましたけど、私は佐藤さんの言う「愚行権」がすごく好きなんです。実際の被害者がいなければ、どんな愚行も本人の自由だ、という。本当にそのとおりだと思うの。

佐藤▼以前うさぎさんとも議論したかと思いますが、橋下さんが彼がお嫌いな嘉手納基地に行ったときに、性欲が溜まっているのであれば風俗を利用しろといった発言が批判されていましたよね。日本の陸地面積の60パーセントを占めるに過ぎない沖縄に在日米軍基地が70パーセントあるということにおいて、そこでそういった提案をするというのが、問題なのかと思います。

中村▼それは性風俗問題ではなく沖縄差別の問題ですね。

佐藤▼そのとおりです。

中村▼正直、私には沖縄の人の気持ちはわかりません。あの発言を聞いた時、それが「沖縄差別」だとは受け取ってなかった。でも、自分にないそういう視点はすごく勉強になるな。そうか、沖縄問題の当事者は、差別問題としてあの発言を受け取ったのか。

じゃあ、私は橋下のコスプレセックスは擁護しますが、「沖縄の風俗で抜いとけ」発言には断固抗議しましょう！

売春は魂を毀損する職業なのか？

中村▼佐藤さんの個人的な意見としては、フリーセックスであればセックス自体の希少価値が減るので性風俗というものもなくなるであろうという考え方ですよね。

佐藤▼それに近いと思います。フリーセックスなど性に関する規制という部分は、当事者間で決めれば良いと思います。もっとも、そうなると知的障害などで、当事者でどの程度判断することが出来るかなどといった問題が出てくるとは思いますが。

中村▼そうですね。そしてフリー恋愛、フリーセックスというものに格差も生じてくると思います。モテる者とモテない者ですよね。結局女性に不自由しない人は、フリーセックスでも不自由しないのです。

佐藤▼カネに不自由しない人間は、どういう状況であれカネに不自由することはないという状況ですね。

中村▼結局そうなるとフリーセックスになったときに求められない層、需要のない層の問題もありますね。

私、売春はなくならないと思うのです。たとえフリーセックスになったとしても。例えば性的弱者が上位にいる女とやりたいと思うじゃないですか、その女が5000円で売ってますよと言ったらお金を払いますよね。そうすると性的強者のトップにいる女性は商売ができるのです。そういうことで需要がある限り、売春はなくなりませんよね。

佐藤▼それからあともう一つは、セックスだけではなく人を支配するということが絡んできますよね。買春の問題というのは男から女というのがボリュームとしては多いとしても、逆ベクトルもうさぎさんがおっしゃったように存在します。そうすると男の性欲の問題として還元することができないのですね。それは性欲かもしれないですが、支配欲かもしれない様々な要素が含まれています。そうすると実は売春は性欲だけでは還元できないことが多いですね。そこには支配欲がありますし、人間の信頼関係に似たようなものです。

中村▼売春は性欲の問題だけではないというのが私の考えなんですが、それは先ほども言ったファンタジーのような「ごっこ遊び」でもあるからです。その「ごっこ遊び」は「支配・被支配」ごっこかもしれない。SMプレイでもそうですが、一方が主人でもう一方が性奴隷だと。あれは、本気の奴隷契約ではないですよね。限られた時間のなかでの「奴隷ごっこ」なわけです。それと同じようにセックスワーカーが売買しているものもひとつのごっこ遊びであり、フィクションなんですよ。お互いに合意のうえでやってる「ごっこ遊び」だから、被害者はどこにもいない。橋下の「コスプレセックス」と同じですよ。

佐藤▼そこの最大の問題というのは、フィクションとごっこ遊びで還元できない面というのが、やはりカネなのです。それはその人たちの生活にとって死活的に重要なほどの金額になっているからですね。それがゲームで楽しむ範囲の金額ならば、ゲームだと思いますが。

中村▼しかしそれは、お金でやっているゲームなのです。ゲームにもお金は発生するじゃないですか。

佐藤▼ただその比率なのです。生活にとってそれが死活的に重要なのか、パチプロや競馬のプロと遊びでやっている人と同じではないですかね。

中村▼それが死活問題のお金だと本物の支配関係が生じるということでしょうか。

佐藤▼支配関係が生じるということではなく、お金を稼ぐために何かをするということで、ものの考え方や立ち居振る舞いが変容してきますよね。

中村▼それが売春だと悪いように変容しますか? つまりどのような職業に就いても、何かしらの変容は生じると思うのですが。

佐藤▼逆にそこの部分で恋愛ということをあまり考えずに、上手くあしらってという形にもなるかもしれませんよね。私たちのようにモノを書く人間も、最初の修作で書いていた時期とカネを稼ぐために書くのとでは書く姿勢に随分と違いがあると思います。ずるい書き方になるという側面はありますからね。そのように変容していくものなのでしょう。

中村▼ではどのような仕事に就いても、何かしら金銭が介在することによって変容しますよね。

佐藤▼官僚の場合は金銭ではなく権力が介在しますね。私は外交官になった当初は、よもや外交ゲームや国益に熱中するとは思ってもいなかったのです。しかし気がついたらいつの間にか熱中していましたからね。

中村▼性風俗に限らず、それで生活の糧を築く以上は、何かしら毀損されていくのですね。

佐藤▼そうですね。そこの部分をごまかす人のことを、私はインチキだと思います。

中村▼たとえば風俗嬢を長くやっていると、愛がなくても男とセックスできるようになるかもしれませんが、相手のことを大嫌いでも笑顔でお世辞が言えるようになる営業マンと何が違うのかと私は思いますね。不誠実という意味では同じだと思います。性的なものだけが何かを毀損されるという考えには、性の神聖視みたいなものがありますよね。

佐藤▼それが一種のプリズム効果ですね。それが少し異なる話になれば、学歴信仰もその一つですよね。学歴なんて社会に出たら役に立つものではないですね。特に私たちの業界がそうですよね、関係ないですよね。

中村▼ただ商社などの企業では学閥のようなものがありますよね。

佐藤▼私が知っている限りそういうものに帰属意識を持つのは所該企業の劣位集団を構成する人たちですよ。どうしてかというと、上の方にいる人はそのようなことを気にしないですからね。劣位集団の中でなんとかしがみついていくためにやはり学歴が必要になってくるのでしょうね。

「性の囲い込み」は誰の掟か？

中村▼この『性と国家』の中で佐藤さんが「魂が穢れる」というような表現をしていますが、なぜセックスを売買すると魂が穢れるのですか？　この表現が私は一番ピンとこないのです。セックスをカネで売ると魂が穢れると思いたいだけなのではないですか？

佐藤▼ストレートに魂が穢れるという言い方をしたかどうか、そこの文脈を憶えていないのですが、魂が穢れるという表現を不快に思う人たちはいると思いますね。これは私の経験なのですが、モスクワ大学で教えていたことが、精神的に魂の上で負担になり一種の傷にはなっていました。

中村▼この本の中で佐藤さんが、もし自分が母親だったらとかもし自分が娘だったらという話をしていますが、私はこの理屈がすごくよくわかるのです。というのもTwitterなどで一般の人と売春について論議しますよね。そしたら、今まで売春などをバカにしていたけれど、自分の中に偏見や差別意識があったのだと言ってくれる人がいるわけです。そこまで歩み寄ってくれたのだからそれで良しとすればいいのですが、ではもしあなたのお嬢さんが援助交際をするとします、デリヘルで働きますと言ったらどうしますか、理解を示しますか、と訊くと、やはり自分の娘がやるのは嫌だと言うのです。それは、頭では理解しているけれど心が拒否しているのですね。そこなんです。生理的嫌悪感、言語化できない忌避感。それが売春への偏見がなくならない一番の理由だと思います。

佐藤▼そうしてしまうと、そういう風に世の中や自分の周辺を見ているということは、やはり魂が傷つくのです。

中村▼だから、それはスティグマによって傷つくのであって、性の売買という行為で傷つくわけではないですよね？

佐藤▼心に関しては、うさぎさんの経験から壊れる人もいれば、壊れない人もいるということですよね。

中村▼そうなんです。どのような職業にも向き不向きがあり、向いていない職を無理矢理やっていると誰でもどこかしら壊れていくと思うのです。この間の電通に勤めていた女性の自殺の話もそうですが、電通の仕事は一流企業なのにやはりそこで毀損されていき、ついには自殺してしまう。このように心が傷つくという点で言えば、どのような職業にもその危険性はありますよね。

佐藤▼もっと根っこの部分にあるのは社会の掟みたいなものですよね。やはり今聞いてて気づいたのですが、やはり社会の掟に反することをしているというイメージがあるからでしょう。

中村▼それでは、どうして社会の掟は売春を禁じるのでしょうか。

佐藤▼売春が拡大してしまったら困るからでしょうね。少し理屈っぽくなってしまいますが、やはり生産労働ではないからです。

中村▼しかしですね、生産労働ではない職業は社会にはたくさんありますよね。サービス業とか。

佐藤▼売春の場合、その「サービス」がセックスということになるわけですが、それを拡大しすぎてしまうと単価も安くなってしまい、従事者も増えてしまいやはり資本主義システムでは嫌なんでしょう。

中村▼デフレになりますしね。

佐藤▼そう。なので困っていきたいのですね。デフレとともに、生産労働をすることの機会損失なのです、要するにデモを嫌うのと同じです。デモを嫌うのはデモに行くことによって生産労働をしない人が出てきますよね。だから資本主義社会は基本的にデモを嫌います。

中村▼それは資本主義の掟ですか？

佐藤▼資本主義の掟ですね。

中村▼私、「性を囲い込みたい」というのは資本主義の掟というより、男の人の掟じゃないのかと思います。つまり女の人に自分の子どもを産んで欲しい、しかし男は女が孕んだからといって自分の子どもという確証がないですよね。そこでできれば女を囲っておきたい、と。自分の子どもだけ産んでくれる女になって欲しいのでしょう。自分一人のものつまり夫婦などですが、一対一で絶対にこの子どもは自分の子どもだと確信を持つためです。ところが不特定多数の男とやる女というのは、価値を下げておかないとならない。

佐藤▼私有制ですよね。要するに雑居雑婚であれば関係がないわけですから。

中村▼不特定多数の男性とセックスする女性のことを、私たちの時代は公衆便所などと言っていましたよね。人を便所呼ばわりですよ。自己決定権もなにも認めていない訳です。ひどい言い草だなと思うのですが、男の人は基本的に不特定多数の人とやる女は価値が下だと思いたがる。そして風俗嬢は性的排泄の道具なのだ、だからそのような卑しい仕事に恋人や娘が就いたら許せない、と。しかしですね、それは男の人の理屈じゃないかと思います。

佐藤▼男が女性を占有するというような、その部分はありますね。

「快・不快」をルール化するのはおかしい

中村▼「売春は魂が穢れる」という感覚に宗教的根拠はあるのでしょうか?

佐藤▼私はこの文脈で「ケガレ」という言葉を用いたくないので、魂が傷つくというよりは魂が疲れてしまうということですね。

中村▼しかしですね、どのような仕事でも魂は疲れますよね。

佐藤▼そうですね。その疲れ方というのがその社会における偏見と言ってしまえばそれまでなのですが、疲れる度合いが大きい仕事と疲れる度合いが小さい仕事があります。そして売春というものは、その意味でいうと疲れる度合いが大きいように思えます。

中村▼その根拠は何でしょうか。

佐藤▼その根拠というのは、私自身が見たのはモスクワ大学での学生たちの姿ですが、伝聞だとたとえば雨宮処凛さんが、自殺していく人や精神に変調をきたす人が非常に多いと。自由恋愛との間、そして売春との間のどこに線があるのかずっと考えていました。ひとつはやはり貨幣ですね。それから自己決定権ということになると、もうひとつは知力なのですね。一定の知的な水準があり自己決定ということを考えると、たとえば東電OLのような人はどう見るのかというと、彼女は明らかに自己決定でやっていますよね。

中村▼そうですね。経済的には、やる必要がなかったですからね。

佐藤▼しかも彼女には逆にこだわりがあり、自由恋愛という形で無償では絶対セックスしなかったと、必ず幾ばくかお金を取らなければいけなかったと。

中村▼お金を取ることに快感があったのだと思います。

佐藤▼それも金額ではなくて、自分が商品として売れるということに対する自己認知だったのかもしれません。そのようにいろいろと還元していくと、社会構造の中ではこれだという形に落とし込むことができないですよね。一つ一つすべて違ってくると、ただそれと同時に管理売春型から自己決定における自分のセックス、それに対価を取るということとの間とは二重のスペクトルですよね。よってどこの部分で線を引くかという問題が出てくると思います。

中村▼管理売春というものをどのように定義するのか、例えばヤクザが背後についてるようなものを管理売春と呼ぶ人は多いですよね。

佐藤▼あるいはヤクザが背後についていなくても、ひとつのシステムができておりなかなか辞められないような仕組みにしてしまう、と。あるいは借金漬けになってしまったり。

中村▼しかしですね、それはもちろん経済的な理由で売春している人は多いのですが、借金漬けになって辞められないというのは闇金ウシジマくんの世界で、今は闇金自体が衰退してきており現在のセックスワークにおいてそれはほとんどないのです。むしろこの間私が言ったように、自己確認や知的障害、精神障害が多いというのは、そういうことをやっているから精神障害になるのではなく、逆に精神障害だから普通の会社で働けずにそういう場所に集まってくるんだと思うんです。

佐藤▼データ的に見た場合、どのくらいそのような人がいるのですか。この前朝日新聞でアダルトビデオに関する記事を見たのですが、だいたい従事している人は8000人という数字が出ていました。

中村▼私は具体的な数字はわからないです。

佐藤▼なぜこのようなことを聞いたかというと、この国はある人数以下になると社会のマージナルな部分として、そのものを完全に切り捨ててしまうのですよね。

中村▼確かにそうですね。

佐藤▼北原さんと私が作った本(『性と国家』)に対するうさぎさんの批判や、北原さんに向けている最大の批判というものは、発話主体の誠実性ですよね。

中村▼誠実性もそうですが、そもそも北原さんの思想に関しても、つまり「買う男が悪い」という一部のフェミニストの主張と同じですが、なぜ買う男が悪いという話になるのかまったくわからないのです。

佐藤▼それは結局嫌だから嫌だという話ですよね。

中村▼しかしですね、そうだとしたらそれは好き嫌いの話で、自分の好き嫌いを人に押し付けていいのか、という話ですよね。たとえば私は納豆が嫌いですが、他人に納豆を食べるなとか飲食店で納豆を出すななんて言いませんよ。

佐藤▼ただレストランなどでうさぎさんの隣の人が、洗面器ほどの大きさの器で納豆をといて強烈な匂いがしてくるというのは良くないですよね。

中村▼それでも私は我慢しますよ。私、以前吉野家に入ったら、隣の人が牛丼に納豆をかけて食べていて、すごくゲンナリしたんですよ。でも、それはしょうがないことだから。私が文句を言う筋合いはない。

佐藤▼私が入学した1979年のことですが、同志社大学の地下の食堂で、納豆を出すなという大論争が起きたこともありますよ。

中村▼私、その要求はおかしいと思いますね。それはもう嗜好の問題なので、自分の「快・不快」をルールとして他人に押し付けるのはどうかと思う。これは表現規制も同じですが、レイプ漫画など存在が不愉快だという人がいますよね。もちろん「快・不快」を表明するのは自由ですが、そういう漫画が不快だから規制せよという理屈には賛同できない。嫌ならば読まなければいいじゃないかと思うんです。

佐藤▼動物を殺害する漫画や残虐漫画とかは確かに不快ですね。ならばそれを禁止すればいいのかということですよね。

中村▼私も動物を殺害する漫画など読んでいて不愉快ですよ。でもなくなれとは思わないですね。私は不快だから読まないだけで、そういうのを好きで読んでいる人がいてもいいとは思います。本当にすべてが納豆問題と同じなんです、私の中では。

佐藤▼そうしますと論点がだんだんと明確になってきたわけですが、やはりこの問題の大部分は刷り込みであったり、偏見ですよね。

中村▼そうだと私は思います。

佐藤▼それは完全に私も同意します。

差別と畏敬は表裏一体

中村▼そうしますと佐藤さんに学術的にお聞きしたいのですが、例えば売春というのは太古の時代から差別される職業だったのか。

佐藤▼そうではありませんね。ただし社会の外の職業だったと思います。

中村▼なるほど。旧約聖書には神殿娼婦などがでてきますが、どのような存在だったのですか。

佐藤▼その仕事をするということは神様と近いものであり、おそらく日本の白拍子などもそうですね。下ではなく外側です。その外側の人がなぜか近代になるとぐるっと横回転して下の人にされてしまった。本来は外側なので住み分けている世界の人なのです。

中村▼何故、住み分けているのですか？

佐藤▼これは非常に難しい問題です。トリックスター、直訳すると詐欺師になるのですが、異常なことをする人間がいるとします。たとえばこの人が部族の中にいて、ちょっとした風の音を聞いただけでオオカミが来たなどと思う。このような普通とは違う人を置くことによって、その共同体というのは警戒感が起きます。逆に大学センター試験のように徹底してやると、問題が難しくなりどんどん平均点が上がっていく。そうすると定向進化を遂げてしまうので状況が変化したときに生き残れないのですね。かつてのティラノサウルスなどがよい例ですね。もの凄く強くなって、大きくなってという状況になったので、環境変化で全滅するところまでいってしまった。恐竜系でも鶏の祖先のようになり、上手く生き残ったものもいて、そういうものと同じですね。生き残るためには外側にいろんな人たちが必要になってくる。

我々作家の機能というものも、世の中のど真ん中にいたら実は作家ではないということなのだと思います。そういう意味で、僕たちは外側にいる必要があります。労働という観点で見れば、あるときは収入が考えられないくらい高いときがあり、またあるときはまったく収入がないということもあり得るわけです。というのは、つまり社会の外側にいるということになりますよね。

その意味では、中世や古代において売春をしている人たちというのは、外側に位置づけられるような存在だったと思います。人間たちの世界と神々たちの世界がもう少し近かったときに、そうした神々とのコミュニケーターとしての役割がすごく強かったのだと思います。セックスは生殖と関係するということは古代から気づかれていたことであり、神々たちはギリシャ神話でも日本でも、人間とセックスをして子どもをつくっていますよね。おそらくそういったところで、神々たちに捧げられた、外側の世界とつながっている、異形の存在という面があります。

中村▼差別の対象であると同時に、畏敬の対象でもある、非常にアンヴィバレントな存在であったと。

佐藤▼そう思います。マリアという名前にもそうした両義性が垣間見えていますよね。マグダラのマリアは売春婦ですから、聖母と売春婦が同じ名前としてあると。たまたまよくある名前だということもありますが、もしかすると、マグダラのマリアは違う名前だったかもしれないわけで、そこの名前を合わせるという意図はあったと思います。両義性を持たせるために。

中村▼もし聖母マリアとマグダラのマリアが、女性性のひとつの象徴として「マリア」という同じ名前になっているとしたら面白いですね。かたや処女であり、かたや娼婦であると。それによってキリスト教はバランスを取ろうとしたのかもしれない。

佐藤▼そこに気がついたのが作家の武田泰淳です。彼は『我が国のキリスト』という本を書いていて、それはローマの兵士が強姦をして、生ませた子どもがイエスだったというストーリーになっています。イエスが死んだあと、自分が父親であり顔がそっくりなため、手のひらに釘を打った痕をつけてイエスが復活したふりをしたんです。その小説では聖母マリアは少し知恵遅れな人として描かれているんです。だから本人はセックスをしていないと思い込んでいる。この小説はキリスト教の痛いところを突いているので、キリスト教会はとても嫌がると思いますね。

中村▼そうすると、先ほどおっしゃった「セックスは生殖に関わる問題」という点で、性を売ることに対するタブー感、性に対してみんなが過剰に神聖視しているところがあるわけですね。

佐藤▼そのとおりだと思います。性を神聖視するということは、ドーキンスなどに言わせてみれば人間の本能であるということになるのですが、そういうものに反するような流れに対しての反発として神聖視されていることがあると。

中村▼だからキリスト教も、ゲイが罪であることは、子どもをつくれないからですよね。生殖を目的としないセックスは、単に快楽だけのセックスになるので、それは堕落であるという考え方はわからないではないのですが、生殖を伴ったって快楽は快楽ですからね。結果的に妊娠すれば生殖が伴ったというだけでしょ。

佐藤▼たとえばヨガでは、射精の快感以上の快感を得られると言いますよね。

中村▼あれ、本当なのかな。

佐藤▼でも、オウム真理教があれだけ成功しているわけですから、本当なんだと思います。あるいは、シャブをやればそういった快感を得られると。

中村▼シャブは射精をしなくても絶頂できると言いますね。それでやめられなくなると。元シャブ中毒だった女の子に話を聞くと、シャブで決めているとセックスをしなくてもちょっと触れ合っただけで快感を得られたということでした。すごいな、ちょっとやってみようかなと一瞬思ったくらいで。

佐藤▼となると、性欲のコスパとしてはシャブは良さそうですね。

中村▼身体を酷使したり、挿入や射精をしなくても脳で絶頂してしまうわけですからね。それはともかく、性に対する神聖視が、太古からある人間の自然な感情なのだと言うべきなのかどうか……。

佐藤▼太古からの人間な自然の感情であるとしたら、なんでチンパンジーや猫は恥ずかしがらないのかということになります。猫は挨拶するときにお互いの尻の穴を見せますから。それによって敵意がないことを確認すると。人間の世界でも、もし人間にしっぽが生えていて、挨拶が尻の穴を見せることだったとしたら、文化はだいぶ違っていたでしょうね。

中村▼四つん這いではないというところが大きいですよね。つまり、人間だけが二足歩行をする動物であるわけでしょ。尻の穴や性器がつねに露出していないという。

佐藤▼ティラノサウルスも二足歩行ですが、性器は長いしっぽで隠れていたんですよね。

中村▼あれはどうやってセックスしていたんでしょうね。

性は「人格の核」なのか？

中村▼このあいだ、田中美津さんがインタヴューでAV強要問題の話をしていたんですけど、そこでもやはり「性というものは人間の人格のなかで最も核になる部分だから、それを大切にしないのは」云々と仰ってました。私は、人格の核になる部分が性だということを、どうしてみんな当たり前のように言うんだろうと、そこが不思議なんですよ。そう感じるのが人間の本能だと言うのなら、私にはその本能が欠落してるらしい。私は人格の核に性があるとは思っていないです。少なくとも私の魂の核は「性」なんかじゃない。もっと別のものですね。

私にとっては誰かの権力に屈して自分の信念を曲げるとか、自分のルールを曲げることの方が、お金でセックスをするよりも魂が穢れるような思いになります。つまり、何に対して魂が穢れると感じるのかは自由だと思うんですよ。

佐藤▼それは人それぞれ個性とそのときの文化によると思いますね。

中村▼男にお金でセックスを売るのは魂が穢れると「思う」のは自由だと思います。ただ、それは個人の感覚ですから他人に押し付けるな、と。みんながみんな、そうとは限らないのだから。「性は人格の核」だなんて、誰にでも当てはまる価値観とは思えないのに、それを普遍的な事実として言い切ってしまう人々に違和感を禁じ得ませんね。

それからパターナリズムという部分で言えば、知的障害者に自己決定権がないかどうかというのは、つまり人が幸せだと言っているのを傍から見て、それは間違っている騙されているので止めなさいというのがパターナリズムだと思うのです。私の理屈では人が何を幸せだと思うかは自由なわけです。たとえDVで男に殴られていようが、その本人が助けて欲しいと言ってきた時しか助けることができないのです。なぜならそれも愚行権であり、幸福追求権です。

佐藤▼その幸福追求権に対して周囲の人が言えるのは、「僕はそれは違うと思うな」ということですね。私はそうは思わない、という、「思う」というところに留めるべきなんです。

中村▼ですね。「違うと思う」と言うことは別にかまわないんです。それはひとつの意見だから。

佐藤▼北朝鮮に行くと、自分の一生は金正恩委員長のために尽くしたい、と。そこに幸せを感じている人たちは多いと思いますが、教育にな馬鹿にしていますが、教育によってそうなっていて、国の評価基準になっているわけですから、それを頭ごなしに否定してもあまり説得力のないことになってしまいます。そのなかで生きている人たちにとっては。戦時中の日本においても、母親にとって自分の息子が靖国に眠っていることが、何よりもの幸せだったわけです。息子がこの立派な社で眠っていると思っている親はたくさんいましたから。

中村▼売春にしても、幸福追求権や愚行権の視点から言うと、個人の自由ということになると私は思います。

佐藤▼そこで、線引きが出てくるのは、知的障害がどのレベルなのかという点になると思います。知的障害がどのレベルまで進んでいて、「甘いものを買ってあげるから、おじさんのおちんちんを舐めな」みたいなことが許されるのかどうかということです。児童買春などがそうです。それはたぶん許されないと思います。

中村▼性に対する知識もないような幼い子どもにそれをやるのは卑怯ですよね。嫌と言えない相手に強要するのは、それが子どもだろうと大人だろうと、人権侵害でしょう。ただ、本人が自分の意思でセックスを売る援助交際の場合、年齢で線引きをすべきなのかどうか……。

佐藤▼14歳で線引きするとしても、14歳プラス1日と、14歳マイナス1日でどう違うのかという議論はいくらでもあがってきますね。

中村▼それに、同じ14歳でもそれぞれ能力も違ってきます。むしろ、14歳からダメとか、16歳からいいといった話ではなく、そういうときになった場合に、自分の身体をどのように使うのか、あるいはセックスをすると決めるのであれ

ば、避妊の知識や性病の知識を、どれだけのリスクがあるのかを性教育として教えるべきでしょう。それでこれだけのリスクがあるけれども、あなたはやりますかやらないですか?と。それを自分で決めなさいということを、年齢に関係なくやるべきことだと思います。

佐藤▼それは重要なことですよね。特に性的なことに関しては。たとえば、中学生の兄と小学生の妹のあいだに子どもができてしまうというような例はけっこうあります。それはセックスとして認識しているわけではなく、単なる好奇心でそうなってしまうと。それで妊娠したということにも気づかず、堕ろすことができない段階までになっていると、子どもが生まれる。子どもを生んだ瞬間に両親の戸籍を離れて、独自戸籍になるんです。子どもを生んだらその瞬間に親の戸籍を離れて、独自の戸籍をつくらないといけないんですね。小学生で独自の戸籍を持つことになる。

中村▼その法律がある理由は何なんでしょう。

佐藤▼理由はないわけです。結局は家の思想によるんです。戸籍があるのは、日本や韓国、台湾くらいで、子どもが生まれた瞬間に、そこでつくられているのは家であるという発想なんです。だから、いままでいた家から離れることになるんです。戸籍にもその発想があるから、子どもを産むと、たとえ母親が小学生であっても独自の戸籍を作られてしまう。

中村▼ほう。それは知らなかったです。

佐藤▼それも、若年における性的な知識がないために起こることであって、知識を小学校の3年生くらい、ようするに生物学的に妊娠する可能性が出てくる年齢から教育しなければいけないと思います。

中村▼今の性教育は、子どもができる仕組みと性の仕組みしか教えないわけですが、そうではなくて、相手が人間であって、セックスはコミュニケーション行為であるから、相手にそれなりのリスペクトや思いやりを持たないといけないといったマナーや、生殖のためだけではない、なぜセックスをするのかということを教えないといけないと思います。相手とのコミュニケーションで、相手が嫌がることをしないとか、そういうことをちゃんと思春期に性教育で教えるべき。自分の欲望のままに何をやってもいいわけではないんだということを教えないと、たとえば大きくなってから、自分の奥さんにはできないけれども、でも風俗嬢には何をやってもいいというような考え方はそういうところから出てくるわけです。

佐藤▼しかも、お金で買っている

という意識がある。

中村▼だから何をしてもいいと思って、セックスワーカーに対する性暴力が生まれると。

佐藤▼戦時下において、自分たちの占領地の女には何をしてもいいという戦時性暴力ともつながる話ですね。そこに共通してあるものはやはり力です。貨幣を使った暴力に他なりません。

作家も娼婦も同じである

中村▼太古の昔から、白拍子や神殿娼婦にしろ、セックスワーカーというものが社会の外側にあり、ある種神聖さと低俗さのようなものをごちゃ混ぜにした職業であったとします。だからこそ社会の外側に置かれ、特別扱いされていた、と。そうすると、結局セックスを売買することのタブー感は、セックスは神聖なもの、それこそ田中美津さんが言っているように人間の核であるからですか？

佐藤▼それは違うと思います。性が核であるということは、生殖が核であるということに限りなく近いですよね。そしたら子どもを生まない選択とかはどうなるのだ、と。

中村▼ですよねぇ。セックスや生殖が人間の核となる神聖なるものという考え方は、避妊を禁じたカトリック思想に近いですよね。非常に教条主義的というか。

佐藤▼力関係における性的関係の話をすると、女性だけでなく男性に対する買春もありますよね。

中村▼ウリセンですね。ただ、今はウリセンは法の目から逃れているんですよ。男同士の売春は法律で禁止されてないので。でも、ゲイというものがこれだけ社会化されてくると、同性間の売買春も禁止せよという運動が起きてますね。

佐藤▼もし女性が買う側で男性が売る側というのはどうなんでしょう？

中村▼ダメですね、私がウリセン買うのも法的にアウトです。

佐藤▼では、うさぎさんは上手く免れてるんですね。

中村▼何故でしょうね。男を買ってセックスしましたと書いてるのに、まったく警察が来ないのが不思議でしょうがないです。

佐藤▼自白と思われてないんですね。要するに作家の表現活動なので、真実が反映されているわけではないと。東スポと同じ扱いになったわけです。ノンフィクションではなくフィクションとして読まれたのかもしれません。

中村▼それ、私が社会からまともに相手にされてないってことですよね（笑）。これが女教師の手記だったら大問題ですもんね。

佐藤▼女子大学の女性教授が買春をしているということが、中村うさぎのレポートで明らかになったということであれば、刑事事件化していたかもしれませんね。

中村▼そうですね。確かに作家というのは、ある程度、何しても許されるというか、そういう扱いですよね。

佐藤▼私たちは明らかに社会の外という扱いを受けていますよね。

中村▼治外法権か。ゲイと一緒だな。要するに作家も差別されているということですね。

佐藤▼明らかにそうでしょう。差別され軽蔑されている一方で崇拝もされている。神殿娼婦と同じです。社会の外側に置かれている。

中村▼確かに作家って、社会的信用度が低いですよね。私も引っ越しするたびに、入居審査に落ちまくりですよ。収入や知名度なんか関係なく、会社員や公務員の人たちの方が簡単に審査に通る。それだけ信用されてるんですね。

佐藤▼会社員や公務員は社会の中にいる存在ですからね。我々は外だから信用されない。

中村▼佐藤さんはセックスワーカーは永遠に社会の外でいいと思いますか？

佐藤▼私は逆に作家でもセックスワーカーでも社会の中にいれようとすると、最終的には入り切らないと思います。

中村▼なぜ入り切らないのですか。

佐藤▼そうなるとまた、堂々巡りになってしまうのですが、やはり生殖ということがあるからでしょうね。

中村▼作家が社会の中に組み込まれないのは、やはり気違いだと思われてるからですか。

佐藤▼私にもそういう部分はありますね。それはやはり常軌を逸しているというところですから。それは社会から完全に出てしまっているわけではないですよ、そうなってしまうと今度は読者がいなくなってしまいますから。そうなるとどういうことかというと、私たちは境界線上の人たちなんでしょうね。

中村▼ボーダーラインなのですね。

佐藤▼境界線パーソナリティ障害みたいなものですね。向こう側とこっち側を行ったり来たりすると。セックスワーカーですともう少し複雑になり、性ということで内側とも付き合い、内側の中にも性があるのですが、それとは違う性なのでしょう。

中村▼社会化されない性なのですね。だからこそ社会の外に置かれると。

佐藤▼そうですね。それを社会化するということになると、それは売春以外のなにものかになってしまうと思います。

中村▼何になってしまうのですか。

佐藤▼妾を囲うなど事実上の一夫多妻制とかですね。妾というのは売春ですかと。

中村▼その理屈なら、金目当てで結婚した人も売春と言えば売春ですよね。

佐藤▼そういう人もいないわけではないですからね。結局社会の中にいれておこうとすると、それはまた違う形で制度化されたものということになってしまうのです。売春とは必ず制度の外のものなのです。

つまり社会化されているのか、されていないのかという部分における一番の差というのは結婚のときに出ると思います。結婚のときに忌避反応がある状態なのかという。

中村▼それは偏見による忌避反応ですよね。

佐藤▼もちろんそうです。でもその偏見の度合いですね。

中村▼では作家は結婚しにくいですかね。渡辺淳一の妻になりたい人はたくさんいたと思いますよ。

佐藤▼そういうトップクラスの作家ではなく、下の方の作家であったらダメでしょうね。

中村▼それは単に経済力の問題じゃないですか。

佐藤▼経済力の問題もありますが、偏見もありますよ。

中村▼まともに働きもせず、ぐうたらしやがってと。

佐藤▼変わっている、変だと。

中村▼ではセックスワーカーも変わっている、変だということで社会の外におかれていると。金でセックスするなんて変だと。

佐藤▼金でセックスすることより、うさぎさんがこの前言っていたような、不特定多数と性的な関係を持つ女がいるということが、男性という性として許せないということと繋がるでしょうね。これは大きいでしょう。日本の場合、男権的な社会と家制度などで、妾とか愛人いう形で囲ってしまうということになれば、それは売春とは見做されないのですよね。

中村▼ですね。愛人は売春ではなく自由恋愛と見做されるようです。つまり愛人契約は違法ではないんです。しかしお金で契約してるんですよ、でしたら売春じゃないかと私は思うんですが、なぜかそれは自由恋愛ということになってる。その線引きの意味がわからない。一対一で愛人契約だとそれは売春ではない、不特定多数ではないから、という理屈がね。

佐藤▼しかし正規に結婚しながら不特定多数とセックスをする趣味の人がいても、それは犯罪にならないわけですからね。金を取らなければ。要するに二つの条件が上げられますよね。経済が絡んでいるということと、不特定多数であるということ。それが合わさった途端にいきなりビンゴになるわけですね。なんでそういう風になるかということですよね。おそらく両方にタブー感があるのだと思います。

中村▼金のことと、不特定多数と。

佐藤▼それが合わさった途端にそのタブー感が、1足す1が2ではなく、20だとか50になってしまうのでしょうね。

中村▼そのからくりをどうしても知りたくて。例えば賛成派の人がそのからくりについて言うならば、そのからくりがおかしいという一言で終わってしまうので、反対派の人になぜいけないのかというからくりを説明して欲しかったのです。

佐藤▼それは何度も言っているように、偏見に基づくものですから、究極的には趣味に基づくことになります。

中村▼では、偏見がなくなれば、万事解決ということですかね？

佐藤▼しかし人間から偏見がなくなることはないですからね。

中村▼いやしかし、偏見が薄まることはありますよ。それはゲイという存在が証明してくれてる。昔はゲイだなんてことは世間に隠すべきだと思われてた。三島由紀夫だって結婚して子ども作ったし、社会の中で生きるにはゲイらしく生きることなんて許されなかったでしょ？

佐藤▼みんな、徹底的に隠したものですよね。東郷健が現れたときは大変なインパクトでしたし、イギリスではモンティ・パイソンが現れたときはまだ同性愛は犯罪でしたよね。ソ連もそうですよ。同性愛自体が犯罪であり、刑法の中で禁止していましたから。

中村▼中世では火あぶりだったしね。

佐藤▼ただしかし、ロシアの場合は同性愛者の逃げ込み先というのは修道院だったのです。

中村▼修道院は男同士でセックスしまくってたんですか。

佐藤▼それは非常に多かったようです。しかしソビエト政権というものは宗教は人民のアヘンですから、そういうことが行われれば行われただけ管理し易いと思ったし、腐敗しているというレッテルを貼り易かったわけです。だから逆にそれを促進しているところもあったのです。入り口も趣味の問題で結論も偏見の問題という究極的な趣味の問題で、そこの部分は入り口も偏見の問題で結論も偏見の問題なのですが、それはやはり偏見について議論しなければいけないのです。

中村▼偏見について議論したいのですが、議論相手がいないので佐藤さんに出てきていただきました。佐藤さんにも趣味の問題と言われてしまったら、ここで話が終わってしまいますかね。

佐藤▼いやいや、言われてしまったらおしまいではなく、それがスタートなんです。

売春論争が宗教論争にならないように

佐藤▼いくつか討論をしたことで見えてきたのは、おそらく売買春の問題をセックスワークの問題だけで捉えると、わからなくなりますね。一人一人の人間で自分たちが具体的に出会って来た事例を大切にすることだと思います。信頼できる相手というのは、相手が見てきた事例も真実なのですから、そこの面をどのように受け入れ全体像を構築するかという、そういった作業が必要だということですよね。

中村▼信頼できる相手って?

佐藤▼たとえばうさぎさんの言ってる重要な問題というのは、「それをしなければ食べていけない」ということと「それをしなければ尊厳を得た生活ができない。そういう場がない」という人たちの思いですね。

そこをどう受け止めるかというと、それはケースバイケースなんですよ。要するに他の人の言うことは信じないけれども、うさぎさんが「この子はやっぱりそうやって生きているんだよね」と言うならば、私はそれを信じます。なのでそれは「誰が語るか」ということですね。

中村▼佐藤さんは私を信用してくださるけど、他の人たちは全然信用してくれないみたいですね。自業自得だけど（笑）。

佐藤▼売春反対派の人たちは、リアルな売春の中において、その中で大変な目に遭っている人が目に入ってくる。そういったものが目に入ってくる反対派の人たちの言説はそれなりに他者の心を打つ。しかしその一方で、自分は充実しているだとか、自分の意思でやってるのだという、そういう人たちは視界に入ってこないのです。あるいは視界から外してしまう。私は売春には反対です。それなのに、うさぎさんの言うことに何故ある意味強く共感しているかというと、私のルーツが沖縄だからですかね。1972年の沖縄復帰というのは、同時に売春防止法が適用された年になるわけです。沖縄の風俗が特殊になっているというのは、実のところにおいて、1972年までは売春防止法が適用されていなかったというその残種が実態として今もあるわけです。その中において様々な事例があるわけで、それは皮膚感覚でいろいろなことを知っています。それを一概に否定することはできないですから。現にそれしか生活の手段がなく、そこで尊厳を得てる人たちがいたことは確かだと思います。ですので、反対派の方もそういうところへの目配りをした上で何を語っていくかということで、話は大分変わりますね。趣味、自分たちの原理原則、自分の考える信念がそうだというのではなく、一つ一つのケースとして具体的なケースを突きつけられたときに、それに対してどう答えるのかという問題を抽象化させてはいけないと思います。

中村▼私もそういう議論がしたかったんです。でも、佐藤さん以外の全員に断られたのは、私の信用度が低いからですかね。

佐藤▼そうは思いません。ただ私は、北原みのりさんとの対談本で売春のことセックスワークのことで発言している以上は、作家というのは基本的に自分の発言したこと書いたことに対する反論には答えるという義務がありますよね。必ずしも全員と対談に応じなければいけないということではないですが、うさぎさんのように真面目にこの問題に取り組んでいて、自分自身がきちんとした見解を持ち、人の意見をきちんと聞くことが出来るという人の呼びかけに対して皆が拒否するというのは、それ自体がすごく脆弱な精神のように私には思えます。

中村▼私がそんなに真面目にやっているとは思われてないのかも。こういうキャラだし（笑）。

佐藤▼話題作りのためなら、違うやり方がありますからね。うさぎさんの書いたものをきちんと読んでいないし、人柄を知ろうとしていないからでしょう。

中村▼そんなわけで、佐藤さんに来ていただいて本当に嬉しかったです。結局、結論は「好き嫌いの問題」ということになっちゃったけど。

佐藤▼ただし好き嫌いの問題は前提であり結論であるという、この問題は、ワープのようにぐるぐると回転させなければいけないのです。私たちはその努力を怠ったら、いくつもの神々の戦いになってしまいますから。

中村▼神々の戦いって?

佐藤▼神々の戦いであれば、調停できないのです。それぞれの神様が言いっぱなしでおしまい。

中村▼ああ、なるほど。宗教論争になるわけだ。

佐藤▼その宗教論争が気をつけないと宗教戦争になります。そうすると力の強いものが力の弱いものを潰すということで終わってしまう。

客観的に見て売春肯定論と売春容認論、あるいは積極推進論よりも否定論、反対論が強いです。右左関係無しに。そうすると売春肯定論というには少数派ですから、その人たちの見解を発表する場所が保証されないというのは極めて危険ですよ。

対談を終えて

個人の快・不快を社会的善悪に置き換えることの危険性

中村うさぎ

売春は「社会の外」であるべきなのか

佐藤優氏は、私がこの本を作るにあたって対談をお願いした「売春反対派」の方々の中で、ただひとり応じてくださった方である。本当にありがたいことだ。おかげで有意義な対談ができたと思う。売春への言語化できない忌避感や嫌悪感について、いろいろ考えることができた。

「作家も娼婦も社会の外にいる存在」という言葉には「本当にそうだ!」と深く納得した。一部の作家は借金踏み倒しても酒に溺れても女に狂っても心中未遂を繰り返しても、何となく「無頼派」的な扱いを受けて社会から許されてるが、あれは「差別」の裏返しだったのね! ゲイの「治外法権」と同じだったんだ!

しかし、昨今のゲイは社会の中に受け容れられて治外法権が失われつつあるし、作家は作家で差別に気づかず特権階級気取りで生きていける人々もいる。だが、セックスワーカーはいまだ社会の外側に置かれ、差別と偏見に晒されているのだ。かつては差別とともにあったという畏怖や神秘性も剥ぎ取られ、ただの「裸仕事ねーちゃん」として蔑まれる。彼女たちが社会の中に組み込まれない限り、この差別と偏見は続くだろう。

もちろん、社会の中に組み込まれれば、別の弊害も発生する。たとえば価格は暴落するであろうし、セックスワーカー内での格差はますます広がるに違いない。が、それは消費社会に組み込まれたものの宿命であり、いかなる業種であろうと苛酷な競争から逃れることはできない。それが嫌ならスティグマを受け容れるしかない、という結論になる。

佐藤氏は「売春は社会の外に置かれ続ける存在」だと言う。それも一理あるとは思うが、かつてのゲイたちのように親や友人にひた隠しにしたり自分を恥じたり責めたりする地獄から彼女たちが解放されて欲しいと私は切に願う。「この世に差別されて当然の人間などひとりもいない」というのが私の考えだ。差別による権益や治外法権待遇を手放してでも欲しい権利はあるのではないか。

しかしまぁ、ここは個々の当事者たちが何を選び取るかであって、私が口出しするようなことではないのだろう。ただ、この本を読んだひとりひとりが当事者の目線になって、彼女たちの境遇に思いを馳せてくれれば、私はそれで充分だ。私にできることはそれくらいしかない。無力でバカで何の方策も考えられないからだ。本当にすみません。

他者の「性癖」を罰する風潮

さて、佐藤氏との対談は、楽しいけれどもしばしば激しく脱線する。この対談における「脱線部分」の最たるものは、「橋下徹氏のコスプレセックス」問題であろう。本来のテーマとは関係ないので本当は削除すべき部分だが、私の勝手な思い入れのため、あえて入れさせていただいた。

というのも、この本の後で、私は「表現規制反対」の本も作成する予定であり、そこで繰り広げられるであろう議論とこの問題がリンクするからである。

他人の性癖を厳しく糾弾する風潮について、私は並々ならぬ危機感を抱いている。橋下徹氏が本当に秘書に女子高生のコスプレをさせて性行為に及んだのかどうかは知らないが、『性と国家』の中で北原氏がその件を批判しているのを読んで、「何がいけないんだろう？」と心の底から疑問に思った。もしも橋下氏がロリコン趣味を持っていたとしても、彼が未成年に性行為を強要したのでない限り、他人がとやかく言う筋合いなどあるのだろうか？　相手は成人女性でしょ？　セックスの時に高校生のコスプレしたって、大人は大人じゃん。成人女性の女子高生コスプレやスクール水着は、あくまでも「フィクション」であり、私の言うところの「ごっこ遊び」である。そんなこと言ったら、成人男性がオムツしてミルクを飲ませてもらってさらに疑似性行為に及ぶ「赤ちゃんプレイ」は「乳児虐待」なのか？　だって、乳児じゃねーじゃん！

「赤ちゃんプレイ」にしろ「スクール水着コスプレ」にしろ、そりゃあ世間に賞賛されるような性癖とは言えない。が、実在の被害者が存在しない以上、それは犯罪ではない。単なる「お遊び」であり「愚行」である。政治家だろうと会社のCEOだろうと、犯罪を犯さない限りにおいては、どんな性癖の持ち主だろうと個人の自由ではないか。それを鬼の首でも取ったようにバッシングする権利が誰にあるのだろうか？　そんなどうでもいいことで騒ぐジャーナリズム、さらにその尻馬に乗って個人の性癖を「人格否定」にまで発展させて糾弾する人々を、私は空恐ろしく感じる。橋下嫌いなのは勝手だが、何でもかんでも批判すればいいものではなかろう。批判すべき部分と批判に値しない部分くらい区別するのが言論人の「分別」というものではないのか？

私は「性癖」自体が「罪」とは思わない。ペドフィリアのように、その性癖が実行されると犯罪になるようなものでも、本人が懸命に自制して犯罪を犯さない限り、その性癖自体を他者に糾弾される筋合いはなかろう。むしろ、よく自制したと褒めてあげたいくらいだ。そして、そのような人々が成人女性にコスプレさせてセックスを楽しんだとしても、何の不都合があろうか。「誰得」という言葉があるが、これこそ「誰損」だよ。

性癖は、選べない。同性愛者もペドフィリアもサディストも、自ら望んでそうなったわけではないのだ。ゲイが「罪」とされた時代、彼らはさぞかし苦しい思いで生きていたであろう。自分の性癖を呪った者も少なくないはずだ。ペドフィリアだって同じだ。みんな、苦しんでるんだよ。罪を犯さないように必死で自制して、許される範囲の代替行為で欲望を満たそうとしてるんだ。ところが社会が「性癖」そのものを攻撃し始めたら、彼らはどうすればいいのか。自殺しろとでも言うのか。

私は同性愛者ではないしショタでもないしサディストですらないが、自分のマジョリティの性癖が「正義」だなどとは思わない。マジョリティは正義ではない。そのことを我々は、数多の歴史的な間違いから学んだはずではないか。

人間は、自分の望んだとおりには生まれない。そんなこと、みんな、嫌というほどわかってるよね？　そんならば、自分ではどうしようもないものを抱えて生きる苦しみを、どうしてわかってあげようとしないの？

私のこのような主張は、きっと「感情論」などと言われて嘲笑われるのだろう。しかし人間が感情を排することにどんな利点があるのか？　社会に他者への「共感」や「同情」が必要ないのなら、感情のないAIに政治を任せたほうがよっぽど合理的で効率的だ。

セックスワーカーに対する傲慢な偏見、特殊な性癖に対する冷酷な糾弾に、私は感情論で反発する。人間は感情の生き物だ。弱者に同情し、苦しむ他者に心を痛めることのできる生き物だ。いかに知的な人間であろうと、感情を置き去りにしてしまったら、それはもう人間とは言えない気がする。

むろん、他者の性癖を糾弾する人々もまた、「感情」で動いている。我が子がペドフィリアに暴行されることを想像すると、誰もが恐怖と憎悪を抱くだろう。それも、わかる。痛いほどわかる。私だってそのような事件を聞くたびに怒りが込み上げる。が、憎むべきは「行為」であって「性癖」ではない。そこは、はっきりさせておきたいのである。

「愚行権」が社会を救う？

「性と国家」の中で私がもっとも興味を惹かれたのは、佐藤氏が言及した「愚行権」についてだ。何かと愚行の多い私のような人間には、何とも救われた気分になれる「権利」である。

人は、誰かに危害を及ぼさない限りにおいて、どんな愚行も許される権利がある。

どうです？　素晴らしい響きではありませんか。愚行、万歳！

ただし、この「他者への危害」の範疇がなかなか難しい。たとえば喫煙は、本人が自分の健康を害するだけなら「愚行権」として認められるであろう。しかし、副流煙によって他者の健康にまで危害を与えるとなれば、これは「愚行」ではすまされない。喫煙は犯罪ではないが、非喫煙者への配慮はすべきであろう。また非喫煙者も、喫煙者をバッシングするだけではなく、うまく住み分ける方法を一緒に考えていただけるとありがたい。

まぁ、喫煙はともかくとして、先ほどまで私が述べてきた「性癖」や「売春」はどうか。「他者への危害」を「他者の不快感」にまで押し広げれば、これはアウトである。売春や変態性欲を「不快」と思う人は世間に大勢いるからだ。

しかし、個人の「快・不快」は、それこそ千差万別だ。「快・不快」を「善悪」にまで敷衍してしまうと、この世のさまざまなものが「不快＝悪」として排除される恐れがある。実際、一部の風紀委員のような人々によって、この世からあらゆる「不快なもの」を排除しようとする動きがある。しかし、あなたの「快・不快」は「正義」ではないのだよ。それを言い出したら「汗かきの人は不快」とか「体臭の強い人は不快」とか「醜い人は不快」とか、何でも言えるようになり、どこで線引きができるのかという問題になる。

ここでは「快・不快」を「善悪」に置き換えない、という明確な指針が必要であろう。この指針の元に「他者への危害」を検討し、危害がないという結論が出れば「愚行権」は大いに活用されていいのではないかと思う。成人が双方の合意のもと、誰にも危害を及ばさずに、どんなセックスをしようが、それは「愚行権」の行使だ。売春が、売る側・買う側の合意のもとに行なわれるのであれば、誰がそれを不快に思おうと、それは「愚行権」ではないか。むろん風俗に行くことが「浮気」であり夫婦間の「裏切り」かどうかは、それぞれの夫婦が決めればいいだけのことだ。

売春における「自己決定権」についても同様である。「自分で選んでいるつもりでも選ばされているのだ、ゆえに売春の自己決定権などない」とする議論は、人間のどのような言動にも「自己決定権」がないということになり収拾がつかなくなるし、ある程度のインテリ層だけが「自己決定権」を持つという驕りにも私は賛同できない。たとえ知的障害者であっても、本人が「嫌だ」と感じるのなら売春なんかしなくていいし、傍からは騙されているように見えたとしても本人が「これがいい」と思うのなら、売春してもよかろうと考えるからだ。個々人の「幸福」を他人がどうこう言う筋合いはない。それは「愚行権」の範疇と考えたい。

社会が「愚行権」の視点から他者の行為を見るようになれば、現代社会で蔓延している風紀委員会的な独善的風潮がいくらか緩和されるのではないか、と、私は考える。

他者の愚行を許せ。自分もまた愚行をおこなう人間なのだから。

私が言いたいのは、以上である。

賛同してもしなくても、それは読者諸君の自由だ。ただ、私の提示した視点から考えてみて、ご自身の答を出していただきたい。それ以上は求めません。何故なら、私が間違っている可能性も大いにあるからね。

おわりに●売春の何が悪いのか、どうか私に教えてください

結局、売春の「非犯罪化」がいいのか、「合法化」がいいのか、という問いに結論は出なかった。いろいろな人たちとお話ししているうちに、私の中で「問題はそこじゃない」という気がしてきたからだ。

セックスワーカーたちの労働条件や権利を守るためには、とりあえず「非犯罪化」を進めて、法に守られた環境を整えるべきではあろう。しかし、それで世間の根深い偏見が解消されるとは思えない。法律が認める・認めないに拘らず、人々の心に刻まれた差別や偏見は、そう簡単には払拭されない。ゲイが表面的には「差別してはいけない存在」と見做された後も、多くの人々がゲイに対して抱いていた違和感や蔑視は長く尾を引いた。今だってゲイをピエロ扱いしたり気持ち悪がったりする人々は確実に存在する。

おそらく、この世から差別を完全になくすことはできないのだろう。人は、マジョリティに属さない異分子や自分とは違い過ぎる他者に対して、本能的に不安や脅威を感じるからだ。それは自分や家族や、ひいては社会全体を守ろうとする反応であり、それ自体を責めることはできないと思う。

だが、その「差別」の根拠が正当であるかどうかを見直す必要はあるだろう。異質な存在を片っ端から排除していては、マイノリティの権利が守られないからだ。

私たちはもう一度、改めて考えてみるべきなのだ。

何故、性の売買に対して嫌悪感があるのか？　どのような「性」の在り方が正しいと、我々は思っているのか？　そもそも「正しい性の在り方」など、誰が決めるのか？

このムックを作っているうちに、私が次第に重要視し始めたのは、その点である。「禁止か非犯罪化か合法化か」の議論以前に、「セックスワークの何がいけないのか」を徹底的に考えていきたいと思った。

この問いに対して様々な意見があったものの、結局は「性を金銭で売買することに抵抗がある」「不特定多数とセックスする女性は汚らわしい」という「性（特に女性の）の神聖化」、あるいは「売買春は差別的である」という「性搾取」的見解に集約されるように思えた。

前者は生理的不快感や侮蔑に直接繋がる感情であり、これがセックスワーカーに対する偏見の大部分を占めている。そこには近代以降の「つがい幻想」や「恋愛至上主義」などの影響も大きく関係しているようだ。

要するにキリスト教的禁欲主義を基礎として社会的に作られた「婚姻の正当化」である。「性の神聖視」は非常にキリスト教的であり、そのうちカトリックは「神聖なセックスは快感目的ではなく生殖目的であらねばならない」と考えたので避妊も中絶も聖職者の婚姻も禁止した。一方、快感を容認したプロテスタントは避妊も聖職者の婚姻もＯＫとしたが、そこにはあくまで「セックスは愛の行為」という大前提があり、「愛のない売春などとんでもない」という理屈になる。「性＝愛」の神話を創ったのは主にプロテスタントである。

以上、売春への嫌悪感や侮蔑感は、元々あった「自分の女が不特定多数の男とセックスするのが嬉しくない。しかも金まで取って！」という男性の感覚に宗教的な「罪」の概念を上乗せして創り上げられたものであり、ある意味、「売春蔑視」こそ非常に男性原理的であり性差別的な価値観だとも言える。

これに対して「売春は性差別である」という理由を掲げる後者（主にフェミニズム）はより理論的であり、感情や宗教的価値観に支配されていない一見客観的な論に見えるが、「売買春＝性搾取」と決めつける根拠を誰も示してくれなかったので（何しろ反対派の人たちが議論に応じてくれなかったから）、私の中では依然として腑に落ちていない。

ここの議論が徹底できなかったことが、返す返すも残念である。

私の考えでは、強制売春でない限り、当事者が自主的に選択した売春という職業が特に差別的だとも思えない。これは「私のセックスは誰のものか」という問題であり、売春を差別だとする人々はそもそも「女の性を男が金で買う」ことへの反発であって、「女の性を女自身が売る」行為に対しては納得のいく論拠を提示していないように思える。それを提示して欲しいというと、途端に「内面化された男権主義的価値観がそれをさせるのだ」という論を持ち出すのだが、それでは女性相手にセックスを売るウリセンなどの男性売春はどうなのか、という話になる。

「男でも女でも、セックスの売買は性的搾取なのだ」と言うのであれば、「何も搾取されない職業というものがはたして存在するのか？」という私の問いにも答えて欲しい。性の売買だけが「搾取」なのなら、何故「性」はそれほどまでに特別視（タブー視）されるのか。「性の売買は臓器売買と同じ」と言う人もいるが、身体の一部を切り取って売っているわけでなし、臓器売買と同列に論じるのは無理があろう。それは「身体を売る」という言い回しに目くらましされてるとしか思えない。また、「性は人間の核だから」という論に対しても、「何故、性は人間の核なのか？」を説明していただきたい。他にも核はあるだろう。少なくとも私の場合は、性より大事なものがある。金のためにセックスするより、金のために人を裏切ったり己の信義を曲げたりすることの方が、よっぽど自尊心を傷つけられるのだ。私にとってセックスなんて、「自分の核」と言えるほど大それたものではない。そういう人間がいてはいけないのか？

と、まぁ、こういった話を、ぜひ売春反対派のフェミニストの方々と語り合いたかったのだが、対談を依頼した田中美津氏、北原みのり氏からはお断りのお返事をいただいた。田中氏は「売春に関して勉強不足なので自分には語る資格がない」とのこと、北原氏は「自己決定権という枠組みで語りたくない」とのことであった。まあ、勉強不足だから語れないという理由も納得できる。私自身も自分がよく知らない分野に関してはコメントをお断りすることが多々あるからだ。

ただ、田中氏は私との対談をお断りになった後でAV強要問題について発言していらしたし、北原氏はご著書やインタビューで大いに積極的に買売春反対発言していらっしゃる。AV問題に関して発言されるのに売春はどうしてダメなのか私にはよく理解できないし、ご自分に都合のいい枠組のなかでしか語りたくないという姿勢にも疑問を禁じ得ない。

また、上野千鶴子氏にも人を介して対談をお願いしようとしたのだが、ご本人に伝わる前にお断りのお返事をいただいた。今度は直接お願いしようと思う。

「性と人間（あるいは女）」について私はご意見を伺いたかっただけなのだが、皆さん、私などとそのような問題について語るのは時間の無駄と思われたのかもしれないな、と反省した。私ってやっぱり不真面目なバカ女って印象あるしね。しかも、それは私自身の責任だ。本当にバカで不真面目な女だからさ。皆さんから「真剣に語り合う相手ではない」と思われても自業自得というものだ。

次回に予定している「表現規制反対」ムックにおいても、規制派の方々から軒並み拒否された。私の不徳のいたすところである。読者の皆さん、支援者の皆さん、本当に申し訳ございません。

では、次は「表現規制」問題でお会いしましょう。私はポルノの味方です！


北原みのり氏、田中美津氏（代わりに神田つばき氏を推薦）の他に、松沢呉一氏、要友紀子氏に対談依頼をしましたが、それぞれの理由で、この本への登場を拒否された。何故お断りになったのかは、ご本人にお尋ねになってください。ご本人にはご本人の言い分があると思いますので。

計163万2000円を寄せてくださった支援者の方々

この本を自費出版するにあたり、CAMPFIRE（https://camp-fire.jp/）を利用したクラウドファンディングで制作費を募りました。
2016年12月８日～2017年２月25日まで支援者を募り、
結果、163万2000円を支援していただきました。
感謝の気持ちとともに、ご協力くださったかたのお名前を掲載します。

suzumi1983
bokotree③
miuprostituee
nanath
peacetrax
tokumori
chiekonakashio
mamikiki
Gorgon
hbkr
Saisyoh
urouroAL
Mariko Kawana②
shibame
KADEchan
senp
MayumiOdori
Toshiro Tomoe
akitakomati
cyclecaptor
kumiko0321
Kawauso50
shinokichi
moku
roma1216
shinomiya1120
uzuuzusuruno
miz_ryosuke
Teika27
Hiroyuki2LP
yakkun33emi
hiei_murasaki
isao130
kaname yukiko
wtsnkdit
Namepyon
dommieeeee
captainp
i_takako
dahliayulia
yuukimine
YOCONIQ
piack
musashi64
JAMANIA
onsenrocker
Koji Kawasaki
chibigaeru
yamatonadeshiko
tsuru1go
likecat
babel
figaro
Takachika Yamada
hiiron
ktr1229
chucchu714
midorioz
analfuck2016
noriko53
operlove
jinshantaozi
Marie Akatani
zerobase
igothira
ChanceMaker
Shinno_Ryuji
taka12343
masami_s1
simonsd5
taketsd
petit_cco_
tomo017
morinatsu
mofumofu_neko
hihoukansensou
kumishi
tsubakist
s0204s
ma7ze6
memechan
aichanman
musasabi
unison4love
poyotako
Teradadera
hiroshi32
n_nakat
tatsuya1965
nukeninyoko
hamaboy
kadonoryuhei
sayanono
mushiushi8304
Ogawa Itsuro
varmilian
ryuto409
oni_akainu
19120
greeenmaker
nene2017
eimydoll
marinoden
Miyu Akaki
piani 25
miyupichon
nimurahitoshi
katyam
minmisugi
suttoboke8
ngtn1029
1031maki
ken__ma

著者略歴

●カバー、表2、表3イラスト

内田春菊

1959年長崎県生まれ。漫画家、小説家、俳優、歌手。1984年に漫画家デビュー。1994年『私たちは繁殖している』『ファザーファッカー』でBunkamuraドゥマゴ文学賞受賞。その他の作品に『南くんの恋人』『あなたも奔放な女と呼ばれよう』など。私生活では4人の子どもの母親（夫はいない）。

●漫画

倉田真由美

1971年福岡県生まれ。漫画家・タレント。一橋大学商学部卒業後、就職が決まらず、『ヤングマガジン・ギャグ大賞』に応募して大賞を受賞。ダメ男を好きになる女性たちを描く『だめんず・うぉ～か～』のブレイクを皮切りに、「くらたま」の愛称で親しまれ、漫画・エッセイなどの執筆のほかに、テレビ・ラジオ出演、トークショーと多方面で活躍。現在は2児の母親。

中塩智恵子

1974年生まれ。宮城県石巻市出身。アダルト系出版社を経てライターに。現在は女性週刊誌で執筆。政治家からウリセンボーイまで幅広い取材活動を行う。2002年～2006年までタイ在住。現在、新宿二丁目在住。著書は『風俗嬢という生き方』（光文社知恵の森文庫）

畑野とまと

ライター／トランスジェンダー活動家 ビデオ編集業・写真屋のカメラマン・SE等職業を経て、ニューハーフヘルス嬢へと転身。娼婦を生業とし、ついにAV女優としてもデビューも果たした。現在はライターとして、攻略本なども執筆。

神田つばき

1959年東京生まれ。獨協大学仏語学科卒業。38歳で離婚、派遣社員として銀行に勤務。39歳で「緊縛美研究会」にモデルとして参加、41歳からフリーライター、AV女優として活動。2006年、女性が企画した映像をAV制作するメーカー設立。2011年より女性によるエロティシズム表現のコンペティション『東京女子エロ画祭』を主宰。現在はシナリオライターの傍ら、NPO法人女性の健康とメノポーズ協会認定・女性の健康とWLB推進員。近著に『ゲスママ』。

坂爪真吾

1981年新潟市生まれ。東京大学文学部在学中に、歌舞伎町の性風俗産業の研究を行う過程で、性風俗産業の問題を知る。同大卒業後、性に関するサービスを、「関わった人全員が、もれなく幸せになる」ものにする＝「性産業の社会化」をテーマに起業。

2008年、「障害者の性」問題を解決するための非営利組織・ホワイトハンズを設立。年齢や性別、障害や病気の有無に関わらず、全ての人が、生涯にわたって、「性に関する尊厳と自立」を守ることのできる社会の実現を目指して、日夜奮闘中。二児の父。

2014年社会貢献者表彰（公益財団法人社会貢献支援財団）、2015年新潟人間力大賞 グランプリ（一般社団法人新潟青年会議所）

著書に『性風俗のいびつな現場』（ちくま新書）『見えない買春の現場 JKビジネスのリアル』（ベスト新書）『はじめての不倫学』（光文社新書）『セックスと障害者』（イースト新書）など。

●風テラス
http://www.whitehands.jp/futerasu.html

開沼 博

1984年福島県いわき市生まれ。東京大学文学部卒。同大学院学際情報学府修士課程修了。現在、同博士課程在籍。専攻は社会学。現在、立命館大学衣笠総合研究機構准教授（2016-）。東日本国際大学客員教授（2016-）。福島大学客員研究員（2016-）。

著書に『福島第一原発廃炉図鑑』『はじめての福島学』『漂白される社会』他。

伏見憲明

1963年生。作家、ゲイバーのママ。慶応義塾大学法学部政治学科卒。1991年に『プライベート・ゲイ・ライフ』にてゲイであることをカミングアウトし、90年代のゲイ・ムーブメントに大きな影響を与える。2003年に『魔女の息子』で第40回文藝賞を受賞して小説家としてもデビュー。2013年、新宿二丁目にゲイ・ミックス・バー「A Day In The Life」を開店。2017年、ウェブマガジン「アデイonline」を開始。

●アデイonline
http://aday.online

佐藤 優

1960年生まれ。75年、浦和高校入学、同年夏にひとりで東欧・ソ連を旅する。79年、同志社大学神学部入学、85年、同大学大学院神学研究科修了後、外務省入省。在英国日本国大使館、在ロシア連邦日本国大使館に勤務後、95年より外務本省国際情報局分析第一課で主任分析官として活躍する。2002年5月、背任と偽計業務妨害容疑で逮捕され、512日間東京拘置所に拘留される。05年2月、執行猶予付き有罪判決を受ける。09年6月、最高裁によって上告が棄却された。05年に発表した『国家の罠 外務省のラスプーチンと呼ばれて』で第59回毎日出版文化賞特別賞受賞。06年に発表した『自壊する帝国』で第5回新潮ドキュメント賞、第38回大宅壮一ノンフィクション賞受賞。

中村うさぎ

1958年2月27日生まれ。エッセイスト。福岡県出身。同志社大学文学部英文学科卒業。1991年ライトノベルでデビュー。以後、エッセイストとして、買い物依存症やホストクラブ通い、美容整形、デリヘル勤務などの体験を書く。

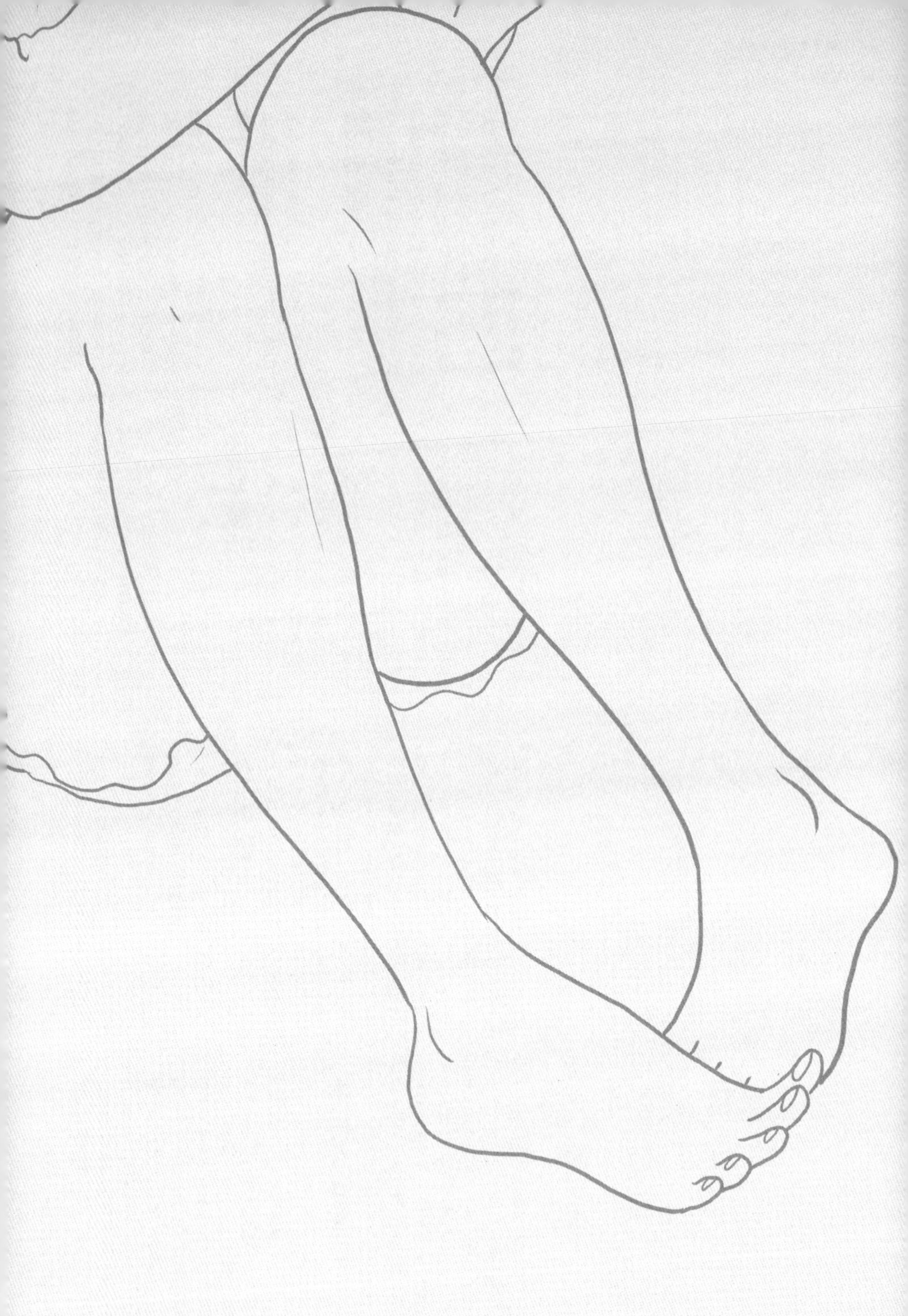

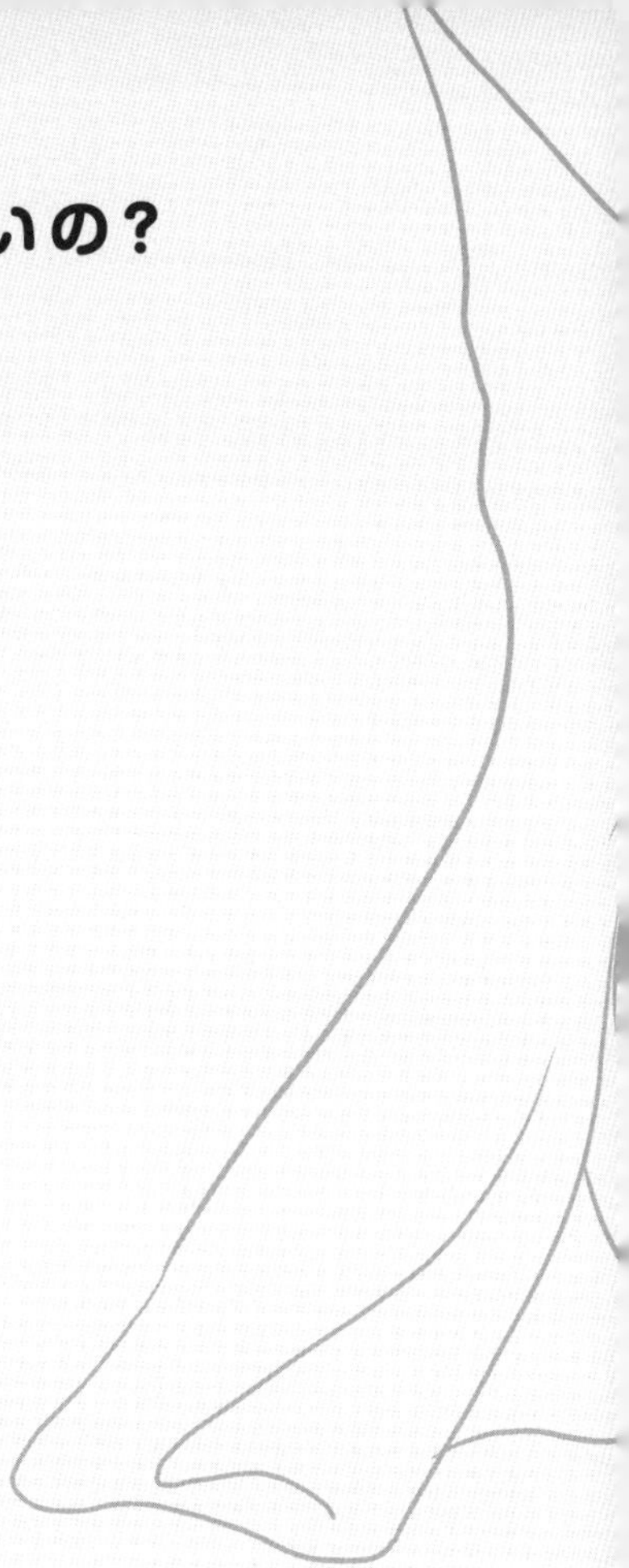

編集・中村うさぎ

エッチなお仕事なぜいけないの？
売春の是非を考える本

2017年9月12日　第一版第一刷　発行

編著……………………… 中村うさぎ
本文デザイン ………… 和田悠里
カバーデザイン ……… 小久保由美
カバーイラスト ……… 内田春菊
中面イラスト ………… 市村ゆり
写真……………………… 富田えみ

発行……………………… 中村うさぎ
発売……………………… ポット出版プラス
150-0001　渋谷区神宮前2-33-18　#303
電話／03-3478-1774
ファックス／03-3402-5558
ウェブサイト／http://www.pot.co.jp/
電子メールアドレス／books@pot.co.jp

印刷・製本 …………… 萩原印刷株式会社

ISBN 978-4-86642-005-9 C0036

Why shouldn't we accept sex works?
by NAKAMURA Usagi

Designer: WADA Yuri
Cover Illustration:UCHIDA Shungiku

First Published in Tokyo, Japan, Sep,12, 2017
by Pot Plus Publishing
#303 2-33-18 JIngumae, Shibuya-ku Tokyo, 150-0001 JAPAN
http://www.pot.co.jp/
E-Mail: books@pot.co.jp
ISBN 978-4-86642-005-9 C0036

本文●b7バルキー／A版T目／38.5kg（0.107mm）　1C プロセスK
表紙●MTA+-FS／四六版Y目／200kg（0.285mm）　3C TOYO10019、プロセスC、プロセスK／グロスPP加工
表2、3●1C TOYO10226
使用書体●筑紫明朝体 筑紫ゴシック体　筑紫A丸ゴシック体　新丸ゴシック体
Helvetica neue　Pgaramond　Kohinoor Bangla　VAG rounded
In designCC 2017　2017-0101-1.5